权威·前沿·原创

皮书系列为
"十二五""十三五"国家重点图书出版规划项目

青少年体育蓝皮书
BLUE BOOK OF
YOUTH SPORTS

中国青少年体育发展报告（2017）

ANNUAL REPORT ON DEVELOPMENT OF YOUTH SPORTS
IN CHINA (2017)

主　编／刘扶民　王立伟　曹卫东
副主编／朱　英　高　峰

社会科学文献出版社
SOCIAL SCIENCES ACADEMIC PRESS（CHINA）

图书在版编目（CIP）数据

中国青少年体育发展报告. 2017 / 刘扶民，王立伟，
曹卫东主编. -- 北京：社会科学文献出版社，2018.11
（青少年体育蓝皮书）
ISBN 978 - 7 - 5201 - 2971 - 8

Ⅰ.①中… Ⅱ.①刘… ②王… ③曹… Ⅲ.①青少年
－体育工作－研究报告－中国－2017 Ⅳ.①G812.45

中国版本图书馆 CIP 数据核字（2018）第 141800 号

青少年体育蓝皮书
中国青少年体育发展报告（2017）

主　　编 / 刘扶民　王立伟　曹卫东
副 主 编 / 朱　英　高　峰

出 版 人 / 谢寿光
项目统筹 / 任文武
责任编辑 / 张丽丽

出　　版 / 社会科学文献出版社·区域发展出版中心（010）59367143
　　　　　地址：北京市北三环中路甲 29 号院华龙大厦　邮编：100029
　　　　　网址：www.ssap.com.cn
发　　行 / 市场营销中心（010）59367081　59367083
印　　装 / 三河市龙林印务有限公司

规　　格 / 开 本：787mm × 1092mm　1/16
　　　　　印 张：24.25　字 数：368 千字
版　　次 / 2018 年 11 月第 1 版　2018 年 11 月第 1 次印刷
书　　号 / ISBN 978 - 7 - 5201 - 2971 - 8
定　　价 / 98.00 元

皮书序列号 / PSN B - 2015 - 482 - 1/1

本书如有印装质量问题，请与读者服务中心（010 - 59367028）联系

编委会名单

主　　编　刘扶民　国家体育总局经济司司长

　　　　　　王立伟　国家体育总局青少司司长

　　　　　　曹卫东　北京体育大学党委书记、校长

副 主 编　朱　英　国家体育总局青少司副巡视员

　　　　　　高　峰　北京体育大学副校长

委　　员　蔡有志　曹燕飞　陈佳萍　程　序　崔　雨

　　　　　　但艳芳　樊泽民　范超群　高　鹏　高　腾

　　　　　　高　扬　龚海培　郭　潇　郭玉成　洪　浩

　　　　　　胡雅静　黄　炜　孔年欣　寇文海　雷　厉

　　　　　　李国东　李鸿毅　李毅博　连道明　刘　冉

　　　　　　刘欣婷　柳鸣毅　鲁　钢　马丹丹　米　靖

　　　　　　聂明剑　邱招义　孙双明　邰杨军　王　琛

　　　　　　王　芳　王富百慧　王华倬　土　梅　王　岩

　　　　　　魏旭波　温　煦　武文强　夏　扬　肖　杰

　　　　　　肖林鹏　严　蓓　闫亚茹　叶茂盛　远　航

　　　　　　曾　宇　张莉清　张　鹭　张文翰　张毅恒

　　　　　　赵佳明　周　坤　诸葛睿涵

主编简介

刘扶民 国家体育总局体育经济司司长，清华大学体育管理硕士，中欧国际工商学院工商管理硕士，中央财经大学经济学学士。中华全国体育总会、中国奥委会副秘书长、财务部部长、中华全国体育基金会理事。长期从事体育经济管理和研究工作，多次承担组织起草全国性重要文件的工作。

王立伟 国家体育总局青少年体育司司长，中华全国体育总会、中国奥委会委员、青少年体育部部长。长期从事体育竞赛和训练管理工作。

曹卫东 北京体育大学党委书记、校长，国家体育总局干部培训中心主任、教练员学院院长，中国冰球协会主席，国家体育总局党校副校长，教授、博士生导师。长期从事西方哲学研究和高等教育与管理工作。先后入选教育部新世纪优秀人才计划、国家新世纪百千万人才计划、北京市社科理论人才百人工程等。获北京市五四奖章、国务院政府特殊津贴、德国德嘉银行文学翻译奖等。

摘　要

为贯彻落实《中共中央国务院关于加强青少年体育增强青少年体质的意见》精神，展示青少年体育发展的成果和热点，推动青少年体育工作在"十三五"期间更好地开展，自 2015 年以来，国家体育总局青少司委托北京体育大学牵头编写《中国青少年体育发展报告》。

《中国青少年体育发展报告（2017）》（以下简称《报告》）以"青少年体育活动开展和场地设施配置"为主题，对青少年体育组织现状与发展、青少年校外体育活动中心建设、田径等 13 个运动项目发展现状及趋势、全国学生运动会改革、学校体育场馆开放等内容进行了专题论述。《报告》力求对我国青少年体育发展进行重点突出、视角多元、理论深入、数据翔实的描述与分析，既是对我国青少年体育工作的年度总结，又为理论研究提供了绝佳的样本。

《报告》分为总报告、组织与管理篇、建设与发展篇、普及与提高篇、学校体育篇及附录六部分。总报告在对我国青少年体育工作进行系统梳理与分析后指出：我国青少年体育在顶层设计、学校体育、青少年体育公共服务体系和竞技体育后备人才培养体系建设和完善方面取得了较大的进展；在未来，应牢固树立"健康第一"理念，努力增强青少年体育素养，进一步推动青少年体育活动，科学发展青少年体育组织体系，进一步改善青少年体育场地设施条件，积极完善青少年体育公共服务工作，坚持推行青少年训练竞赛体系，实现我国青少年体育的协调发展。组织与管理篇，对青少年体育组织的现状与发展、青少年"未来之星"阳光体育大会发展现状及对策，我国学校体育制度的现状与问题等进行了分析与论述。建设与发展篇，对全民健身活动中心青少年体育功能区的布局与管理、青少年体育活动资助管理及

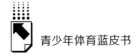

效益评估、青少年体育活动督导评估、青少年校外体育活动中心建设内容与要求等问题进行了讨论与分析。普及与提高篇，对我国青少年田径、游泳、体操、冰雪、足球、篮球、排球、乒乓球、羽毛球、户外运动、赛艇、皮划艇、激流回旋、滑水、摩托艇、潜水、极限运动、武术等项目的开展现状与发展趋势进行了分析与讨论。学校体育篇，对学校体育竞赛的改革与创新、学校体育政策的落实与成效、学校体育场馆对社会开放的现状与对策、2016年儿童青少年体育健身活动状况等进行了分析讨论。

关键词：青少年体育　学校体育　体育健身

Abstract

For the purpose of implementing the spirit in *Opinions of the Central Committee of the Communist Party of China and the State Council on Strengthening Youth Sports and Enhancing Young People's Health*, showcasing the achievements and hot spots of youth sports development and promoting the development of youth sports work during the 13th Five-Year Plan in a better way, Youth Sports Department of General Administration of Sports of China hereby commissioned Beijing Sports University to take the lead in compiling *Annual Report on Development of Youth Sports in China* since 2015.

Annual Report on Development of Youth Sports in China (*2017*) (hereinafter referred to as the Report), themed with "activity development and site facility layout of youth sports", discusses such special topics as the current situation and development of youth sports organizations, out-of-school sports activity center construction forthe youth, development situation and trend of 13 sport items such as track and field, reform in national student games and opening of school sports venues. *The Report* tried to describe and analyze China's youth sports development with prominent focus, multiple perspectives, in-depth theories and full and accurate data, which is both an annual summary of China's youth sports work and an excellent sample for theoretical research.

The Report includes such five parts as general report, organizations and management, construction and development, popularization and improvement and school PE. The general report summarizes and analyzes China's youth sports work in a systematical way and points out that China's youth sports work has achieved great progress in top-level design, school PE, public service system of youth sports and the construction and perfection of talent reserve cultivation system for competitive sports; in the future, we should firmly establish the idea of "health first" to strengthen youth sports, further promote youth sports activities,

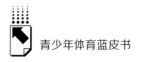
scientifically develop the organizational system, improve site facility conditions, actively perfect public service work and insist on promoting youth training and competition system, so as to realize the harmonious development of China's youth sports. The chapterof organizations and management analyzes and discusses such issues as the current situation and development of youth sports organizations, the current development situation of the National Youth "Future Star" Sunshine Sports Gamesand countermeasures as well as the current situation and problems of China's school PE system. The chapterof construction and development discusses and analyzes the layout and management of functional zones for youth sports in national fitness activity centers, management and benefit evaluation of financial assistance for youth sports activities, supervision and evaluation of youth sports activities, as well as the construction contents and requirements of out-of-school sports activity centers for the youth. The chapter of popularization and improvement analyzes and discusses the current development situation and future trend of youth sport items such as track and field, swimming, gymnastics, winter sports, football, basketball, volleyball, table tennis, badminton, outdoor sports, rowing, canoe and kayak, whitewater slalom, water skiing, motorboat, diving, extreme sports and martial arts. The chapter of school PE analyzes and discusses the reform and innovation in school sports competition, implementation and effect of school PE policies, current situation of the opening of school sports venues to the public and the countermeasures, as well as the physical fitness activitycondition of the youth in 2016.

Keywords: Youth Sports; Shool PE; Physical Fitness

目　录

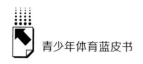
Ⅳ 普及与提高篇

V 学校体育篇

VI 附录

皮书数据库阅读**使用指南**

CONTENTS

I General Report

II Organizations and Management

III Construction and Development

IV Popularization and Improvement

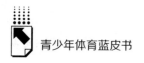

V　School PE

VI Appendixes

总 报 告

General Report

B.1
我国青少年体育发展概况

邱招义　叶茂盛　孙双明*

摘　要： 少年强、青年强则中国强。青少年的发展关乎国家和民族的未来。我国青少年体育在顶层设计、学校体育、青少年体育公共服务体系和竞技体育后备人才培养体系建设和完善方面取得了较大的进展。在未来，我们应牢固树立"健康第一"理念，努力增强青少年体育素养，进一步推动青少年体育活动发展，科学发展青少年体育组织体系，进一步改善青少年体育场地设施条件，积极完善青少年体育公共服务工作，坚持推行青少年训练竞赛体系，实现我国青少年体育的协调发展。

关键词： 青少年体育　学校体育　体育组织　竞技体育后备人才

---

* 邱招义，北京体育大学教授；叶茂盛，曲靖师范学院社会体育系副主任；孙双明，清华大学博士后。

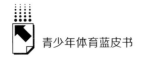
2017 年，习近平总书记在考察冬奥会场馆和观摩运动员训练时强调：
"少年强则中国强，体育强则中国强。"青少年的发展关乎国家和民族的未
来。党和国家历来高度重视青少年的健康成长。党的十八大以来，以习近平
同志为核心的党中央高度重视体育工作，把体育事业融入实现"两个一百
年"奋斗目标大格局中去谋划，将全民健身上升为国家战略。

本报告旨在通过对 2017 年青少年体育工作的梳理与回顾，总结经验、分
析问题以及展望未来，从而为今后青少年体育工作的发展奠定坚实的基础。

一 青少年体育工作的价值

（一）发展青少年体育是实现人的全面发展的重要途径

人的全面发展是马克思主义的重要内容，也是科学发展观的重要内涵，
推动人的全面发展是建设中国特色社会主义的重要目标，是实现中国梦的基
础。培养符合中国特色社会主义需要的人才，提高人才对社会的贡献率，就
必须从青少年的教育抓起，从人才培养的质量抓起。毛泽东曾指出，"无体
是无德智"。新中国成立伊始我国又明确提出，青少年要"健康第一，学习
第二"。

（二）发展青少年体育是提升国民健康素质的根本方式

青少年时期是人成长发展最重要的时期。体育锻炼是促进青少年身心全
面发展的重要方式之一，对青少年思想品德、智力发育、审美素养的形成都
有不可替代的重要作用。

体育是人民文化生活的重要内容，也是国民健康政策的重要组成部分。
《宪法》第二十一条将卫生与体育同列，规定："国家发展医疗卫生事业……
开展群众性的卫生活动，保护人民健康。""国家发展体育事业，开展群众性
的体育活动，增强人民体质。"为实施《国家中长期科学和技术发展规划纲要
（2006～2020 年）》，努力建设创新型国家，国家又提出要全面推进素质教育。

（三）发展青少年体育是实现体育强国的有效举措

青少年体育是体育运动的重要组成部分，也是竞技体育的发展基础。习近平总书记曾指出"要推动我国冰雪运动全面发展。在人才队伍上要坚持运动员、教练员一起抓，既抓急需急用又抓备用梯队"。这不仅可以指导我国冬季运动的发展，更为我国各项体育运动的发展提供了总体思路。现阶段，我国竞技体育运动员在国际重大体育比赛中取得了举世瞩目的成绩，但是要在国际竞技体育激烈的竞争中保持领先地位，并不断扩大现有优势，还必须从我国的青少年体育抓起。通过发展青少年体育运动，我国竞技体育运动后备力量才能壮大，为我国体育发展提供"新鲜血液"，为建设体育强国奠定扎实基础。

二 青少年体育工作的新进展

（一）青少年体育顶层设计日趋完善

党和政府将体育提升到前所未有的高度，将体育事业与实现"两个一百年"奋斗目标相融合，上升为国家战略。2016 年，国务院办公厅联合其他部门共同制定了《关于强化学校体育促进学生身心健康全面发展的意见》；2017年，国家体育总局联合教育部、中央文明办、国家发展改革委、民政部、财政部、共青团中央共同印发了《青少年体育活动促进计划》。体育总局办公厅以"十三五"规划为基础制定了《青少年体育"十三五"规划》，明确了近期我国青少年体育的发展目标和任务，并印发了《2017 年青少年体育工作要点》，提出包括构建完善青少年体育公共服务体系等在内的多项任务。这些政策对我国青少年体育的发展提供了明确的指导和有力保障。

（二）青少年学校体育得到进一步加强

我国学校体育课程的开课率得到显著提升，每天一小时的课外体育活动

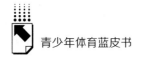

也在大多数学校得到有效执行；中小学体育教师数量基本能够满足学校日常教学需求；学校体育课程保障条件显著提升，体育场馆设施和体育教学器材的相关状况也得到明显改善；学生体质健康测试制度逐渐完善，学生体质健康干预措施成效初步彰显，学生体质健康状况不断下降的势头得到扭转；建设从幼儿园到大学、涵盖课内外、普及与提高相互促进的具有中国特色的现代化学校体育体系的任务基本完成；"一校一品""一校多品"的校园体育特色课程建设初见成效，学生掌握两项体育技能的目标正在逐步实现；学校体育政策规章建设日趋完备，保证了学校体育工作有法可依、有规可循。

尤为可喜的是校园足球得到繁荣发展。截至 2017 年 7 月，教育部提前 3 年完成校园足球全国布局工作：先后建成中小学足球特色学校 2 万所、校园足球试点县（区）102 个，还有校园足球综合改革实验区 112 家，扩大了青少年足球人口规模，带动了学校体育的整体发展。此外，校园篮球也已经于 2016 年在全国 11 个省份开始试点。接下来，武术、排球和游泳等项目也将借鉴校园足球的模式逐步展开。

（三）青少年体育公共服务体系初步建成

近年来，我国青少年体育公共服务体系建设工作成果显著。得益于此，我国青少年体育的保障水平与服务能力得到了大幅度的提升。公共体育场馆设施基本实现了向青少年开放，遍布各地的青少年户外体育活动营地为学生夏（冬）令营活动的开展提供了良好的依托条件。青少年体育俱乐部改革和青少年校外体育活动中心建设工作成效显著，青少年校外体育活动中心成为青少年体育活动的重要基础。青少年体育人才队伍建设计划得到快速推进，青少年体育政策体系日趋完善，各级各类青少年体育人才数量与质量都得到较快增长与提升。青少年体育正向着政府主导、部门协同、全社会共同参与的良好局面快速发展。

（四）竞技体育后备人才培养体系进一步完善

经过多年的发展，我国竞技体育后备人才培养体系建设水平达到一个新的高度。区县一级青少年体育训练工作逐渐回归正常，参训人员数量和质量都有增长，各级体校教学质量和规模稳中有升。国家级体育传统项目学校和国家高水平体育后备人才基地的建设工作被纳入"奥运争光计划"和"全民健身计划"，并取得了良好的成果，青少年体育训练的科学化得到有效加强。《关于进一步加强运动员文化教育和运动员保障工作的指导意见》的执行取得成效，地方各级政府将公办体育运动学校纳入当地教育发展规划，将文化教育经费纳入同级财政预算的"两纳入"要求已经基本实现，运动员文化教育督导制度得到有效贯彻。2017 年 12 月，国家体育总局等部门颁布了《关于加强竞技体育后备人才培养工作的指导意见》，文件在改革创新后备人才培养体系、提升青少年体育训练成效、完善青少年体育竞赛体系、进一步推进各级各类体校建设、努力完善保障机制和认真做好组织实施工作六个方面为我国青少年体育与竞技体育的互相促进指明了方向。

三 青少年体育的发展趋势

现在，青少年体育发展问题已经得到全世界各国的普遍重视。我国青少年体育的未来也面临着更多的机遇和挑战。一方面，党中央、国务院高度重视青少年体育，特别强调了体育课和课外锻炼在青少年体育工作中的重要性。健康中国和全民健身正式上升为国家战略，青少年体育作为两大战略的基础，地位和重要性得到空前提升。另一方面，我国青少年体育仍将长期面临较大挑战，如应试教育的惯性问题、区域经济社会发展的不平衡现象、城乡发展两极化等。总体上看，青少年体育是我国体育事业的基础，也是需要优先发展和强化的环节。我们要按照习近平总书记在南京青奥会上关于"更加重视青少年体育工作"的讲话要求，全心全意、奋发有为地全面推进青少年体育工作的持续快速向前发展。

（一）努力增强青少年体育素养

学校是开展青少年体育最好的也是最重要的场所。学校要通过系统的体

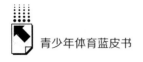

育教学活动，向学生传授体育运动的基础知识、基本技能和有效方法，更重要的是培养青少年学生参与体育运动的兴趣和习惯，使其逐步养成主动参与体育锻炼的健康生活方式，最终形成终身体育的生活习惯，为"健康中国"和"全民健身"战略的实现做出贡献。在增强青少年体育素养的同时，积极挖掘体育课程的多元价值，重视青少年的身心健康。培养青少年良好的意志和品质，促进青少年个体的全面发展和提高青少年的社会适应能力。

（二）进一步推动青少年体育活动

以"青少年体育夏（冬）令营"为龙头，调动全社会的力量积极丰富青少年体育活动的内容、方式和形式，进一步发展以学校、家庭和社区为核心的多主体青少年体育活动平台；推广"青少年夏（冬）令营"的成功经验，支持各地结合自身特色和优势开展区域性青少年体育品牌活动；大力发展集体项目、基础项目和冰雪运动特色项目，鼓励进一步创造"俱乐部联赛""体育传统校联赛"等国家级青少年体育赛事品牌。进一步建立健全青少年体育风险管理体系，保障青少年体育健康安全。

（三）科学发展青少年体育组织体系

各地政府部门应结合当地需要出台相关政策，鼓励社会力量加入青少年体育组织建设工作，实现青少年体育组织的快速发展；建立健全青少年体育俱乐部联赛制度和相关管理者培训认证制度，以赛事促进青少年体育俱乐部的发展与整合，通过创建国家示范性青少年体育俱乐部，为我国青少年体育俱乐部发展提供榜样；积极鼓励全国性体育社团在发展青少年体育中发挥作用，吸收青少年会员，开展地域性体育竞赛；建立青少年夏（冬）令营评价机制，对于开展良好、具有较好示范和带动作用的青少年夏（冬）令营主办单位给予一定奖励性资助；继续办好体育传统项目学校，做好项目布局工作，注重品牌建设，完善包括资助、培训、竞赛和评估等内容在内的制度，发挥传统校的示范引领作用，完善国家级、省级、地市级和区县级四级传统校体系。

（四）进一步改善青少年体育场地设施条件

良好的体育场地与相关设施是发展青少年体育的重要基础，需要从全局考虑体育场地设施布局、规划和建设问题。进一步整合学校、公园、社区以及农村体育健身工程等多方面的体育场地设施资源，优先满足青少年体育发展需要。积极完善并落实体育场地设施向社会开放政策，鼓励社会力量参与体育场地设施兴建和运营，政府以购买公共服务的形式资助体育场馆向青少年开放，支持公共场馆向青少年免费（低收费）开放。

（五）积极完善青少年体育公共服务工作

完善青少年体质健康测试与运动健身指导制度，改善青少年体质健康状况。开展健康校园创建工作，建立覆盖全国各级各类学校的学生体育健康检测体制，并将学生体质改善情况纳入学校教育质量监测和学校评价工作，从制度上提高教育机构对学生体质健康工作的重视程度。鼓励具有专业特长的人员参与青少年体育公共服务志愿工作。支持青少年体育科研服务，建立健全相关科研发展和成果推广制度，资助（建立）青少年体育运动决策咨询研究机构，科学指导青少年体育发展。

（六）坚持推进青少年训练竞赛体系

围绕奥运战略，有针对性地建设国家竞技体育后备人才培养体系，以各级各类体校为主体，提升竞技体育的学校参与程度，鼓励社会力量积极参与竞技体育后备人才培训工作，实现竞技体育后备人才培养工作的全社会参与。打好竞技体育训练基础，对重点项目和重点训练单位加大资助力度，改善训练条件，增加参赛机会，使其争取早日实现走出国门的目标。积极推进竞技体育青少年培训与竞赛的市场化发展，鼓励职业体育组织建立青少年体育人才培养机制，鼓励与训练营、夏（冬）令营等活动相结合，开展全国性青少年体育赛事活动，健全四级竞赛体系，以灵活、多元的赛制激发竞技体育的活力。

（七）促进青少年体育协调发展

青少年体育协调发展的内容已经在国家"十三五"规划、《"十三五"推进基本公共服务均等化规划》和《"健康中国2030"规划纲要》等国家文件中做了相应规定。文件强调，我国青少年体育的协调发展有赖于公共资源与相关服务要素在全国范围的均衡配置，以财政转移支付和彩票公益金扶持等形式，改善欠发达地区青少年体育场地设施、人才队伍培养、竞技体育训练和参赛条件。应积极鼓励发达地区开展多样化的青少年体育扶持工作。

组织与管理篇

Organizations and Management

B.2

我国青少年体育社会组织发展
现状与对策研究

肖林鹏　张　鹭　刘欣婷　李毅博*

摘　要：　青少年体育社会组织是青少年体育事业发展的重要载体。当
　　　　　前，在国家及地方各级政府的扶持下，各级各类青少年体育
　　　　　社会组织的规模不断扩大，结构不断优化，法人治理结构逐
　　　　　渐完善，发展环境不断改善。青少年体育社会组织存在的突
　　　　　出问题是，规模偏小，难以满足青少年体育工作发展需要；
　　　　　结构不合理，基层青少年体育社会组织缺位；身份模糊，登
　　　　　记注册门槛过高；活力不足，发展能力较低；治理能力不足，
　　　　　监管缺失。法规政策建设滞后，青少年体育社会组织发展环

*　肖林鹏，天津体育学院管理学院教授，院长；张鹭，天津体育学院研究生部在读博士生；
　刘欣婷、李毅博，天津体育学院研究生部在读硕士生。

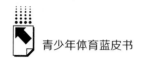

境不佳。针对未来发展，体育行政部门应理顺与青少年体育社会组织的关系，实现政社分开，进一步完善青少年体育社会组织政策环境，不断壮大、规范青少年体育社会组织队伍，加大对青少年体育社会组织的培育扶持力度，提升其业务能力。抓住转型阶段青少年体育社会组织的工作重点，精准发力加强舆论引导，营造良好氛围。

关键词：　青少年　体育社会组织

社会组织是我国社会主义现代化建设的重要力量。2016 年 8 月，中共中央办公厅、国务院办公厅专门印发了《关于改革社会组织管理制度促进社会组织健康有序发展的意见》，以促进社会组织的健康有序发展。近年来，国务院办公厅相继出台了《关于政府向社会力量购买服务的指导意见》《关于进一步激发社会领域投资活力的意见》等文件，为社会力量建设青少年体育社会组织提供了制度保障。体育类社会组织对体育事业的发展同样起着重要作用，为进一步促进青少年体育社会组织的发展，国家体育总局颁发的《体育发展"十三五"规划》明确提出"创新体育社会组织管理"的目标要求。《青少年体育"十三五"规划》则对"大力培育青少年体育社会组织"提出了更为具体的任务要求。为此，如何进一步促进青少年体育社会组织的发展已成为一项亟待研究的重要课题。

一　发展现状

（一）青少年体育社会组织的规模

我国青少年体育社会组织主要包括在民政部门登记注册的，以及在有关部门备案登记的各类组织，主要包括青少年体育俱乐部（简称"俱乐部")、青少年校外体育活动中心（简称"中心"）、青少年户外体育活动营地（简称"营地"）、社区青少年体育社会组织（简称"社区组织"），以及青少年体育协会（联合会）等。截至 2016 年 12 月，全国 31 个省份和新疆生产建设兵团注册备案的包括俱乐部、营地、中心等在内的青少年体育社会组织总数为 8217 个。青少年体育社会组织总数尽管在 2015 年略有下降，但整体上规模在不断扩大，2016 年总数量相比 2013 年总数量提高 40.4%（见图 1）。

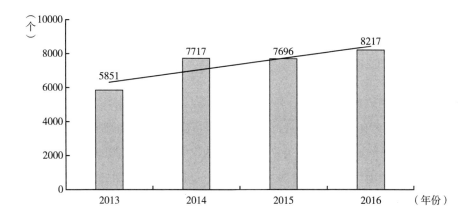

图1　青少年体育社会组织总数量

注：根据《全国青少年体育基础数据统计（2016 年度）》的数据整理。

统计结果显示，截至 2016 年，国家体育总局共资助创建国家级、省级、地市级和县级青少年体育俱乐部 7638 个，2016 年俱乐部总量相比 2013 年提高了 42.5%，2013～2016 年俱乐部每年总量都占青少年体育社会组织总量的 90% 以上，尤其到 2016 年比例提高到 92.95%，达到近 4 年新高（见图 2）。相对其他类型青少年体育社会组织，俱乐部的规模庞大，占主导地位。

青少年户外体育活动营地是国家体育总局新时期为探索建设适合我国国情的青少年体育活动阵地所采取的一项举措，目的是给青少年建设更多的校外活动场所，具有示范性、探索性意义。2011 年国家体育总局发布了《青少年体育

图2 青少年体育社会组织与青少年体育俱乐部发展情况

注：根据《全国青少年体育基础数据统计（2016年度）》的数据整理。

"十二五"规划》和《全国青少年户外体育活动营地建设方案》，促使全国各地有志于从事青少年户外体育事业的人士积极进行营地的筹备和创建工作。"阳光体育"是要引导青少年走到户外，享受体育的快乐。截止到2016年营地建设总量为289家，相比2013年增加79.5%，整体上呈逐步增长趋势（见图3）。

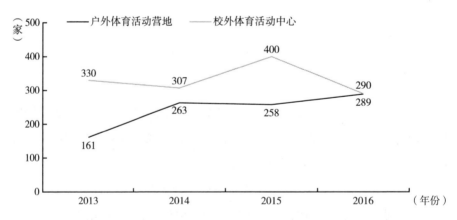

图3 青少年户外体育活动营地和青少年校外体育活动中心发展情况

注：根据《全国青少年体育基础数据统计（2016年度）》的数据整理。

青少年校外体育活动中心的建设以促使青少年在校外便捷、安全地参加体育健身为目的，专注于青少年体育服务。相对于青少年户外体育活动营地，中心更加体现便捷性。中心的建设主要由各级政府资助或社会力量参与，室内外设施相结合。中心是具有符合青少年身心特点的体育设施及相应配套服务设施的公益性的综合体育健身活动场所。国家体育总局青少年体育司先后于 2012 年、2013 年分两批次在北京、广东、四川、浙江、福建、广西、辽宁、内蒙古、新疆、河南、江苏、陕西、重庆、湖北等 14 个省份进行试点，资助金额累计达 1500 万元。数据显示我国中心数量整体上变化幅度较大，在 2014 年和 2016 年有明显下滑，而且 2016 年总量已经比最初国家体育总局青少年体育司投入建设的试点减少 12%。

（二）青少年体育社会组织的结构

1.青少年体育社会组织层级构成情况

从层级构成来看，我国青少年体育社会组织主要由国家级、省级、地市级和县级四个层级构成。数据统计显示，2013～2016 年我国青少年体育社会组织层级结构仍呈倒金字塔形，即以国家级为主，省级、市级、县级数量基本上逐级减少。但从数据上也可以明显看出近 4 年国家级青少年体育社会组织比例基本上逐渐降低，省级呈直线上升趋势，市级和县级尽管比例略有波动，但整体上 2016 年比 2013 年比例分别高出将近 3 个百分点和 1 个百分点（见图 4）。

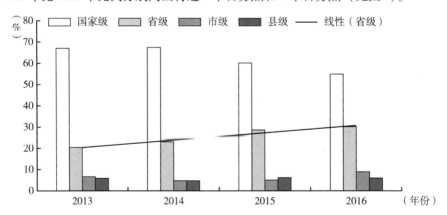

图 4　2013～2016 年青少年体育社会组织层级结构

注：根据《全国青少年体育基础数据统计（2016 年度）》的数据整理。

2004年，国家体育总局开始试点进行国家级营地的命名和资助工作。截至2016年，国家级营地数量为140家，同2013年相比增长52%，在数量上总体呈增加趋势（见图5）。

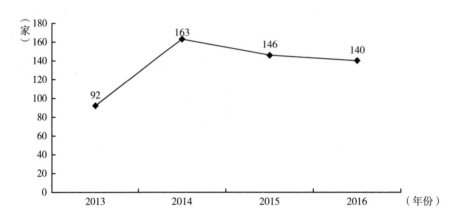

图5　国家体育总局命名的国家级营地数量变化情况

注：根据《全国青少年体育基础数据统计（2016年度）》的数据整理。

2011年国家体育总局发布《青少年体育"十二五"规划》，提出探索创建"青少年校外体育活动中心"，开展"青少年校外体育活动中心"创建命名活动。2014～2016年，国家级中心创建数量呈上升趋势，其中2015年上升最快，增速达77.8%，截至2016年，全国国家级中心数量达到20家（见图6）。

2.青少年体育社会组织区域分布情况

我国按照行政区代码（除港澳台外）可划分为6个区域。华北地区（北京、天津、河北、山西、内蒙古），东北地区（黑龙江、吉林、辽宁），华东地区（上海、江苏、浙江、安徽、福建、江西、山东），中南地区（河南、湖北、湖南、广东、广西、海南），西南地区（重庆、四川、贵州、云南、西藏）和西北地区（陕西、甘肃、宁夏、青海、新疆、新疆生产建设兵团）。从2013～2016年各地区数据分布来看，华东和中南区域相较其他各区域青少年体育社会组织数量占比更高。华东地区一直以来都是青少年体育

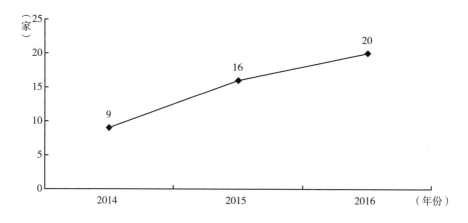

图 6　全国国家级中心创建情况

注：根据《全国青少年体育基础数据统计（2016 年度)》的数据整理。

社会组织发展最为活跃的区域，近年来华东地区青少年体育社会组织都占总量的 33% 以上，平均每年达到 35.7%，其次中南地区平均每年占总量的 20% 左右。2016 年在其他区域青少年体育社会组织总数量增加略缓或略有减少的情况下，华东地区增长尤为明显，比 2015 年总量提高近 20%。华北和西南地区相较东北和西北地区总数量略高，平均每年分别占总量的 10.14% 和 13.6%，东北和西北分别占 9.02% 和 9.92%（见图 7)。

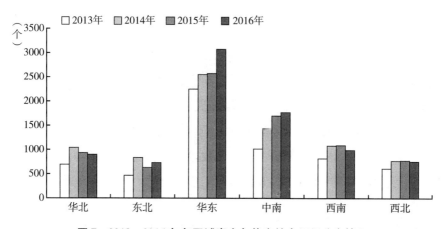

图 7　2013～2016 年各区域青少年体育社会组织分布情况

注：根据《全国青少年体育基础数据统计（2016 年度)》的数据整理。

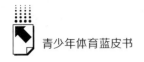

从地域上看，俱乐部分布情况与全国青少年体育社会组织的分布情况相一致，都是以华东和中南地区发展最为活跃，其次是华北和西南，东北和西北地区发展略显缓慢。目前根据国家统计局数据，全国19岁以下青少年约3.2亿人，占总人口的24.1%，其中，5～19岁青少年，约2.4亿人，占总人口的18.43%。从全国青少年人口数量排名前十的省份拥有的俱乐部数量来看，江苏省人口数量排名第六，但俱乐部拥有量最高，2016年达到1107个，青少年人口数量最多的广东省俱乐部拥有量位居其次。

从地域上看，营地在东部地区数量最多，占到51.2%，其次是西部地区，占到30.5%，最后是中部地区，占到18.3%，全国营地数量分布呈现东部多于西部，西部多于中部的特点。其中，浙江省的营地数量达到80家，占整体数量的27.7%，体现出浙江省不断完善营地政策，基层营地建设工作突出；其次是辽宁省，营地数量为22家，安徽和内蒙古紧随其后，营地数量为19家。

从地域上看，2016年国家级青少年校外体育活动中心在东部地区共有10家，占到50%；中部地区6家，占到30%；西部地区4家，占到20%。国家级中心的分布呈现东部多于中部、中部多于西部的特点。目前中心创建处于试点阶段，试点建设的国家级中心为其他省份申办和创建中心提供了借鉴和参考。

（三）青少年体育社会组织的能力建设

1. 青少年体育社会组织法人治理情况

对全国青少年体育俱乐部的调查结果显示，2016年43.6%的青少年体育俱乐部由专职法人经营，根据连续三年的数据统计，俱乐部专职法人虽然还是较少，但相比2014年，比例已经提高了1倍多（见图8）。

营地整体由专职负责人管理日常经营，全国84家营地抽样调查数据显示，61%的负责人都是专职负责人（见图9）。营地由专职负责人管理，有助于聚焦营地的发展战略，提升营地运营服务能力，加强营地的日常管理，提高营地的运营效率。

青少年体育社会组织属于非会员制的非营利性组织，与会员制的非营利性组织的区别在于其没有会员大会，理事会是组织的最高权力机构，拥有决

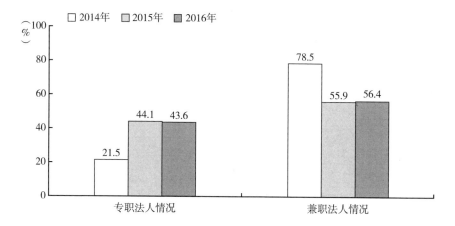

图 8　俱乐部负责人（法人）身份

注：数据来源于 2017 年对全国青少年体育俱乐部抽样调查。

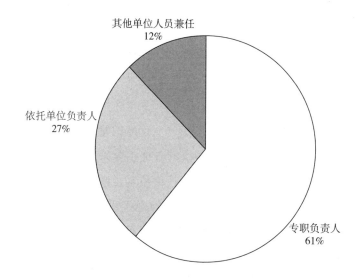

图 9　营地负责人构成情况

注：数据来源于 2017 年对全国 110 个俱乐部的抽样调查。

策权。常务理事会是保证青少年体育社会组织正常运转和持续发展的重要机构。根据 2017 年对全国 110 个青少年体育俱乐部的抽样调查，76% 的俱乐部设立了常务管理机构（见图 10）。2016 年对 551 家国家级青少年体育俱乐部的抽样调查数据显示，常务管理机构设立比例达到94.7%，显示了相比其他各层级国家级俱乐部具有一定优势。

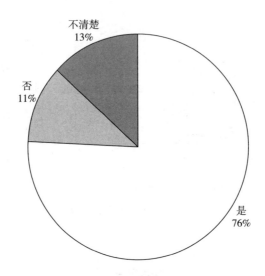

图10　俱乐部设立常务管理机构情况

注：数据来源于2017年对全国青少年体育俱乐部抽样调查。

营地采用的负责制能体现不同依托单位营地的管理体制、权限划分及运行机制等。依托单位为教育系统的学校的营地主要采取总经理负责制和主任负责制，分别占到38.5%和23.1%；依托单位基层政府的主要采取主任负责制，占到50%；依托单位为企业的主要采取总经理负责制和董事会负责制，分别占到43.5%和30.4%；依托单位为社会组织的主要采取总经理负责制和理事会负责制，分别占到46.2%和23.1%；依托单位为体育系统的体育场馆的主要采用主任负责制（见图11）。目前多数营地的管理方式以总经理负责制为主，营地创始人担任总经理的情况较多。上市的大型国企和旅游景区多采取董事会负责制，通过投资人、民主选举和委派方式选举营地负责人，负责营地运营。社会组织多根据自身情况选择适宜自身长期发展的管理模式。最后，政府部门、教育系统的学校和体育系统的体育场馆出资建设的营地常采用主任责任制，由上级挂靠单位任命营地负责人，负责营地的日常管理与运营。

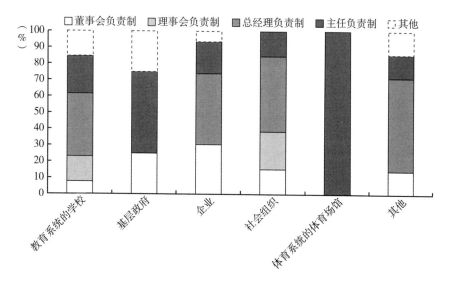

图11 不同依托单位营地负责制情况

注：以上数据来源于福建、湖北和广东省相关管理人员调研问卷（n = 84）。

中心的委托管理模式是指当地体育局通过体育场地资源整合、共享，把中心的运营管理工作全权委托给被委托方并进行监督，最大限度地发挥中心的作用。委托少体校管理模式是指中心挂靠少体校，由少体校负责中心的运营与管理，并凭借少体校专业师资为青少年提供无偿的指导服务。委托社会力量管理模式是指社会力量与当地体育部门签订协议并负责中心的运营和管理。联合管理模式是指由体育系统事业单位、社团与教育系统学校、文化站、青少年宫等单位共同管理中心。

2. 青少年体育社会组织经营资金情况

调查结果显示，青少年体育俱乐部经费来源趋于多样，主要资金来源可以分为以下几类：体育彩票公益金、政府资助和依托单位补贴为主的扶持类资金，会员会费和经营创收为主的创收类资金以及社会和企业捐赠为主的捐助类资金。

根据调查研究，扶持类经费包括体育彩票公益金、政府资助和依托单位补贴，是俱乐部重要的经费来源，共占总经费来源的35%；创收类经费包括会员会费、服务收费、经营创收和承接政府购买服务所获收入，共占总经费来源的

56%；捐助类经费，包括慈善捐款、企业捐款、社会捐赠和众筹资金，共占总经费来源的6%，最后还有其他和不清楚来源的资金占3%（见图12）。

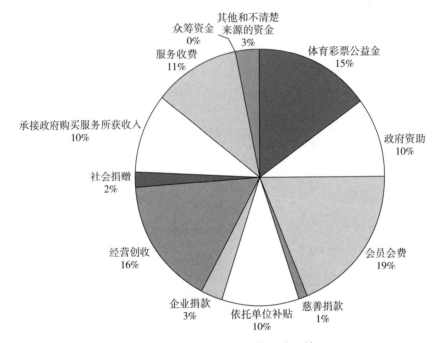

图12 青少年体育俱乐部资金来源情况

注：数据来源于2017年对全国青少年体育俱乐部抽样调查。

在营地初期建设资金投入上，委托社会力量管理即采用企业和社会组织管理模式的营地主要依靠自身力量筹集资金的有23家，占到38.98%；其次依靠省、市财政支持的分别有6家和10家，占到10.17%和16.95%；再次以自身前期经营创收作为建设资金的有9家，占到15.25%，最后以社会力量赞助资金支持营地建设的有9家，占到15.25%（见表1）。这些营地凭借自身地域特色或自然景观，通过自身宣传具备较高的知名度和稳定的客流，配套完善的基础设施，自主运营或者以服务外包的形式来运营。部分具备国家级资质的营地具备自主运营、自负盈亏的能力，可以长期维持。

中心自身经费的充足与否决定中心的发展规模大小，配套硬件设施是否齐全，以及开展活动的规模大小。国家体育总局自开展"青少年校外体育

表1 营地创建经费来源

单位：家，%

营地创建经费来源	数量	占比
省财政拨款	6	10.17
市财政拨款	10	16.95
社会力量赞助	9	15.25
经营创收	9	15.25
自筹	23	38.98
其他	2	3.39

活动中心"创建命名活动工作以来，从体育彩票公益金中支付资金400万元予以资助，用于探索适合我国青少年体育需求的校外体育活动中心管理模式。中心是由政府资助建设的公益性青少年综合体育健身活动场所，多数中心运营经费主要依靠政府资助和体育彩票公益金，分别占到86.7%和23.3%；部分中心依托体育场馆和少体校，由依托单位给予部门经费支持，占到33.3%；少数中心以低于市场的价格对青少年收取少量培训费用，同时向社会团体出租场地收取场地费用，承办政府购买服务等方式来增加自身运营费用（见图13）。

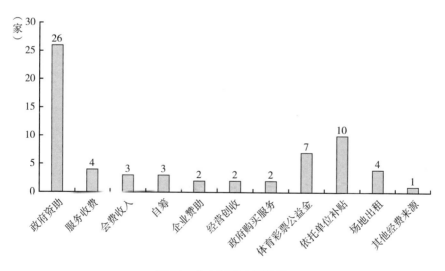

图13 中心经费来源情况

注：以上数据来源于福建、湖北和广东省相关管理人员调研问卷。

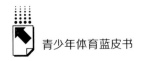

3.青少年体育社会组织开展活动情况

青少年体育社会组织具有提供有形和无形服务产品的能力，并且由于其公共体育服务的属性，能为青少年提供更全面、更专业的体育活动。

调查结果显示，2016年90%以上的俱乐部开展活动的主要形式是技能培训和比赛交流。对比2015年调查数据，技能培训、比赛交流、开展夏（冬）令营仍旧是俱乐部开展活动的主要形式，且2016年占比更高。2016年相对略为突出的是公益演出，占比比2015年高7个百分点。比赛交流在2015年比例略低于技能培训，2016年比例有小幅增长，即俱乐部从以技能培训为主，逐渐转变为内部、外部相互交流比赛为主，部分俱乐部甚至以定期为青少年举办比赛为品牌优势，提高自身竞争力（见图14）。

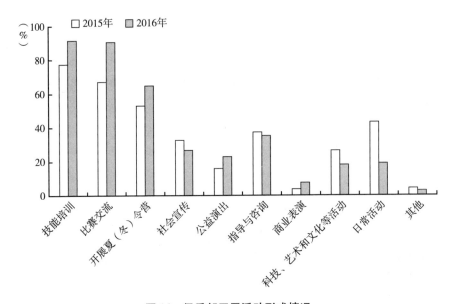

图14 俱乐部开展活动形式情况

注：数据来源于2016年国家级俱乐部抽样调查（n=551）；2017年全国青少年体育俱乐部调查(n=110)。

营地的建设以突出户外体育元素为特点，结合当地的自然地理、民俗体育传统等丰富资源，将户外体育与青少年户外实践活动融合起来，设置符合青少年身心特点的项目和课程。营地目前主要以冬（夏）令营和技能培训作为活动开展的方式。相对俱乐部开展活动形式，营地开展活动形式明显突出夏（冬）令营和周末营。在假期开展青少年喜闻乐见的体育活动项目是营地目前流行的活动方式；针对户外体育开展运动技能培训和比赛交流活动，如定向越野、户外体育、野营和皮划艇等培训项目也深受青少年喜爱；综合实践类活动方面，各营地结合自然资源和当地人文特色开展民俗文化活动，如采摘、科技艺术教育和民俗文化活动等；部分营地也会结合自身资源开展体育会展、商业表演、公益表演和社会宣传，宣传营地安全知识和开展公益宣传推广（见图15）。

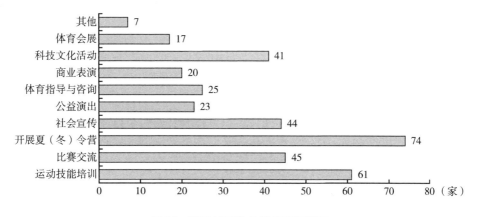

图15 营地开展公共服务项目情况

注：以上数据来源于福建、湖北和广东省相关管理人员调研问卷（n＝84）。

中心是为城乡青少年提供安全便捷的校外体育活动服务的公益性综合体育健身场所。开展活动形式方面，多数中心主要提供运动技能培训、比赛交流、开展夏（冬）令营、体育指导与咨询，分别占到80.0%、80.0%、63.3%和53.3%（见图16）。

中心的建设以为青少年提供校外体育活动场地为特点，结合当地的体育优势项目，设置青少年喜闻乐见的体育项目和课程。中心目前以运动技能培训和比赛交流作为活动开展的主要形式；部分中心依托夏（冬）令营开展青少年喜闻乐见的体育活动项目，进行体育指导与咨询，部分中心开展科技文化活动；部分中心结合自身资源进行社会宣传、公益演出、体育会展和商业表演，宣传推广青少年体育。

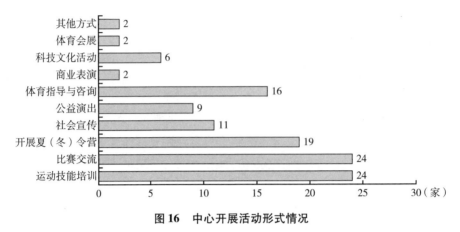

图16 中心开展活动形式情况

注：以上数据来源于对福建、湖北和广东省相关管理人员的调研问卷。

4. 青少年体育社会组织经营状况

经营状况是体现青少年体育社会组织可持续发展的最直接指标之一，尽管各类型青少年体育社会组织经营状况不一，但总体上青少年体育社会组织目前一半以上可以达到盈余或盈亏持平状态。

大部分俱乐部经营状况良好，在110个调查俱乐部中有38%实现盈亏持平，有21%的俱乐部实现盈余（见图17）。

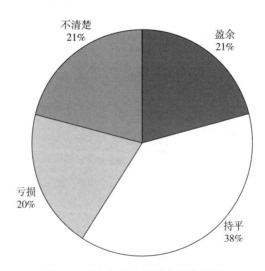

图17 青少年体育俱乐部经营状况

营地盈亏方面，较多的营地能够收支持平，占比 34.9%；部分营地盈余，占到 20.5%；部分营地亏损，占到 22.9%（见表 2）。

表 2　营地盈亏情况

单位：家，%

盈亏情况	数量	占比
盈余	17	20.5
持平	29	34.9
亏损	19	22.9
不清楚	18	21.7

中心盈亏方面，由于中心多数由政府资助，大部分的中心收支持平，占到 43.3%；少数中心盈余，占到 6.7%；部分中心亏损，占到 26.7%（见图 18）。

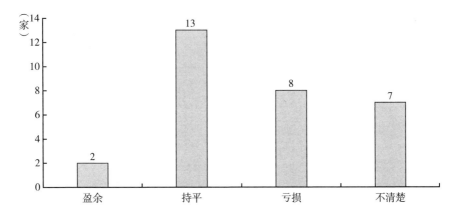

图 18　中心盈利情况

（四）青少年体育社会组织的监管

与其他企业组织有本质区别，青少年体育社会组织是拥有大量公益金、以公益服务为目的的非营利组织。对青少年体育社会组织的监管包括自律、互律和他律三个方面。自律是指青少年体育社会组织首先要遵守非营利组织发展规则和规范；互律是指非营利组织间以行业协会、行业联合会等方式进行互相监督；他律是指相关主管单位对青少年体育社会组织创建、组织工作开展等进行外部监督和管理。

以俱乐部为例，大多数俱乐部在民政部注册为民办非企业单位，《民办非企业单位暂行条例》第二十二条规定"民办非企业单位变更法定代表人或者负责人，登记管理机关、业务主管单位应当组织对其进行财务审计"。根据数据统计，55.1%的俱乐部都接受过民政部门审计，业务主管部门和依托单位审计合计占59.6%。但值得注意的是，仍有3.4%的俱乐部没有接受过任何审计（见图19）。

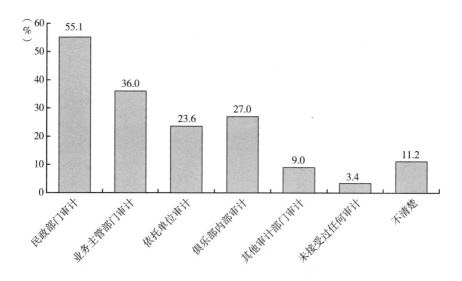

图19 青少年体育俱乐部财务审计情况

注：数据来源于2017年全国青少年体育俱乐部抽样调查。

在年度评估方面，根据调查统计，71.4%的俱乐部接受过业务主管部门年度评估，近半数俱乐部接受过登记管理机关年度评估。接受其他部门的年度评估的俱乐部占比基本在20%以下。调查结果显示了俱乐部在一年中主要接受业务主管部门和登记管理机关的评估，税务部门、教育部门和依托单位对其也有一定评估，但值得关注的是，10.2%的俱乐部未接受过任何年度评估（见图20）。

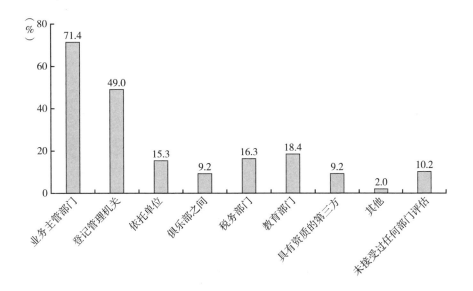

图20 青少年体育俱乐部年度评估情况

注：数据来源于2017年全国110个青少年体育俱乐部的抽样调查。

综上所述，对我国青少年体育社会组织运营的"自律、互律、他律"三个方面评估效果，并不太理想。在"自律"上只有不到1/3的俱乐部能够做到财务审计，"互律"上只有不到10%的俱乐部之间进行了评估，有大部分俱乐部接受"他律"，即业务主管部门和登记管理机关的评估，但仍有少部分俱乐部没有进行任何财务和年度审计。

（五）青少年体育社会组织的发展环境

青少年体育社会组织发展离不开外部环境的改善和支持，其中，税收优惠是有关部门为扶持青少年体育社会组织发展而出台的重要政策。从青少年体育社会组织减免税收情况看，享受税收优惠政策的俱乐部、营地、中心分别占了各自总数的27.3%、20.5%和23.3%（见图21）。

场地设施是青少年体育社会组织生存发展的硬件条件，也是其开展活动的前提。调查结果发现，能够完全满足青少年需求的俱乐部仅占被调查俱乐

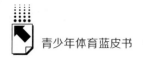

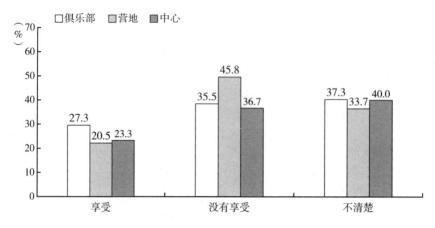

图21 青少年体育组织是否享受税收优惠政策

部的17%，其中大部分俱乐部是基本能够满足青少年活动需求，占比为60.4%，不能满足青少年活动需求的俱乐部占比达到22.6%。从俱乐部开展活动项目类型进行分析，俱乐部设施无法满足需求是因为有些活动无法开展或开展比例较低（见表3）。

表3 青少年体育俱乐部设施与青少年活动需求统计（N=106）

单位：家，%

序号	需求满足程度	俱乐部数量	占被调查俱乐部的比例
1	完全能够满足	18	17
2	基本能够满足	64	60.4
3	不能满足	24	22.6

随着青少年日益参与到青少年校外体育活动中来，中心在发展过程中存在场地设施不足的现象。33.3%的中心认为自身场地设施及器材紧张，16.7%的中心认为缺乏固定的活动场所（见表4）。由于参加校外体育活动的青少年人数不断增多，一方面中心自身缺乏充足经费，无法添置更多的器材设施；另一方面不断增多的人数也暴露了中心场地面积不足的情况，中心缺乏固定、充足的活动场所开展校外体育活动。

表4　中心场地设施情况（N＝30）

单位：家，%

问题	数量	占比
场地设施及器材紧张	10	33.3
缺乏固定的活动场所	5	16.7

二　面临的问题

（一）规模偏小，难以满足青少年体育工作发展需要

尽管近几年我国青少年体育社会组织规模不断扩大，但青少年人均拥有量仍不理想，相对于我国广大青少年的需求而言，无论是俱乐部、中心还是营地，各级各类青少年体育社会组织的规模都显著偏小。为此，体育主管部门应尽快制定促进青少年体育社会组织发展的政策性文件，大力培育社区青少年体育社会组织，完善相关服务标准体系，不断提高服务水平。在促进组织的规模发展方面，应积极鼓励社会力量参与、创建各类青少年体育社会组织。

（二）结构不合理，基层青少年体育社会组织缺位

当前，我国青少年体育社会组织的结构不合理，存在三方面的失衡：首先，官办青少年体育社会组织多于民办青少年体育社会组织。各地扶持创建的俱乐部、中心及营地等均以官办为主，这些组织往往依托各地学校、体校、基层政府、体育协会等政府或事业单位，而由民间发起成立的青少年体育社会组织极为少见。其次，高级别青少年体育社会组织多于低级别青少年体育社会组织，如前文所述，青少年体育社会组织以国家体育总局创建的为主，其层级多为"国家级"，而由省、市、县创建的组织则相对较少。最后，非实体化青少年体育社会组织多于实体化青少年体育社

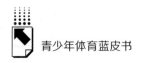

会组织，由于多数青少年体育社会组织缺乏应有的法人治理结构、组织架构、运营能力等，实体化不足，因而出现发展乏力等现象。当前，各级各类草根型青少年体育社会组织严重缺乏，尤其是社区青少年体育社会组织普遍缺位，亟待加强对基层社区各类青少年体育社会组织的创建。

（三）身份模糊，登记注册门槛过高

大部分青少年体育社会组织的法人身份模糊，部分法人属于兼职法人，还有一部分组织根本不具备法人身份。基层社区青少年体育社会组织由于缺乏专业人士、活动人数、注册资金和活动场地等因素无法成立社团或公司，组织自身身份不明确，缺乏合法身份，因此在社区和公共场所举办青少年体育活动容易受到相关监管部门的审查和阻碍，并且无法享受对应的扶持政策，长此以往将不利于其发展。

（四）活力不足，发展能力较低

整体来讲，我国青少年体育社会组织自我发展的能力不理想。无论是俱乐部还是中心及营地，发展能力普遍偏低。大部分的俱乐部缺乏自我造血能力，生存能力偏低；国家体育总局从2004年开始试点进行国家级营地的命名资助工作，资助资金从体育彩票公益金中支付，每个营地给予一次性资助，资金用于营地的体育活动设施建设和器材购置，但多数营地前期经费来源主要是政府财政资助。对中心而言，以政府提供经费补助为主，经费来源单一，缺乏社会资金拓展渠道，在普及青少年校外体育活动的同时，无法进一步增强自身师资力量和场地设施建设；目前社区青少年体育社会组织的管理人员主要由社区居委会科教人员、物业管理人员、社区掌握体育技能的中老年人和体育培训机构管理人员组成。相关部门对组织管理人员专业技能和管理能力培训安排不足，社区缺乏专业的体育组织管理人才和专职人才，社区青少年体育社会组织发展水平长期处于初级阶段，社区青少年体育社会组织内部管理松散，缺乏基本的管理制度和清晰的组织架构，管理人员缺乏专业管理知识和经验，运作方式单一。

（五）治理能力不足，监管缺失

当前，相关部门对青少年体育社会组织的治理尚处于初级阶段。《中共中央关于全面深化改革若干重大问题的决定》指出：要"正确处理政府和社会关系"以及"加快实施政社分开，推进社会组织明确权责、依法自治、发挥作用"。但从现在的情况看，我国仍有部分体育社会组织与体育行政部门之间并没有真正实现"政社分开""管办分离"。而从青少年体育社会组织的内部治理而言，显然也未达到充分的自治。大多数青少年体育社会组织自身实力不够，还无力承接政府转移的部分职能。相关部门针对青少年体育社会组织的监管，仍处于或有或无的状态，普遍缺少有效监管的手段。

（六）法规政策建设滞后，生态环境不佳

任何组织的健康发展都离不开法规政策规范，青少年体育社会组织更是如此。目前，我国还没有专门的关于青少年体育社会组织治理的法律法规及政策文件。青少年体育社会组织大部分是非营利性的民办非企业单位，然而在扶持和规范其发展的税收优惠、财政资助、人事管理、社会保险等方面缺乏健全的政策规定。青少年体育社会组织在登记注册、业务开展、服务收费、税收减免、享受财政扶持等方面依然存在很多困难和障碍。青少年体育社会组织发展环境亟待改善，筹资和运营难度较大。青少年体育社会组织与政府存在紧密的合作关系，提供着政府无法提供的公共服务，因此创建良好的合作关系和合规合法的合作方式，是青少年体育社会组织与政府需不断改进、完善的重点。也只有不断完善法规建设才能保障青少年体育社会组织健康快速的发展。

三　建议

（一）理顺体育行政部门与青少年体育社会组织的关系，实现政社分开

党的十九大提出要打造共建共治共享的社会治理格局，完善党委领导、

政府负责、社会协同、公众参与、法治保障的社会治理体制，从社会管理走向社会治理，推进国家治理体系和治理能力现代化，使政府逐步从"管制型政府"转变为"服务型政府"，从"经济建设型政府"转变为"公共治理型政府"。为划清政府和社会的职能范围，党的十八届三中全会通过的《关于全面深化改革若干重大问题的决定》提出"推行地方各级政府及其工作部门权力清单制度"，党的十八届四中全会通过的《中共中央关于全面推进依法治国若干重大问题的决定》也再次强调，"各级政府及其工作部门依据权力清单，向社会全面公开政府职能、法律依据、实施主体、职责权限、管理流程、监督方式等事项"。而我国现行社会组织管理法规的3个管理条例——《社会团体登记管理条例》《民办非企业单位登记管理暂行条例》《基金会管理条例》，没有废止或修订，还是采取原来的"双重管理体制"，造成有关社会组织的中央文件精神及社会组织管理实践与相关条例相冲突，因此应尽快出台依照中央新的精神修订的《社会团体登记管理条例》《民办非企业单位登记管理暂行条例》。

对于体育相关行政部门，要认真落实中央文件精神，第一，体育行政部门要按照中央文件精神，真正实现政社分开，不再对青少年体育社会组织实施管理职能，在青少年体育社会组织中兼职的部门领导干部要尽快依照程序退出。第二，体育部门要顺应社会发展形势，转变管理理念，构建与青少年体育社会组织的新型合作伙伴关系。体育部门的工作重点应放在贯彻落实国家方针政策、研究制定适合青少年体育社会组织发展的行政规划与政策法规等宏观事务上，积极为青少年体育社会组织的健康发展创造充分的保障条件和良好的政策环境；而对于满足青少年体育需求的公共体育服务，只要青少年体育社会组织有能力提供，体育行政部门就尽可能地由其去承接，进而形成青少年公共体育服务多元化供给格局。对于青少年体育社会组织来说，第一，确立自身的独立法人地位，摆脱对体育行政部门的依附关系，把自己放到与体育行政部门平等的位置上。第二，积极承接公共体育服务，为青少年提供满意的公共体育服务。第三，体育行政部门要明确其权力的范围和边界，以及行使权力的依据、流程和时限，各司其职，这样才能加快转变政府职能，真正建立"政社分开、权责明确、依法自治"的现代社会组织体制。

（二）进一步完善青少年体育社会组织政策环境

2016年8月，中共中央办公厅、国务院办公厅印发了《关于改革社会组织管理制度促进社会组织健康有序发展的意见》（以下简称《意见》），首次明确社会组织是我国社会主义现代化建设的重要力量，应充分发挥社会组织服务国家、服务社会、服务群众、服务行业的作用。根据《意见》，要完善扶持社会组织发展的政策措施、依法做好社会组织登记审查、严格管理和监督、加强社会组织自身建设、加强党对社会组织工作的领导、抓好组织实施工作。青少年体育社会组织发展的顶层设计要体现在以下方面：建立健全各司其职、协调配合、分级负责、依法监管的社会组织管理体制；营造政策完善、法制健全、待遇公平的社会组织发展环境；构建功能完善、结构合理、诚信自律、竞争有序的社会组织发展格局；形成权责明确、依法自治的现代社会组织体制。

（三）不断壮大、规范青少年体育社会组织队伍

增加青少年体育社会组织的数量可以从以下几个方面着手：第一，降低成立登记的门槛，简化登记的手续，为青少年体育社会组织队伍的壮大创造条件，同时增强青少年体育社会组织的自主性和独立性。第二，合理灵活地运用"备案制"。"备案制"对会员数量和注册资金的要求相对较低，能够为青少年体育社会组织的成立创造条件。同时可以借鉴已有的"青少年体育社会组织孵化基地"的经验，对于一些发展尚不成熟的青少年体育社会组织，降低准入门槛、简化登记程序，采取先发展备案，经培育扶持规范后，再去民政部门登记的方式，逐步壮大青少年体育社会组织队伍，以满足青少年不断增长的健身需求。增加青少年体育社会组织的数量应做好以下几项工作：第一，凡是符合正式登记或备案条件的青少年体育社会组织，要积极主动到相关部门登记或备案；第二，不成熟的青少年体育社会组织要根据

民政部门登记注册条件加大发展力度，争取早日成为正式体育组织。

规范青少年体育社会组织的发展，要符合"五化"的设计思路：实体化、专业化、市场化、结盟化、品牌化。

1. 实体化

推进实体化建设，是青少年体育社会组织发展壮大的必经过程。它不仅要求各体育社会组织配备专门人员、拥有固定场地，还要求各体育社会组织保证稳定的资金来源，举办有影响力的品牌赛事，实现"有人管事、有钱办事、有场地做事"。有条件的体育组织，还要成立经济实体。近年来，随着体育改革的不断推进，青少年体育社会组织的角色不断发生改变，重要性日益凸显，越来越多的组织为了加快自身发展，开始主动推进实体化进程。体育行政部门要顺应政府职能转变的要求，推进青少年体育社会组织实体化建设，通过发挥市场机制作用，把政府向青少年提供的服务事项按照一定方式和程序，交由具备条件的体育社会组织承担。

2. 专业化

专业化包括治理结构、组织架构、人员团队和运营策略方面的专业化。青少年体育社会组织之所以会出现很多问题，与目前青少年体育社会组织依托学校等单位有关系，青少年体育社会组织依托各种类型的单位却没有自己的主阵地，缺少专业团队。青少年体育社会组织需要有专门的团队运营、专业的方案来发展。要把培育青少年体育社会组织当成事业来运作。

3. 市场化

市场化包括经营策略、市场开发、注重服务、形成品牌等方面。青少年体育社会组织要形成品牌是为了赢得市场，通过市场的运作能力取得服务、吸引会员以达到青少年体育社会组织服务社会的多重目的。反之，如果没有市场导向，青少年体育社会组织的发展将没有持续性。

4. 结盟化

青少年体育社会组织有必要成立和完善枢纽型体育组织，并使其成为青少年体育社会组织发展的助力。目前存在的5000多个青少年体育社会组织只有个别省份有青少年体育社会组织联合会，绝大多数青少年体育社会组织仍是一盘散沙。因此，很有必要建立联合会，利用联合会建立政府、企业以及各青少年体育社会组织之间的联系，只有结盟，才能进一步整合资源，更好地促进青少年体育社会组织的发展。另外，还需要制定相关政策法规，给予枢纽型社会组织一定的法律保障。通过枢纽型社会组织对相应社会组织进行自治将是大势所趋，但目前国家尚无任何法律法规对枢纽型社会组织的主体地位、功能职责以及其与政府部门和其他各社会组织的关系进行明确的定位。枢纽型社会组织一方面要利用好国家相关政策发展壮大自身，真正实现"实体化""去行政化"；另一方面要主动作为，找准自身发挥枢纽型体育组织功能的抓手，发挥好协调与体育行政部门之间关系的"纽带"作用。

5.品牌化

近年来，不同形式的青少年体育社会组织发展迅速，数量增长较快，但从总体来看还未形成一个系统的产业，主要存在缺乏相应的法律保障、管理者缺少管理的经验和资金短缺等问题。青少年体育社会组织在营销、管理、技术、服务等各环节均有很大的提升空间。青少年体育社会组织品牌化意味着组织的会员及潜在会员对它的认同和信任，组织品牌的成功构建意味着市场化的成功，同时也意味着青少年体育社会组织竞争力的提高。青少年体育社会组织的品牌化是在整合青少年体育社会组织特殊性质的条件下，以青少年为主要经营服务对象、以品牌发展为载体、具备组织的运作标准与规范，以达到青少年体育社会组织持续发展目的为原则，并在此基础上发挥品牌的辐射功能，追求目标效益的最大化，从而不断提升青少年体育社会组织的综合实力。

（四）加大对青少年体育社会组织的培育扶持力度，提升其业务能力

政府部门可以从以下途径提升青少年体育社会组织的能力：一是政府通过购买、委托、资助、补贴等方式对青少年体育社会组织进行财政支持。针对实力不同的青少年体育社会组织，在财政支持的方式上应有所区别，自身实力较强的青少年体育社会组织（如在评估中达到3A级以上或具备承接政府职能转移和购买服务资质的青少年体育社会组织），应遵循公开、公平、

公正原则，引入适度竞争的机制，由体育行政部门通过购买公共体育服务进行支持；对于自身实力较为薄弱的，政府可通过委托、资助、补贴以及奖励等方式引导其向青少年提供健身服务以达到扶持的目的。二是运用税收政策，对青少年体育社会组织给予一定优惠。各级体育行政部门应当主动与工商、税务等部门进行协商，为青少年体育社会组织的业务开展争取减税、免税等，确保青少年体育社会组织依法享受到税收政策的优惠。三是加强对青少年体育社会组织人才的培育扶持。政府要对青少年体育社会组织从业人员在技能培训、职业晋升以及优秀人才待遇等方面给予相应的政策支持，不仅要调动从业人员的积极性和进取心，而且要留住人才。青少年体育社会组织首先应该尽力高质量完成政府购买或委托提供的公共体育服务；其次，利用好税收优惠政策；再次，根据组织自身条件与优势，进行经营活动，如在社会上开展适当收费的体育技能培训等；最后，积极引入社会资本，拓宽对青少年体育社会组织的支持渠道。对青少年体育社会组织的支持，仅靠政府一家力量毕竟有限，应积极引导社会资本进入，鼓励企业和企业家通过慈善捐赠等方式积极参与到体育公益事业中来，支持青少年体育社会组织发展。

（五）抓住不同转型阶段青少年体育社会组织的工作重点，精准发力

从青少年体育社会组织自身来讲，青少年体育社会组织的工作面临五个方面的转型，要抓住每一个转型机会，精准发力。

1. 由单纯增长数量转向增长数量、加强能力、改善结构并重发展

要在过去单纯增长数量的基础上，提升质量和改善结构，增长青少年体育社会组织数量很重要，但是现在有必要思考在增长青少年体育社会组织数量的同时，对青少年体育社会组织的能力和结构进行改善。

2. 由一次性财政扶持转向持续性分层次扶持

政府对青少年体育社会组织的扶持工作应由一次性的财政扶持转变为持续性的分层次扶持。目前，政府部门更多的是在经费方面给予青少年体育社会组织扶持，而政策方面却多有空白，因此有必要把政策进行进一步的

完善，规定具体的扶持方法，并对青少年体育社会组织进行分层次的划分。

3. 由政府主导转向枢纽型组织管理

在政社分开的背景下，要实现体育公共服务和社会管理的有效供给，政府必须完成由"管制型"向"服务型"目标的转变，最终实现社会替代政府驱动社会体育事业发展与进步的目标。政府大力培育枢纽型青少年体育社会组织是完成这一目标的有效途径，建设好了枢纽型青少年体育社会组织，就是抓住了青少年体育社会组织管理的核心。

4. 由注重建立过程转向注重绩效评价

要由注重建立过程转向注重绩效评价，创建是一种思路，但是创建的目的不是增加数量，而是提升质量，提升绩效。如果对青少年体育社会组织只停留在创建层面而没有评价体系，那么对其管理的过程没有控制，结果就更难以把握。因此我们需要一个系统的评价体系。目前我们的评价缺少两个抓手：发展能力和对青少年体育社会组织工作成效的评价。

过去对青少年体育社会组织的评价是建立在一个行政工作推动计划上，侧重于组织管理、规章制度和开展活动，但这远远不够，更重要的是提高青少年体育社会组织的创生能力和发展能力。所以示范性国家级青少年体育社会组织评价体系基本是从五个方面来构建：基本条件、组织管理、开展活动、工作成效和能力建设。按照这个评价体系，能够存活下来的青少年体育社会组织及示范型青少年体育社会组织才是我们所需要的。

5. 由短暂经营转向可持续发展

目前，青少年体育社会组织面临的主要问题是经费短缺。通过转变政府职能，政府把原先用来提供公共服务的资金和资源通过购买的方式转交给青少年体育社会组织，为其发展提供了一定的机遇。但是政府购头青少年体育公共服务不能满足青少年体育社会组织长远发展的资金需求，缺乏可持续发展性。因此未来政府和青少年体育社会组织应积极采取措施，以日益增长的青少年多元化体育需求为导向，积极探索共赢的合作模式。体育行政部门也应加大对青少年体育社会组织的扶持力度，特别是经费投入方面，可以用于青少年体育社会组织的延伸覆盖、扶持发展、培训交流、普及推广、考核评

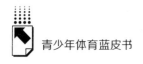

估和表彰奖励。健全完善我国法律体系，明确政府与体育组织的关系，并赋予体育组织相应权利，保证政府与体育组织在公共体育服务领域进行平等有效的合作。同时青少年体育社会组织只有强化自身的自主性，完善自身能力建设和加强内部治理，确保自身社会公信力及服务水平，在业务上下功夫，在服务内容上大胆创新，充分发挥自身的功能作用，促进自身专业化，满足不断发展变化的青少年体育公共服务需求，才能真正成为体育部门的合作伙伴。

（六）加强舆论引导，营造良好氛围

在信息传递急速发展的当下，舆论生态与受众心理发生了剧烈的变化，习近平总书记在党的新闻舆论工作座谈会上明确指出，"要适应分众化、差异化传播趋势，同时把握好网上舆论引导的时、度、效，加快构建舆论引导新格局"。国家体育总局政府网站作为体育类主流媒体，要大力开展青少年体育社会组织宣传工作，积极推进信息公开，加强正面舆论引导。国家体育总局主管的《青少年体育》等专业刊物，应广泛设立有关青少年体育社会组织的专题，比如青少年体育社会组织相关知识普及、政府和高校专家访谈和优秀组织案例展示等，同时应进一步增加报道的数量，提高报道的质量。国家体育总局主管的《中国体育报》，其中青少年体育版应增加青少年体育社会组织板块，开展走基层青少年体育社会组织宣传采访活动，紧密结合青少年体育社会组织发展的最新态势，联合多家中央媒体进行采访报道，宣传优秀青少年体育社会组织的好做法、好经验。

B.3

全国青少年"未来之星"阳光体育大会发展现状及对策分析

高扬　王芳　张文翰*

摘　要： 全国青少年"未来之星"阳光体育大会是国家体育总局、教育部、共青团中央联合主办的青少年大型综合类体育活动，至今已经举办了七届夏季和三届冬季阳光体育大会，为广大青少年提供了参与体育运动、体验运动魅力的平台，促使青少年群体形成了热爱体育运动的良好风气，对全国青少年体育活动起到了引导和示范作用。大会具有办赛理念独特、竞赛项目与趣味结合、展示体验项目多、科普与文化交流丰富、明星榜样效应明显的特点，在搭平台、抓内容、创品牌、扩影响、促发展方面有独到的成功之处。

关键词： 阳光运动　青少年体育　奥林匹克文化　未来之星

　　全国青少年"未来之星"阳光体育大会（以下简称"阳光体育大会"）是国家体育总局、教育部、共青团中央联合主办的青少年大型综合类体育活动，涵盖了夏冬两季。举办阳光体育大会是深入贯彻落实习近平总书记对体育工作重要批示、指示精神，以及党的十八届三中全会《中共中央关于全面深化改革若干重大问题的决定》的重要举措，是《关于强化学校体育促

---

*　高扬，全国体育运动学校联合会副秘书长；王芳，北京体育大学管理学院副教授；张文翰，北京体育大学管理学院在读硕士生。

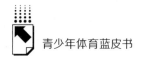
进学生身心健康全面发展意见》精神的重要体现，也是"健康中国"战略背景下为实现少年强中国强之中国梦，为广大青少年打造的一个运动参与、文化交流、体验分享、感受快乐的平台，集中展示青少年德、智、体、美全面发展的风采，使得广大青少年形成热爱体育、崇尚运动、健康向上的良好风气，对全国青少年体育活动具有引领作用和示范效应，有利于营造全社会积极关心青少年健康成长的良好氛围。

截至目前，阳光体育大会已成功举办七届夏季和三届冬季大会，其主题新颖、内涵丰富，规模逐渐扩大，内容与形式多样，社会影响不断扩大，有力促进了全国青少年体育活动的发展。

一 阳光体育大会发展概况

自 2011 年山东省青岛市举办首届阳光体育大会以来，之后分别在内蒙古自治区赤峰市、河北省秦皇岛市、吉林省长春市、湖北省宜昌市、陕西省渭南市、宁夏回族自治区银川市连续举办了六届夏季阳光体育大会。自 2015 年以来，在黑龙江省牡丹江市连续举办了三届冬季阳光体育大会。三部委及地方政府领导高度重视，亲临活动现场，提升了阳光体育大会的规格和影响力，受到社会各界、各参赛单位和新闻媒体的广泛关注和高度评价。

阳光体育大会从起步之初一年一度的"阳光体育节"赛会制发展成目前涵盖夏冬两季"主会场 + 分会场"联动的大联欢活动，规模迅速扩大，示范引领效应显著提升。七年来，夏季阳光体育大会有 6000 余名来自内地及香港、澳门的青少年直接参加了主会场活动，参与主会场各类活动的青少年总人数近 3 万人，有逾 30 万人参与各分会场及相关活动。它从一项全国青少年体育活动发展成为国家"全民健身日"重点示范活动。而每届参与的青少年规模从当初的 3200 人发展到 2017 年主分会场超过 18 万人；参与人员覆盖面从 31 支队伍发展成包括香港、澳门特别行政区在内的 34 支队伍；四大板块内容与形式日趋完善，逐渐凸显竞赛、体验、科普、文化与教育的多项功能；多元主题与特色文化融合，突出地域特点，彰显文化魅力，从纵深层面提升青少年体育素养与综合品质。虽然冬季阳光体育大会起步较晚，但是在夏季阳光体育大会发展基础之上，在国家申办、承办2022年冬奥会的新形势下，为中国冰雪运动发展掀开了崭新的篇章。冬季阳光体育大会举办三年来，从2015年首届参与青少年1175人增长到2017年主分会场十余万人，覆盖面逐渐扩大，参与人数不断增加，为全国青少年参与冬季冰雪运动创造了条件、搭建了舞台，也为推动"3亿人参与冰雪运动"营造了冬奥氛围，促进了我国冰雪运动在青少年中的普及和开展。

表1　历届阳光体育大会主会场运动员人数

时间	地点	主会场运动员人数
2011 年 8 月	山东青岛	1000 多名中学生
2012 年 8 月	内蒙古赤峰	700 多名学生运动员
2013 年 8 月	河北秦皇岛	800 名学生运动员
2014 年 7 月	吉林长春	800 余名学生运动员
2015 年 8 月	湖北宜昌	660 名学生运动员
2016 年 7 月	陕西渭南	近千名学生
2017 年 8 月	宁夏银川	780 多名青少年运动员
2015 年 2 月	黑龙江省牡丹江市镜泊湖	近 500 名青少年运动员
2016 年 2 月	黑龙江省牡丹江市镜泊湖	650 余人
2017 年 2 月	黑龙江省牡丹江市镜泊湖	680 余人

表2　历届阳光体育大会参与地区及会场分布

届次	参与地区	会场分布
夏季:首届	全国 31 个省、自治区、直辖市和新疆生产建设兵团	主会场山东省青岛市,无分会场
第二届	全国 31 个省、自治区、直辖市和新疆生产建设兵团	主会场内蒙古自治区赤峰市,无分会场
第三届	全国 31 个省、自治区、直辖市和新疆生产建设兵团	主会场河北省秦皇岛市,无分会场
第四届	全国 31 个省、自治区、直辖市和新疆生产建设兵团	主会场吉林省长春市,无分会场
第五届	全国 31 个省、自治区、直辖市和新疆生产建设兵团,香港、澳门特别行政区首次组队参加	主会场湖北省宜昌市,北京、内蒙古、山东等 14 个分会场

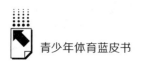

续表

届次	参与地区	会场分布
第六届	全国 31 个省、自治区、直辖市和新疆生产建设兵团及香港、澳门特别行政区	主会场陕西省渭南市,31 个省、自治区、直辖市及新疆生产建设兵团均设立大会分会场
第七届	全国 31 个省、自治区、直辖市和新疆生产建设兵团及香港、澳门特别行政区	主会场宁夏回族自治区银川市,河北、甘肃、安徽、江西、湖南、山东、福建、天津、吉林、河南、重庆、新疆、湖北、山西 14 个分会场
冬季:首届	全国 26 个省、自治区、直辖市和新疆生产建设兵团	主会场黑龙江省牡丹江市,无分会场
第二届	全国 29 个省、自治区、直辖市和新疆生产建设兵团以及澳门特别行政区	主会场黑龙江省牡丹江市,北京、河北、内蒙古、辽宁、吉林、黑龙江 6 个分会场
第三届	全国 31 个省、自治区、直辖市和新疆生产建设兵团以及澳门特别行政区	主会场黑龙江省牡丹江市,北京、河北、内蒙古、新疆、辽宁、吉林 6 个分会场

多年来,阳光体育大会从稚嫩走向成熟,以打造"覆盖面大、参与面广、影响深远的青少年体育盛会"为发展目标,立足青少年实际需求,发挥引领示范效应,办青少年喜爱的、需要的,并且有利于青少年健康成长的全国青少年阳光体育活动。

二 阳光体育大会的内容与特色

(一)办赛理念独特创新,内容丰富

阳光体育大会突破传统青少年体育活动形式单一的特点,实现了两个创新:一是理念创新,倡导"重体验、重教育、重文化、重交流",旨在青少年中传播体育理念,树立健康向上的青少年榜样,引导青少年积极参与体育运动,增强体质,全面发展,倡导从运动中收获健康快乐的生活方式;二是内容创新、特色鲜明,集青少年体育竞赛、阳光体育活动展示、青少年科学健身普及以及奥林匹克文化交流四大板块内容于一体,从多层次、多角度引

导青少年积极、主动参与阳光体育活动。2011 年首届阳光体育大会论坛活动以"责任、使命、未来——中国青少年体育"为主题，旨在搭建一个政府和专家学者以及社会各界沟通交流的平台，共同推动青少年体育的健康发展。历届大会主题与主要内容板块如表 3 所示。

表3 历届大会主题与主要内容板块

届次	主题	主要内容板块
夏季:首届	论坛:责任·使命·未来	体育竞赛、大课间体育活动展示、青少年体育发展论坛和奥林匹克文化交流
第二届	阳光、快乐、健康、未来	阳光体育运动展示、青少年体育竞赛、青少年体育发展论坛、青少年体育文化交流
第三届	少年强,中国梦	体育比赛、阳光体育运动展示、青少年体育科技活动、体育文化交流
第四届	运动健康,追逐梦想	体育竞赛、阳光体育活动展示、青少年体育科技活动和奥林匹克文化交流
第五届	相约宜昌,共享阳光	体育竞赛、"阳光运动"展示体验、青少年体育科技活动和奥林匹克文化交流
第六届	少年中国梦,阳光渭南行	青少年体育竞赛、运动乐园、青少年体育科技、奥林匹克文化交流
第七届	相约美好银川,共享阳光体育	青少年体育竞赛、运动乐园、青少年体育科技、奥林匹克文化交流
冬季:首届	迎冬奥、展身姿、沐阳光、驭冰雪	体育比赛、阳光体育活动展示、冬季奥林匹克文化交流、青少年爱国主义教育、文娱活动
第二届	冬奥阳光,有你有我	体育比赛、冰雪乐园、文化交流、爱国主义教育
第三届	冬奥阳光,有你有我	冬季体育比赛、冰雪运动乐园、冬季奥林匹克文化交流、爱国主义教育

（二）体育竞赛融技于趣，注重参与

阳光体育大会以人为本，不断完善赛制，扩大规模，淡化竞技，突出趣味性、参与性、协作性、教育性的特点，着重体现对青少年全面身体素质的检验。在体育竞赛方面，夏季阳光体育大会主要选取在青少年中广泛开展的三人制篮球、五人制足球、跳绳、踢毽子 4 个主项和校园定向跑、拔河 2 个兼项。冬季阳光体育大会在不断改进、完善的基础上，形成了五人制雪地足球、冰球、花样滑冰、雪地徒步穿越、冰上龙舟、雪地障碍 6 个项目。主会场活动覆盖范围涉及 31 个省（区、市）及新疆生产建设兵团，特邀香港、澳门特别行政区的青少年运动员参加各项目的角逐。为建立和完善阳光体育大会选拔机制，2017 年着力推动各省（区、市）通过预赛选拔优胜队伍参加主会场活动，让更多的青少年参与阳光体育活动，不断提高其带动作用。比赛之余，各代表队还自行编排具有地域特色的文娱节目参加颁奖仪式的演出，充分体现了阳光体育大会广泛参与、互动交流、共享盛会的特色。

（三）展示体验形式多样，彰显特色

阳光体育活动展示体验不仅是对当地校园大课间活动进行展演，而且还选取了在广大青少年中喜闻乐见，具有时尚性、文化性、挑战性、地方特色的体育活动，通过设立"运动乐园"体验展示区的形式，让青少年运动员在体验中感受体育运动的魅力，在参与中享受运动的快乐。展示项目逐渐扩大其规模和种类，在 2011 年首届的校园集体舞、武术操和帆船活动基础上，夏季阳光体育大会运动乐园不断进行扩充，体验项目每届都有新突破，涉及范围广泛，容易引起青少年的体育兴趣。大会在丰富体验项目的同时也设立心理健康关爱驿站，对青少年进行心理健康服务。

冬季冰雪乐园引入滑雪、冰壶训练营、冰滑梯、雪滑梯、雪上拔河、冰尜、冰爬犁、冰上飞毯、冰上高尔夫以及当地富有特色、深受青少年喜爱的其他冰雪运动项目，让青少年体验冰雪文化乐趣，提升冰雪运动能力。运动乐园项目丰富，不仅吸引各省（区、市）青少年运动员参与体验，还吸引当地更多青少年参观体验。2017 年冬季阳光体育大会还面向运动员开办训练营，增加了 20 余种满族特色民俗文化和冰雪娱乐体验项目，使来自全国各地的青少年更好地体验民俗和冰雪运动的独特魅力。

表4 历届阳光体育大会运动项目

届次	竞赛项目	特色展示
夏季:首届	五人制足球、三对三篮球、跳绳、踢毽子、阳光接力跑和校园定向跑	校园集体舞、轮滑、跑酷、武术操、帆船
第二届	五人制足球、三对三篮球、跳绳、踢毽子、拔河、校园定向跑	科技体育、软式垒球、趣味田径、笼式足球、五洞高尔夫等项目以及马术、摔跤、射箭等民族传统体育项目
第三届	五人制足球、三对三篮球、跳绳、踢毽子、拔河、校园定向跑	女子足球、花样跳绳、三项球、校园软式高尔夫、野战运动、手抓球、相扑、趣味体操、FMS 体验等27 个项目
第四届	五人制足球、三对三篮球、跳绳、踢毽子、拔河、校园定向跑	软式棒垒球、气排球、围棋、中国象棋、网式足球、软式高尔夫、独轮车、柔力球、轮滑等 26 个项目
第五届	五人制足球、三对三篮球、跳绳、踢毽子、拔河、校园定向跑	软式棒垒球、气排球、围棋、中国象棋、网式足球、软式高尔夫等
第六届	五人制足球、三对三篮球、跳绳、踢毽子、拔河、校园定向跑	软式垒球、棋牌、气排球、城市高尔夫球、足球等19 个体验展示项目,及特色悠悠球、抖空竹表演等
第七届	五人制足球、三对三篮球、跳绳、踢毽子、拔河、校园定向跑	科技体育、篮球、棋牌、气排球、蹦床、旱地冰球、迷你高尔夫,以及地方特色的跳跳球、回族武术、木球表演等
冬季:首届	五人制雪地足球、冰球、花样滑冰、雪地徒步穿越、冰上龙舟、雪地障碍	雪滑梯、冰滑梯、悠波球、摩托雪圈、捕鱼、冰瀑跳水
第二届	五人制雪地足球、冰球、花样滑冰、雪地徒步穿越、冰上龙舟、雪地障碍、雪地拔河	冰雪运动乐园
第三届	五人制雪地足球、冰球、花样滑冰、雪地徒步穿越、冰上龙舟、雪地障碍	冰滑梯、雪滑梯、冰尜、冰爬犁

(四)科普活动寓教于乐,传播健身理念和知识

青少年体育科学健身普及活动是于 2013 年由原有夏季阳光体育大会论坛板块改革而来,是阳光体育大会创新宗旨的具体体现,集中展现青少年科研新成果、新理念、新方法,传播青少年科学健身理念与知识,培养青

少年体育兴趣和终身体育锻炼的习惯，开展青少年体质测试、评价与指导等科学健身公益活动，搭建、布置青少年科学健身、青少年营养、青少年伤病防治等相关知识的展板，开展青少年科学锻炼科普讲座，并发放科学锻炼指导丛书。宣讲内容科学、先进，形式活泼，受到各方好评。第三届、第四届大会中，国家体育总局体育科学研究所特别安排国民体质监测车针对青少年开展了体质监测、评价活动，让青少年对科学锻炼的认识更加明确。

（五）奥运文化交流，感受精神之魅力

奥林匹克文化交流展示活动，是创新青少年体育活动的重要形式，通过文化交流促进奥运文化与学校体育文化的融合与互动，对青少年进行人文素质教育，使学生在参与体育运动的同时，感受体育运动中所蕴含的教育价值和文化魅力。夏季阳光体育大会"奥林匹克文化交流"面向社会开展青少年体育诗歌、绘画、书法、日记的全国作品征集活动。七年来，征集的作品达到45000余件，将青少年对于体育运动的理解通过不同的文化形式展示出来，引导广大青少年发现体育之美，寻找奥林匹克精神和文化内涵。每年评选出获得特等奖的10名青少年参加阳光体育大会，体会参与者的快乐。冬季阳光体育大会主要是宣传冬季奥运知识、开展全国趣味冰雪活动创意设计大赛作品的展示与体验。

表5　历届阳光体育大会文化交流活动

届次	文化交流
夏季:首届	文艺晚会,奥运明星互动环节,奥林匹克文化历史巡游和"我心中的奥林匹克"全国青少年体育摄影、诗歌、书法展
第二届	"我心中的奥林匹克"为主题的文化征集作品展示
第三届	"我心中的奥林匹克"为主题的文化征集作品展示
第四届	"运动健康、放飞梦想"为主题的全国青少年体育摄影、书法、诗歌、绘画和运动日记展示
第五届	"我心中的奥林匹克"为主题的文化征集作品展示
第六届	青少年体育才艺、摄影、诗歌、书法、绘画作品展示和评奖活动等

续表

届次	文化交流
第七届	青少年体育才艺、摄影、诗歌、书法、绘画作品、文学作品展示和评奖活动
冬季:首届	冬季奥运知识宣传展板展示;"助力申奥、燃情冰雪、共筑中国梦"千名青少年为申奥加油签名活动、冬奥明星互动交流
第二届	开展冬奥知识大讲堂等奥林匹克文化推广活动,宣传冬季奥运知识和科学锻炼知识
第三届	"助力冬奥,我来参与"涂鸦活动

(六)体育明星志愿服务,榜样作用凸显

阳光体育大会携手"奥运健儿志愿服务大行动",历届均组织多名体育明星参与互动,七年来著名篮球运动员姚明,奥运冠军刘翔、李宁、杨扬、殷剑、周洋、王皓、焦刘洋、陈中、陈一冰、肖钦、钱红、滕海滨、刘子歌、陆春龙、李娜、杨凌、庞清、佟健、张丹、李坚柔、王春露、刘秋宏、张虹、程爽,棋类大师郭莉萍、陈幸琳、周鹤洋等人以及社会知名人士陈君石、杨利伟、蒋效愚、谢军、终南山、成龙等人的参与也使阳光体育大会增添异彩,提高了影响力和知名度。同时,阳光体育大会开展健身技能指导,深入贫困、弱势群体学校开展捐赠活动,讲述体育明星成长经历,与小运动员交流互动。通过交流活动,体育明星的示范榜样效应在全国青少年学生中起到了极大的激励作用,激励了广大青少年学生对体育的热爱和奥林匹克文化的关注,让奥运精神伴随青少年的一生,不仅给青少年留下了生动、美好的回忆,而且使其深刻地体会到运动项目的独特魅力并影响他们身边的每一个人。

第二届阳光体育运动大会上,悉尼和雅典两届奥运会冠军陈中、北京奥运会冠军肖钦、北京和伦敦两届奥运会冠军郭跃以及伦敦奥运会新科冠军王明娟、焦刘洋和董栋赴克什克腾旗的小学进行体育器材捐赠活动;第三届阳光体育大会上国家体育总局领导与奥运冠军还赶赴秦皇岛市山海关特殊教育学校,为在这里接受特殊教育的300余名学生捐赠了价值14万元的体育器材和

图书；第六届阳光体育大会上姚明也参加了奥林匹克公益捐赠活动，为孩子们送去了价值不菲的健身器材；第二届冬季阳光体育大会上举办了"冠军伴你行——体育明星公益服务活动"和奥林匹克文化推广活动（见表6）。

表6　历届大会形象大使与冠军明星

届次	形象大使	特邀体育明星
夏季：首届	杨　扬	高敏、杨扬、杨威、殷剑
第二届	杨　扬	陈中、肖钦、郭跃、王明娟、焦刘洋、董栋
第三届	陈一冰	陈一冰、李婷、孙甜甜、冯坤、罗薇、陈定、韩晓鹏、高凌
第四届	周　洋	周洋、滕海滨、王皓、吉新鹏、钱红、肖钦
第五届	杨　威	刘翔、杨威、李坚柔、李妮娜、李娜、周鹤洋
第六届	滕海滨	姚明、刘子歌、陆春龙、杨凌、李娜、郭莉萍、陈幸琳、周鹤洋
第七届	张　宁	张宁、陈中、孙福明、李颖、柴云龙、郭莉萍、黄奕中
冬季：首届	张　虹	张虹、李坚柔、张湘祥、王春露、张丹、程爽
第二届	李妮娜	张湘祥、庞清、佟健、刘秋宏、王春露
第三届	刘秋宏	刘秋宏、佟健

（七）全民志愿，构建和谐大会

志愿者是活动各个项目环节之间衔接的关键。阳光体育大会的志愿者采取社会招募的方式，大会招募热心公益事业，自愿贡献个人时间和精力，为社会和他人提供服务和帮助而不求回报的志愿者参与活动，在服务社会、服务他人的同时，提高自我，发展自我。志愿者的主要工作有提供竞赛信息咨询服务，指导运动员入退场，维持比赛场次和组次的次序，协助赛务工作人员记录比分，协助安排赛后获奖运动员的奖杯、奖品以及获奖证书发放等。

三　阳光体育大会的成功经验

（一）搭平台，发展青少年体育盛会

自党的十八届三中全会提出"强化体育课和课外锻炼，促进青少年身

心健康、体魄强健"后，各级体育、教育管理部门高度重视青少年体育工作，阳光体育大会是在新的历史条件下加强学校体育工作、推进素质教育、促进提升青少年体质、宣传体教结合成果的新平台。首届夏季阳光体育大会于 2011 年举办，2014 年实现全国 31 个省（区、市）及新疆生产建设兵团报名；2015 年起设立分会场，除宜昌主会场外，还有北京、内蒙古、山东等 14 个分会场，实现大会联动，并特邀香港、澳门特别行政区运动员参加；2016 年实现全国 31 个省（区、市）及新疆生产建设兵团分会场联动的大联欢局面。

首届冬季阳光体育大会于 2015 年举办，自 2016 年起设立分会场，除了镜泊湖主会场外还设立北京、河北、内蒙古、辽宁等 6 个分会场，形成青少年冬季运动大联欢，参与人数更多、覆盖地域更广、内容更加丰富、辐射效应更明显。

经过 7 年的发展，阳光体育大会目前已发展成为以主会场带动全国各省份分会场全面开花的规格最高、覆盖面最广、参与人数最多的年度青少年体育盛会，成为青少年的盛大节日。

（二）抓内容，彰显大会多元功能

阳光体育大会活动内容与形式不断创新，适时调整与完善，适应了新时期社会改革、青少年体育发展之需要，通过形式多样、内容新颖、极具挑战性、时尚独特的竞赛、乐园体验、科普宣讲、文化交流、爱国主义教育等活动，积极引导、带领、指导广大青少年学生投身其中，使其身心得到有效锻炼与提升。

（三）创品牌，强化引领示范作用

阳光体育大会突出公益性、强化教育性、重视参与性、彰显文化性、弱化竞技性，注重发挥多元功能与综合价值，逐渐形成具有全国性、品牌性引领和示范效应的青少年体育活动品牌，有效带动了全国青少年体育活动广泛开展。目前，夏季阳光体育大会已在全国 31 个省（区、市）设立分会场，

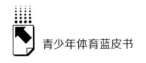
冬季阳光体育大会在北京、河北、内蒙古、辽宁、吉林、新疆、黑龙江也同时设立了本地区冬季阳光体育大会分会场，还有一些省级分会场在本区域内设立了地市级子会场，实现了省内联动局面，体现出全国"未来之星"阳光体育大会的指导性和引领性。

（四）扩影响，吸引各界广泛关注

阳光体育大会成功建立并保持了广泛而良好的媒体关系，从开始筹备起，便组织了形式多样、内容丰富的系列推广活动。中央电视台新闻频道、体育频道、少儿频道，新华社，中国新闻社等 30 多家中央媒体与承办城市60 多家媒体多角度、多层次、全方位地对活动进行全程宣传报道，实现了"宣传先行、实时报道、画龙点睛"的舆论效果。阳光体育大会于 2013 年设立了官方网站，2015 年、2016 年利用微信平台等自媒体扩大宣传，2017年进一步改造和提升了阳光体育大会官方网站。在媒体的广泛宣传报道下，全国越来越多的青少年参与到阳光体育大会中来，青少年体育的教育效应逐渐增强，社会各界人士对阳光体育大会的关注度明显提升。

（五）促发展，提升体育产业活力

经过多年的成功举办，阳光体育大会积聚了一定的社会品牌效应，促进了地方青少年体育事业和体育旅游等相关业态的发展，不仅使"阳光体育""青少年科学锻炼"等大会提倡的新理念、新生活方式深入各级学校和青少年群体中，而且得到了更多地方政府、企业和社会团体，以及家长的关注、支持和热情参与。2017 年夏季阳光体育大会首次向青少年家长发出邀请，报名参加银川主会场活动一同与孩子们共同感受阳光体育的家长已有 170 人。

冬季阳光体育大会的举办有助于加速推动东北地区将冬季冰雪体育产业作为促进地方经济发展的新增长点。例如，牡丹江市政府把冬季阳光体育大会作为宣传当地、推动当地经济社会发展的一个有力抓手，尤其是让镜泊湖景区找到了突破冬季旅游短板的新思路，找到了一条"体育＋旅游"的新出路。几年前的镜泊湖风景区主要是夏季旅游热门景区，到了冬季，景区里也没有游客，是名副其实的半年开张半年闲。通过连续举办全国冬季阳光体育大会，当地冰雪资源被激活，镜泊湖景区管委会制定了科学规划，整合力量加快冬季体育旅游的开发建设，人们冬季不再"猫冬"了。管委会从冬季体育旅游基础设施建设、宣传营销等多个方面加快冬季体育旅游开发建设，积极开展与冬季体育活动有关的冰雪旅游产品开发推广，不断丰富体育旅游产品，使冰雪体育旅游成为牡丹江镜泊湖体育旅游的新亮点和新的经济增长点。镜泊湖景区从 2014 年举办全国青少年冬令营，到承办三届全国冬季阳光体育大会，冬季旅游人数和收入呈逐年上升态势。2015 年 11 月至 2016 年 2 月，景区入门人数与 2015 年相比同比增长 47%，收入增长 18%。

四　阳光体育大会对未来青少年体育活动开展的启示

阳光体育大会在逐年取得显著成效的同时，仍存在参与范围受限、经费保障缺口、省市联动缓慢、宣传深度不够等问题，其发展对于未来继续创新青少年体育活动的开展具有重要启示意义。

（一）青少年体育活动应兼顾青少年体育普及与竞技水平提高

青少年体育活动的开展，一方面以普及体育知识和技能、培养青少年体育兴趣爱好为目的，通过设置符合青少年身心特点的青少年体育活动，带动青少年体育的普及，增强青少年体质；另一方面应进一步改革青少年体育赛事体系，着力推动各省（区、市）通过预赛选拔优胜队伍参加高级别赛事活动，通过选拔，提高体育竞技水平，为培养青少年后备人才提供服务。

（二）青少年体育活动开展应鼓励引导社会力量广泛参与

阳光体育大会已形成由主办单位在政策、经费等方面给予支持，承办地由政府主导提供，由体育局牵头，各级行政部门配合的举办机制。由于财政资金投入有限，该活动规模的扩大受到影响。未来在举办青少年体育活动时，可鼓励和引导社会力量参与到活动中来，按照市场化方式进行运作，整

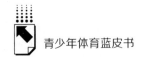

合资源,激发青少年体育赛事的活力。培育青少年体育竞赛多元化市场主体,吸引社会资本参与,充分调动全社会积极性与创造力,逐步建立体制机制完善、政策法规健全、评价标准科学的青少年体育竞赛管理体系。

（三）提升青少年赛事品牌,促进市场开发,营造良好社会关注舆论氛围

改革创新新闻宣传和市场开发工作,加强青少年赛事品牌的推广和建设,构建市场开发体系,充分利用新媒体传播平台,多形式直播、互动,让每个青少年成为宣传展示的载体,大力提高品牌知名度和影响力。

（四）整合资源,形成青少年体育赛事体系

进一步整合教育部门、体育部门和共青团系统的现有资源,以品牌赛事为龙头,带动和进一步覆盖全国的青少年体育赛事,实现贯穿全年的局面;同时,发挥各地优势和特色,努力创新青少年赛事活动内容和形式,充分考虑参与性、互动性、观赏性强的比赛和体验项目,在内容设计上更符合青少年特点和兴趣,推动各省开展青少年体育赛事系列活动,吸引更多的青少年参与到体育活动中来。

B.4
我国学校体育制度的现状与问题

张莉清*

摘　要：　本文对青少年体育参与促进制度，包括体育与健康课程标准、每天一小时体育活动制度、阳光体育运动政策、青少年体育活动促进计划和校园足球发展制度等进行了梳理，并分析了青少年体育参与促进制度制定和执行中存在的问题；之后，阐述了青少年体育评价与测试制度的发展状况，并对制度执行过程中理论与实际偏离情况进行了分析。

关键词：　体育参与促进　体育评价与测试　青少年

　　学校体育是体育的重要组成部分，是一种纯公共产品，具有消费的非竞争性和受益的非排他性，因此具有基础性、普及性和系统性等特点。改革开放以来我国对青少年学校体育工作越来越重视，出台了许多相关制度，笔者经过对相关学校体育文件进行梳理将其分为外围环境与行动措施两个部分。学校体育制度的外围环境包括任务目标、法律法规、指导原则、组织管理、保障措施、实施步骤等，用以协调和保障学校体育工作的良性运转；而行动措施是学校体育制度包含的内在实施策略，具体包含课堂教学、课外学习和教学调控与评价，这是真正决定青少年体质健康的关键政策内容。

　　以学校体育制度的具体行动措施为分类依据，青少年学校体育制度主要

---

* 张莉清，北京体育大学运动训练学教研室教授。

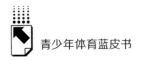
分为青少年体育参与促进制度和青少年体育评价与测试制度两个方面。青少年体育参与促进制度是以促进广大青少年提高体育活动参与程度、增强青少年体质健康为目的而制定的一系列制度。青少年体育评价与测试制度是为更好地对青少年身体健康水平进行评价、评定青少年体育成绩、了解青少年体育活动开展效果而制定与实施的针对青少年个体的评价与测试办法（见图1）。

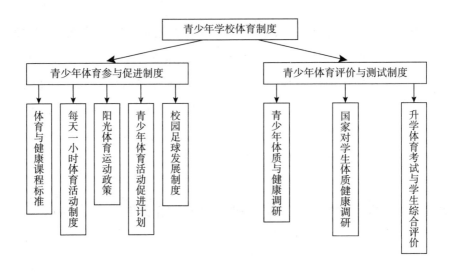

图1 青少年学校体育制度的分类

一 青少年体育参与促进制度

（一）青少年体育参与促进制度的现状

青少年体育参与促进制度是以促进广大青少年提高体育活动参与程度、增强青少年体质健康为目的而制定的一系列制度，主要包括：体育与健康课程标准、每天一小时体育活动制度、阳光体育运动政策、青少年体育活动促进计划和校园足球发展制度等。

体育与健康课程标准的建立和完善为青少年学校体育的教学工作提供了

科学依据；每天一小时体育活动制度的坚定实施为青少年体育参与提供了时间保障；阳光体育运动政策的推行和普及丰富了青少年体育的活动形式与内容；青少年体育活动促进计划则从宏观角度对青少年的体育活动内容安排以及组织形式等进行了整体设计和工作部署；校园足球发展制度则对青少年足球活动的改革起到突破、以点带面的推动和示范作用。当然，我国青少年体育参与促进制度并不仅限于以上几类，这些制度共同为养成青少年体育锻炼习惯，提高青少年身心健康水平，促进青少年体育参与提供了制度保障。

体育与健康课程标准在从建立到逐步完善的过程中，形成了全面合理的课程指导理念，对不同阶段的课程内容进行了详细规定，体现出课程的整体健康观和育人功能，突出青少年的学习主体地位，重视建立系统性、发展性的课程目标体系和评价体系。强调以目标统领教材内容，同时尊重教师和学生对教学内容的选择，注重教学评价的多元化，使课程有利于激发学生学习兴趣，促进学生在身体、心理和社会适应能力等各方面健康、全面、和谐地发展①，从而为提高国民的整体健康水平发挥重要作用。

每天 1 小时体育活动制度经过 60 多年的发展，从部门文件上升到国家性制度和法规中高频率出现的内容；从独立的体育课、课间操、早操转变为互为补充的全校的课间体育活动、课外体育活动以及正式安排的体育课。现在，每天 1 小时的体育活动已经成为各学校安排教学计划的主要内容，也成为增强青少年体质的有效途径。

阳光体育运动历经十余年的发展和完善，已经成为学校教学课程的重要内容，把学校体育、健康与卫生切实作为教育工作的重要方向，使学校体育整体发展成为学生体质健康水平提高的实现途径之一。

青少年体育活动促进计划是由国家体育总局主导制定的一项政策，它为青少年体育活动的开展做出整体工作部署和规划，既为青少年提供了体育交流平台，又丰富了青少年的课余生活，让更多青少年参与体育运动，感受体

---

① 潘佐坚、陈诗华：《实施体育与健康课程标准的思考》，《吉林体育学报》2003 年第 2 期。

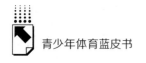

育运动的魅力。

在校园足球发展制度提出短短数年时间内，相关部门3次在全国范围内印发权威文件，同时出台了全面的配套政策，这在我国的教育历史上是前所未有的，在世界范围内也实属罕见。全方位、立体化的校园足球发展制度的制定与实施不仅可促进我国足球运动后备人才质量提升，更可能为我国教育体制改革和学校体育改革发挥先进示范作用，为促进学生体质健康水平提高探索新的有效途径。

（二）青少年体育参与促进制度存在的问题

尽管青少年体育课程标准与体育活动促进相关制度不断发展和完善，但同时我们必须清楚地意识到由于受到政治、经济和文化环境等多方面因素的综合影响，青少年学校体育的发展仍面临很大的局限性。

（1）我国青少年体育参与促进制度制定中存在的问题

学校体育政策的制定是一项系统、复杂的综合性工程，政策制定者只有具备深厚的学校体育学理论素养，并且深刻理解政策在存在地区差异和经济差异背景下的实际运行机制，才能预先规避所制定的政策在执行中遭遇部分困境，使政策具备良好的针对性和可行性。然而，由于政策制定者难以满足上述要求，其自身理论认知和实践经验的局限，使某些政策不尽如人意，政策合理性仍有很大的提升空间。

首先，政策的制定者对青少年体育参与促进工作中存在的问题认识还不够全面和深入，很难得出相应的解决办法。对青少年体育基层真正存在的问题尽管有所了解但并不深刻，也缺乏对基层学校体育工作复杂性的足够认识。其次，制定的政策缺乏计划性和前瞻性，在政策密集出台的年份，制定者没有充分地听取教学一线人员的反馈意见，当然层级复杂的政策执行主体之间也未曾建立合理的反馈通路，所以各政策在执行时不能及时解决出现的新问题，前后政策之间未形成足够的衔接性。这具体体现在，新政策相比旧政策仅提高了一些指标的数量要求标准，对新问题的解决措施明显不足。第三，制定相关政策弹性有余而刚性不足，缺乏明确的奖惩措施，比如《关于进一步加强学校体育工作的若干意见》①（国办发〔2012〕53 号）第 13 条规定："加大学校体育投入力度，要统筹教育经费投入，切实保障学校体育经费。合理保证中小学校公用经费中用于体育的支出，并随公用经费标准提高而逐步增加。利用现有渠道，将学校体育场地设施建设、体育活动经费纳入本级财政预算和基本建设投资计划，并加大投入力度。优先支持农村和民族地区学校体育工作。"尽管从不同方面对学校体育的发展加大了保障力度，但在具体措施方面缺乏相应指标。针对这一问题，需要政策的制定者在充分尊重目标多元化的基础上制定合理目标，防止出现不切实际和目标过泛的现象。第四，政策的统筹兼顾性和针对各地区的差异化执行指导性不足。在政策的具体制定和课程标准的完善过程中，片面吸收国外先进经验，没有充分考虑我国青少年体育发展的实际情况、执行的困难程度和各地区的实际情况，难以统筹兼顾导致制定的政策与实际情况时有脱节。另外，对于地方经济发展不平衡造成的学校体育发展差异，国家层面的政策没有给出具体和量化的指导标准，基本交由省或市一级教育部门出台政策，很难对执行的效果进行评定。

另外，就学校体育学科本身的特征而言，课程标准模糊化的学科特征决定了青少年体育参与促进制度的制定具有一定难度。以体育课程标准的制定为例，体育学科相比较数学、英语、语文等文化学科，它的一个重要特点就是在体育参与过程中必须达到体育教育所蕴藏的多重价值，而体育教学，很难像别的学科一样将知识点单独归纳，所以，体育学科很难以知识点的形式进行教学，这就造成了体育课程标准的模糊化，给政策的制定以及执行带来了困难。

（2）我国青少年体育参与促进制度执行中出现的问题

国家层面颁布的学校体育政策自上而下依次经过省教育厅、市教育局、区（县）教育局，最后传达至各级各类学校，再由体育教师执行。所以在执行时应该围绕各级执行主体进行政策执行的情况分析，尤其要考虑到学校

---

① 《关于进一步加强学校体育工作的若干意见》，2012 年 10 月 29 日。

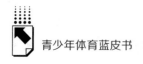
和体育教师对政策执行的影响。

一方面，就政策的实际执行情况而言，存在激励力度不足的问题，政策执行者没有足够的耐心研究政策内涵，贯彻政策要求，出现了一些"形式化"的问题。就学校和教师而言，首先是体育课教学形式化，在新课程理念的导向下，一些学校在执行中错把"快乐体育"简单地理解为追求趣味性，把一些不以身体运动为主要形式的游戏、手工制作等带入体育课堂，误解了体育课的本质；错把"自主"当"放羊"，体育课上教师没有指导，没有要求，没有反馈，由学生一练到底；还有的为了制造体育课的热闹景象，过于追求服装道具等。这些都脱离了体育教学的本质内容，背离了政策设计的初衷，重现象轻本质，形式化必然导致浅层化，在这样的体育课堂上，教学无法达到其应有的效果。再者，学校落实阳光体育运动成为一种形式主义，由于现行的应试教育和阳光体育运动在时间上发生冲突，以致阳光体育变成了学校应对上级检查的"口号体育""校展体育"，活动的内容走向形式化。就学生及家长而言，参与体育锻炼的主要动力是升学考试、体育特长生加分、期末考试、运动会名次等，其中以升学考试最为重要，但是体育科目只出现在中考考试科目中，小升初、高考对于体育没有要求，这就在客观上造成家长和学生对体育课程重要性的忽视，而其他的激励手段又不足以从本质上激励学生主动参与到体育锻炼中，加之学生大多是独生子女，从小缺乏吃苦耐劳的精神，难以适应体育活动对体能大量消耗的要求等因素，都导致了学生对体育活动参与不积极。

另一方面，促进青少年体育参与的配套设施交易成本过高①，导致与政策相应的配套保障措施很难完全到位，对政策的顺利落实造成了负面影响。就场地而言，很多学校场地和器材紧缺，难以保证正常体育教学和体育活动的开展。还有一些学校体育教学设施严重老化，体育器材在损坏后无法及时维护或更新。特别是农村学校的场地器材条件比较简陋，甚至有一大批学校仍使用土操场作为教学场地，农村学校场地设施状况亟须改善。此外，经费

---

① 韩朝华：《制度经济学》，商务印书馆，2000。

短缺现象非常严重，特别是在落后地区，教育经费投入整体不足，在这种情况下，青少年体育工作的经费只能是捉襟见肘。就师资而言，体育教师配备严重不足。特别是在农村学校，体育教师数量少与体育教育要求高的矛盾尤为突出，农村学校普遍出现了在学校总体满编的情况下，体育教师结构性缺编的现象。而且，体育教师工资收入和精神待遇较低，体育人才流失现象也较为严重。面对这一问题，部分省、市制定了一些特殊的优惠政策来吸引体育人才，但绝大部分毕业生仍旧不愿意去基层农村学校任教。体育教师短缺问题不但加重了现有体育教师的工作量，更导致体育课程教学、课外体育活动指导的实际效果降低。此外，体育教师专业素质参差不齐，部分体育教师缺乏专业能力，甚至出现部分教师不是体育专业出身，而是由别的科目教师代课的现象；部分体育教师虽是运动员出身，但片面地把体育教育理解成运动训练，开展专业训练式的学校体育活动。部分体育教师由于缺乏专业能力，则把体育课当成"放羊"教学，发放体育器材后，就任由学生自由活动。上文提及的这些问题不仅降低了体育教学效果，还容易造成学生运动损伤。如果学校不能够提供体育活动的良好设备，就需要家庭来提供场地、人力以及器材等参与体育活动的必备资源，这对很多家庭来说都是一笔不小的开支，特别是在升学压力和对体育普遍不重视的情况下，依赖家长和学生主动配合参与体育活动显然不切实际。

（3）我国青少年体育参与促进制度环境的问题

由于我国区域经济发展不平衡，青少年体育区域发展也极不平衡，东西部差距以及城乡差距较大。尽管近些年国家加大了对落后地区青少年体育的扶持力度，但消除我国地区之间、城乡之间、不同层次的学校之间青少年体育建设水平的差距不能一蹴而就。

①崇尚体育的社会文化环境缺失。经过调查研究发现，青少年体育活动制度的执行存在地方差异。造成这种差异的原因并不仅仅是各地方政府的体育、教育等部门的重视程度差异或执行力强弱等浅层原因，而且是更深层次的制度环境的因素影响。

目前我国实行的高考制度深刻影响着我国青少年体育制度的落实效果。

在价值观层面，高考唯分数论、唯大学论，使得学生和家长的眼中只有高考这一条出路，造成了千军万马过独木桥的态势，重考试成绩而轻学生综合素质评价。重考试成绩造成学生学业压力大，学习负担重，竞争激烈；轻综合素质评价造成艺术、体育类学科不受重视，因此常常出现体育课给高考科目让路，甚至使高中体育课变成了"摆设"，不仅对学校体育开展的范围和效果产生影响，而且使学校培养青少年体育人才的环境受到破坏。"现在这个阶段，孩子考个好大学比什么都重要。河南这么多人，竞争太激烈了，学习的时间都不够，哪里还有时间锻炼身体。我们只能多从饮食和营养上加强，保证他不生病，不耽误上学。""如果有一天我们孩子轻轻松松就可以上一个好大学，我们也愿意鼓励他多去参加活动，我们也希望他能健康快乐。"谈道为什么孩子没有时间锻炼，河南省几位普通初中学生的家长这样说。他们愿意通过改善饮食，使用营养品来保证孩子的健康，因为这样做虽然花钱，却不花时间。上一个好的大学和通过身体锻炼获得健康相比，前者的诱惑力更大，更值得他们投入时间。

②全国教育资源不平衡带来的负面影响。高等院校在我国不同地区的分布不均，各高等院校在不同省份的招生比例不一，造成了全国高等教育资源的不平衡，因此不同省份的学生受到的学习压力不等，加之不同省份的人口基础差别较大，升学所面临的竞争形势也不同。在一些地方学校，学生的文化课程任务繁重，学习压力巨大，学习时间长，每天1小时的体育运动时间根本得不到保证。全国教育资源的不平衡导致不同省份青少年面临着不同的学业压力，学业压力越大的地区，青少年和家长们越重视学习、轻视体育，学生越没有时间参加体育活动。久而久之，这些地区的青少年便缺乏主动参加体育活动的意识，学校则失去了开展体育活动的动力，青少年体育活动制度便不能得到落实。相反，北京的青少年之所以有更多的时间参加体育锻炼，有一部分原因是在京高校为北京考生开了"绿灯"，学生学业压力相对小、高考录取率高。在北京等一线城市，虽然人才需求量大，但许多用人单位由于受到"留京指标""进京指标"的限制，在招聘大学毕业生时不得不要求毕业生是北京生源。这一现象反过来影响着高校招生，为了不影响四年

后高校的就业率，许多学校也更愿意在北京等发达地区增加招生指标。因此，我国的户籍制度和发达地区的一些地方保护制度是造成地区学业压力环境不同的原因，进而成为青少年体育活动制度无法得到全面落实的更深层原因。

二　青少年体育评价与测试制度

（一）青少年体育评价与测试制度现状

青少年体育评价与测试制度是为加深大众对我国青少年体质的了解，更好地对青少年身体健康水平进行评价，了解青少年体育活动开展效果而制定和实施的针对青少年个体的评价与测试办法。主要包括：青少年体质与健康调研制度、《国家学生体质健康标准》、升学体育考试与学生综合评价制度。

1979～2015年，我国共进行了8次青少年体质与健康调研（监测）。其中5次为专门性的学生体质检测，3次为国民体质检测，但是3次国民体质检测都着重强调了由教育主管部门负责青少年学生的体质检测。通过调研（监测）准确科学地对我国青少年体质健康状况进行全方面了解，有利于及时发现青少年体质健康问题和致因，为各级政府制定青少年相关制度提供科学的依据。青少年体质与健康调研（监测）制度逐步建立并不断完善，带动了一系列的国家政策和措施的出台，加强了学校体育卫生工作决策的科学化，有力推动了学校体育卫生工作的制度化进程。

我国目前实行的《国家学生体质健康标准》（2014年修订）是由以《劳卫制》《国家体育锻炼标准施行办法》《青少年体育锻炼标准》为代表的各种条例和通知逐步演变而来，是经过长达几十年的不断探索、发展与完善而确立起来的。随着该标准的颁布实施，我国逐步建立了包括全体学生测试、上报数据审查、数据抽查复核、体质健康研判、监测结果公示、测试结果应用等在内的学生体质健康监测评价工作体系，学生体质健康监测评价机制进一步完善，建立"青少年体质健康测试和公示制度"成为学校体育改

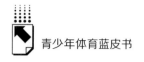

革的突破口。

我国初中升学体育考试制度的形成始于 20 世纪 80 年代初，在 1990 年国务院颁布的《学校体育工作条例》中，体育考试被明确作为升学科目。2005 年全国学生体质与健康监测结果不容乐观，使学校体育工作和初中升学体育考试受到了高度重视。2006 年初中升学体育考试制度开始在全国全面实施。2007 年《中共中央国务院关于加强青少年体育增强青少年体质的意见》强调将在全国全面实施初中升学体育考试制度。升学体育考试制度客观上使体育的学科地位得到提高，作为一种测试方式，对于提高我国青少年的体育水平，增加运动时间，养成良好的锻炼习惯有着积极的作用。它与《国家学生体质健康标准》互相形成良性影响，同时与阳光体育运动形成积极的互动效果，促进青少年进行体育锻炼。

青少年体质与健康调研制度通过对我国青少年体质健康状况进行全面调查，测试青少年身体素质、身体形态、运动能力，及时发现青少年体质与健康共性问题，并分析致因，为各级政府制定青少年相关制度提供科学的依据。《国家学生体质健康标准》的制定同体育与健康课程紧密结合、相互促进，使学生能够科学地、积极地开展体育锻炼，对测试和评价青少年个体的身体素质有很强的指导性作用。它也是衡量各年龄阶段青少年健康状况的标准，因此它的颁布与实施能够较好地适应不同阶段学生的要求。升学体育考试制度通过评价学生体育升学成绩，对学校体育教学施加激励作用，提升体育学科在学校中的地位。上述三种评价与测试制度围绕学校体育开展，在外部形成了比较完善的评价网络体系，这既是对体育参与促进政策的呼应与激励，又是实现国家宏观层面对全国范围内学校体育开展成效的反馈。

（二）青少年体育评价与测试制度存在的主要问题

首先，青少年体育评价与测试制度在执行过程中背离了制度制定的初衷。制度的激励作用在执行过程中没有发挥出来，学校和学生既是制度实施的目标对象也是制度实施的执行主体，但是，学校和学生在执行层面出现偏离问题。一方面，学生对测试和考试成绩更加重视，体质健康测试的成绩关系到学生所在学校的评优评先。"实在不行的就只能改数据，区里很多学校都造假。""学生体质测试的数据直接影响学校的各项评比工作，学生体质测试数据一旦连续下降则会严重损害学校的利益，学校'逼迫'我们'一定要'做好体质测试工作。"这一现象是很多体育教师面对评价政策的真实写照。所以，在这样的压力下，原本正常的体育教学变成了测试教学，体育教师将正常的技能学习变成了测试练习。另一方面，初中升学体育考试分值的不断加大也让一些学生备感焦虑，迫于升学压力进行体育锻炼活动，许多学生的课外体育活动也改为了对测试、考试项目的练习，而不是参与自己喜爱的运动项目，在一定程度上约束了学生的个性化发展，未能对他们广泛参与不同运动项目起到积极的促进作用，学校体育偏向了应试体育的道路。"从9月开学就开始测试，一直测到11月中旬，其间每节体育课都进行测试。""上体育课就是让学生练习体质测试项目，练习完就进行测试。成绩不好的学生课间进行补测，测试不合格的就继续测，直到测试合格为止。"比如：通过对北京市海淀区某重点小学体育教师的访谈，笔者发现这项制度背离了制度制定的初衷，不但使学生对体育锻炼失去了兴趣，还迫使一些本应一心研究"教书育人"的体育教师为了学校的利益不得不想出各种办法干扰测试结果。为了追求更高的体测成绩，有些体育教师不惜采用违法手段作弊，乱象横生，这固然是执行者自身道德、法律素养不高的表现，但一定程度上也反映出体测内容及其分值所占比例存在不合理之处。

其次，我国青少年体育评价与测试制度在实践过程中逐渐产生了异化的趋势。由于制度所提出的锻炼身体、能力提升、养成良好运动习惯以及完善人格等目标要求过高，一些人将体育锻炼变成了一种追求分数和成功的手段。例如：一些家长为了孩子的成绩强迫孩子参加各种体育辅导班；部分地区的监管工作不到位，使考场中出现徇私舞弊的现象；部分地区对考试内容、形式、临场组织和监考安排等方面组织不力，将体育考试变成"走过场"等。个别体育管理人员和体育教师为了应付每年体质健康测试数据的上报、评比、表彰等工作，甚至采取了虚报成绩、弄虚作假等不良做法。例如1995年，河南省首次将学生体育考试成绩计入中考总分，当时满分是30

分，各地市测试内容不尽相同，主要有身高、体重、肺活量、握力以及立定跳远、800 米跑步、1000 米跑步、铅球、篮球、足球等内容。在实施过程中，体育考试分值逐步提高，2013 年，全省体育考试统一按满分 50 分计入中考总成绩。2016 年，河南省再次提升了体育成绩在中考中的比重，体育考试成绩由 50 分提高至 70 分，并计入中招升学总分。体育中考分值增至 70 分，超过了历史课和化学课的分值，等同于一门物理课或政治课分值，导致河南省一夜之间出现了无数的体育中考辅导班。学生们在周末和寒暑假挤出更多的时间参加辅导班，由于辅导班具有高度的考试针对性，因此学生们的体育成绩有了显著提高。"来参加的大部分都是刚上初三的孩子，趁着最后一年抓紧提一提分数，有一些体育成绩差得比较多的孩子初二或者初一就会来参加训练"，一位体育辅导班的教练员这样介绍，"体育能得满分的不会来练，能长期来的都是与满分差距较大的，分数差距较小的最后来上冲刺班，练一期我们就可以帮他提高到满分。""哪项不合格家长会要求专门练哪项，有时候练的成绩提高得太快了也不好，学生来一期能得满分之后就不来了。""每年体育考试前的三四个月都是我们的旺季，学生都会过来参加一个冲刺班，考完初三的学生肯定不会再来了，都回学校复习文化课考试了。"体育中考制度的实施，引起了青少年和家长们对于体育成绩的重视，也引发了青少年参与体育锻炼的热潮，提高了学生在初中阶段的身体素质水平，较之从前的"完全不锻炼"而言这一制度安排收到了一定的效果。但是，在青少年文化课学习的压力下，在全社会"只认分数"的环境下，体育中考却演变成"抢分大战"，学生的考试压力增大，课外锻炼和正常的体育课都变成了复习考试。在突击训练的作用下许多青少年各项基本身体素质得到"满分"，但是却没有使青少年由衷地热爱体育，没有使青少年养成锻炼的习惯，甚至体育考试制度让他们对体育产生了厌恶。

第三，我国青少年体育评价与测试制度使学校的体育课得到了空前的重视，学校体育教学也逐渐演变成限于特定测试、考试项目的技能、技巧训练，而非全面的体育教学，反而加重了学生学习的负担。部分学校仅注重测试、考试的最终结果，而忽视了学生在学习后的情感、态度和价值观的变化，未能使学生养成体育锻炼的习惯，还有一些学校在实际操作中占用学生体育课的时间进行测试，使正常的体育课教学无法得到保证。体育锻炼在不知不觉中走向了应试道路，忽视了体育的德育功能，难以实现基础教育课程改革的目标。学校许多的传统项目都渐渐被遗忘，体育课程失去良好的发展前景，作用得不到充分发挥，这样对教师和学生的体育兴致起到了抑制的作用，学校体育教学工作发展也受到了制约。

第四，政府希望通过体测激励青少年投身体育运动以达到增强体质的目的，但粗暴地选定几个项目以少量分数加入升学分数，在产生促进作用的同时也存在着弊端。比如，不能自选项目打击了一部分参与非体测项目学生的体育参与积极性，由于我国是一个人口大国，地区发展不平衡，在保证公平的大前提下，这部分学生的利益就被牺牲掉了，但是这种"一刀切"的做法没有考虑到青少年的个体差异，反而造成了不公平，因此政策的制定者要反思项目设定、测试方式的合理性。此外，治标不治本，在以高考为最高目标的地位不动摇的情况下，体育以少量分数加入升学分数，并不能从根本上激励学生参与体育，而只能使学生将其作为一个应试目标，通过测试后就中断原先参与体育的习惯。

三　结语

青少年体育参与促进政策和体质与健康评价政策共同构建了青少年学校体育政策，切实提升了青少年的体育活动参与度、增强了青少年体质健康，促进了青少年体育运动习惯的养成。本文对青少年体质健康状况做了深入分析，通过分析测试和评估数据及时发现青少年体质与健康共性问题，为各级政府制定合理的青少年相关制度提供科学的依据。

但是，无论是青少年体育参与促进制度，还是体质与健康评价制度，它们在制定和具体执行过程中均出现了一些问题。在当前教育体制下，唯分数论和唯大学论仍是主流价值观，体育纵然对于学生综合素质养成发挥着无与伦比的作用，但未被列入高考科目，体育教育往往不能引起足够重视；而由

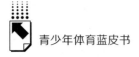

于我国经济发展不平衡，对体育教育的重视程度、财政投入力度也相应不平衡，欠发达地区的体育制度制定与实施情况更加堪忧。

政策在制定时存在着宏观理论与微观实际不完全适应的情况，且在进一步执行过程中难以对现存问题及时更正；此外，政策的执行受限于青少年学校体育教育中课程标准的模糊化，即使在出台制度之前做了充分调研也难以保证在后期实施过程中能够得到预期的效果。另外，在政策执行过程中，最显著的问题就是执行者不够重视体育政策或不能充分领悟政策内容，使体育政策流于形式，背离了提升青少年的体育活动参与度、增强青少年体质健康的初衷；更有甚者，即使政策执行者充分理解政策，也往往面临有心无力的尴尬——体育教育的开展和测试评价条件较之其他教学科目的展开，需要更加复杂的条件，场地、器材、师资都需要巨大的人力物力财力投入，对于仍处于社会主义初级阶段的我国来说，很多地区尚不能满足施行已有政策的要求。

建设与发展篇

Construction and Development

B.5

全民健身活动中心青少年体育功能区的布局与管理

李鸿毅　雷厉*

摘　要：　在全民健身活动中心设置青少年体育功能区具有促进设施标准化、促进管理规范化、增强活动趣味性等作用。青少年体育锻炼场所主要有校外体育活动中心、体育运动学校、户外体育活动营地、体育俱乐部以及少年宫等，目前存在青少年体育设施标准不完善、设施管理薄弱、未兼顾不同群体需求、场地使用说明不明晰等问题。青少年体育功能区设置应遵循系统性、科学性、标准化和趣味性原则。器材方面，青少年体育功能区设置主要参考《中小学体育器材和场地》（GB/T19851－2005）；场地方面，主要参考《公共体育场馆建设标准》《08J933－1体

* 李鸿毅，华体集团；雷厉，北京体育大学研究员。

育场地与设施》等。建议青少年功能区的面积占全民健身活动
中心的30%，功能区采取"1+2"的功能布局，包括1个青少
年专属空间和2个分时段综合利用空间，专属空间可按速度、
灵敏、力量和柔韧四大区域配置器材，并杜绝成年人使用。青
少年功能区应根据不同年龄群体的情况，在活动内容、活动组
织、开放时间、功能区管理等方面进行规范管理。在安全防护
方面，要充分考虑青少年年龄特征配备设备和人员，并尽快确
立青少年专用设施的安全防护标准，细化器材使用说明等。

关键词：　全民健身　青少年　体育功能区

全民健身活动中心按照行政级别可划分为省级、市级和县级。2016年7
月颁布的《县级全民健身中心实施办法》，明确提出全民健身活动中心的建
筑面积为2000～4000平方米，室内健身场地面积总和不少于1500平方米，
主要包括大空间球类项目用房、乒乓球用房、体能训练用房和体质检测用
房；另外，根据具体需求选配其他健身功能用房。全民健身活动中心青少年
功能区涉及的人群主要集中在3～12岁的学龄前儿童和小学阶段人群。

一　设置青少年体育功能区的目的和意义

在全民健身活动中心设置青少年体育功能区，能为青少年提供切实可利
用的活动空间和设施，是学校体育教育的一种补充，是青少年校外活动管理
规范化、设施标准化的重要手段，是引导青少年进行校外体育锻炼，增强青
少年身体素质的新的重要尝试。

设置青少年体育功能区，可以在保障安全的基础上，丰富青少年活动的
项目类型，加强对青少年体育锻炼的科学性指导，培养青少年参与体育锻炼
的兴趣，对于提升青少年的身体素质，培养终身体育的理念具有十分重要的

意义。总体来说，主要表现在以下几个方面：第一，促进设施标准化，保障青少年使用过程中的安全。通过设置青少年体育功能区，可以将配套设施区与成人设施区分开，设立与青少年身体特征相匹配的体育设施，并据此明确相关标准，保障青少年在使用过程中的安全。第二，促进管理规范化，引导青少年科学规范地进行体育锻炼。通过社会指导员、教师、家长等开展规范组织与管理，引导青少年科学有序参与校外活动，促进青少年身体得到全面锻炼。第三，增强活动趣味性，培养终身体育锻炼的理念。青少年体育功能区中适宜青少年活动的专用设施、趣味活动等，可吸引青少年进行体育锻炼，培养其"终身体育"的理念。

二 国内外青少年校外体育活动现状

（一）国外青少年校外体育活动现状

国外青少年校外体育活动多数采取"社区＋学校"的模式进行。日本采取援建综合型社区体育活动中心的方式，以社区和校园的综合一体化协作为手段为青少年提供校外活动场地，将校外活动项目的选择权交给青少年，使其根据自身兴趣与身体特征自由选择合适的活动项目及活动时间。德国在1959年实行黄金计划以后，对社区体育场馆设施和学校所属设施进行统筹管理，除极少数具有职业队专业用途和商业用途外，大部分由学校和社区共同拥有，给青少年学生提供了充足的校外活动空间。英国青少年体育管理采取结合制体制，由政府部门、半官方体育管理机构和非政府社会体育组织共同管理，积极鼓励青少年参加校外体育活动，实现学校体育向社区体育的平稳过渡。

（二）国内青少年校外体育活动现状

我国青少年校外体育锻炼主要有三种方式：一是自主锻炼，包括基于终身锻炼而考虑的自发性课外体育锻炼、出于提高体育成绩考虑而进行的阶段

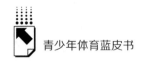

性锻炼和基于一定目的的体育锻炼（如运动会得奖）；二是统一锻炼，以学校组织为主，包括学校运动队的短期集合锻炼、学校班级组织的体育锻炼等；三是娱乐性及竞争性锻炼，包括通过运动量适中的课外体育锻炼，培养兴趣和爱好、充实精神的娱乐性锻炼和通过竞赛的方式完成的体育锻炼。《青少年体育器材设施标准研究》提出，我国青少年校外体育锻炼活动中，74.4%的青少年会和父母或老人一起参加锻炼，其他方式则主要以学校为组织主体进行。

三 我国青少年体育场地设施现状

我国青少年校外活动场所主要有青少年校外体育活动中心、体育运动学校（包括业余体校）、青少年户外体育活动营地、青少年体育俱乐部以及由教育行政部门主管的少年宫、青少年校外活动中心等。我国青少年体育场地设施主要存在以下问题。

（一）青少年体育设施标准亟待完善

《青少年体育器材设施标准研究》提出，我国小学一类与二类必配与选配器材、设备共91项，而到目前为止，仅有42项有标准，仅占总数的46.15%；而作为必配项的62项器材、设备中，也仅有36项制定了相关的标准，仅占总数的58.06%；选配项要求配备的29项器材、设备中也只有6项制定了标准，占总数的20.69%。青少年体育场地设施和器材的种类、功能范围、安全防护、设置条件等，大多缺乏专有标准，无法与成年人体育健身设施形成有效的区分，青少年体育场地设施专项标准亟待建立和完善。

（二）青少年体育设施管理有待加强

体育设施在使用过程中会出现损坏的现象，及时维护、修理可以延长设施的使用寿命。目前，在体育设施的管理维护方面，由于缺乏专职的管理看护人员、缺少专业化的人才，或管理人员不尽责，定期维护不及时等原因，青少年在使用体育设施过程中，存在一定安全隐患或会遇到设施无法使用的问题。很多社区内健身路径处于无人问津的弃置状态，青少年体育设施的维护和管理有待加强。

（三）青少年场地设施需要兼顾不同群体需求

在学校、社区等区域，青少年活动多数是以家庭为单位，由父母或老人带着孩子进行。因此，青少年场地设施的配置一方面应充分考虑青少年的年龄特征和活动方式现状，配置青少年专属设施；另一方面，要保证场地设施的多功能性，在加强组织管理，确保青少年安全锻炼的前提下，兼顾陪同者的需求，使家长也可以获得运动锻炼的机会。

（四）青少年场地设施的使用说明需要进一步明晰

青少年处于特殊的生理阶段，对风险的判断和规避能力较弱。目前，我国青少年体育设施的使用说明及安全警示标志，千篇一律地以文字为主，难以引起青少年注意；设施的标注也较为简单，并未对设施的功能、使用顺序、禁止事项等方面进行明确的规定。另外，在我国已发布的与青少年体育设施相关的42项标准中，只有3项是安全类，仅占标准总量的7%，给青少年体育健身带来一定安全隐患，需要进一步明确青少年体育设施安全注意事项的内容与表现方式。

四　设置青少年体育功能区的基本原则

青少年体育功能区的主要服务对象是年龄为3～12周岁初中以下青少年儿童，根据青少年不同的发育阶段和兴趣特点，功能区的服务对象分为学龄前和小学至初中两个阶段的人群。因此，必须充分考虑不同阶段服务对象的生理和心理特征，因人而异地配套相关设施及标准。在设置青少年体育功能区的过程中，相关部门应遵循以下原则。

（1）系统性原则。我国青少年校外体育活动一般是以家庭为单位、以

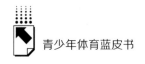
学校为单位或采取"老人—孩子"的组合方式，在划定青少年活动区域时，要考虑陪同者的活动需求；同时，在配置配套设施时，要由浅入深、由简单到复杂，达到系统训练的目的。

（2）科学性原则。配置青少年专用设施时，应在培养青少年锻炼兴趣的基础上，综合考虑力量、灵敏、耐力和速度的训练，科学合理配置专属器材组合。

（3）标准化原则。确保青少年在区域内活动时，有醒目的警示标志、示意图类的使用说明、明确的使用顺序建议等，以标准化的专属设施为依托，规范青少年活动的方式和内容。

（4）趣味性原则。针对学龄前阶段人群，确保青少年功能区内场地设施的色彩、器材的配置、活动的内容能够引起青少年参与锻炼的兴趣；针对小学阶段人群，场地设施的配置要确保在满足运动技能培训需求的基础上，吸引青少年积极参与校外体育活动。

五 青少年体育场地标准及配置

（一）青少年体育场地设施标准

目前，我国青少年体育场地并不具备独有标准，现有的标准是教育部根据我国中小学生生理、心理发展规律和特点，于2005年组织制定的《中小学体育器材和场地》国家标准（国家标准编号：GB/T19851－2005）。

《中小学体育器材和场地》国家标准主要包括健身器材、体操器材、篮球架、篮球、排球、软式排球、乒乓球台、乒乓球、羽毛球拍、网球拍、合成材料面层运动场地和学生体质健康测试器材等12个部分的标准，每个部分的标准的主要内容包括分类、要求、试验方法、标志、包装、运输及贮存等。

《中小学体育器材和场地》国家标准与参照国际单项运动协会器械标准

制定的、适用于成人的体育器材和场地的国家标准相比，两个标准涵盖的内容范围大体一致，一些器材尺寸指标和性能要求在数据上不同，但前者也没有针对青少年的身体特点进行适应性改进，而且对青少年活动场地的面积也没有明确的规定。

笔者通过对青少年体育锻炼器材配置的分类标准研究，发现在各项目中心提供的 226 项青少年体育锻炼器材中，有 69 项缺乏相应标准或不适用现有标准，约占器材总数的 31%；然而这 69 项器材所对应的项目多数属于趣味性较强的创新型运动项目，可以很好地吸引青少年进行锻炼，亟待建立适应青少年特点的标准体系。

在青少年功能区配置标准方面，由于篮球、排球、足球、乒乓球、羽毛球、健身操类体育设施更加受到青少年的喜爱，刺激性、挑战性和趣味性是青少年进行体育锻炼的主要吸引要素，因此，针对青少年喜爱的体育项目，结合创新型体育设施的配备，青少年功能区应至少具备一个青少年专属空间、一个球类大空间用房和一个乒乓球用房，建议采取"1＋2"的空间分布格局，以供青少年活动使用。

在场地标准方面，由于我国尚未对青少年专属场地建立专有的标准，目前主要以《公共体育场馆建设标准》《08J933－1 体育场地与设施》等各类体育场地建设标准为参照对象，针对篮球、排球、羽毛球、乒乓球、足球、健身房等常用体育场地和设施及相关技术要求进行明确的规定。

（二）青少年器材配置范围和归类

根据不同年龄阶段儿童、青少年活动的主要区域划分如下：①学龄前儿童（3～7 岁）主要活动区域：幼儿园、生活社区、商场游乐场所；②小学至初中阶段（7～12 岁）主要活动区域：学校、校外活动中心、青少年体育活动营地等。通过对身体素质敏感期进行归纳，可将青少年时期分为四个阶段，即学龄前（7 岁前）、小学的低年级（7～10 岁）、小学的高年级（10～12 岁）、初中阶段（12～14 岁）。

根据 Greg Rose 的研究，对这些年龄阶段的青少年应分别侧重不同的身

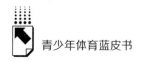

体素质能力的培养。①学龄前儿童，发展柔韧、协调能力和神经反应速度（功能稳定性、速度、柔韧/灵活）；②小学的低年级，发展精细控制和技巧能力，也就是反应和协调的综合，包括眼手协调（功能力量、技巧）；③小学的高年级到初中，发展神经募集肌肉的能力、小力量能力、肌肉的速度和空间感觉（技巧、速度、耐力、柔韧、三维空间意识）。

六 青少年体育功能区的布局与管理

（一）青少年体育功能区的面积

通过问卷调查发现，各省、自治区、直辖市和新疆生产建设兵团青少年体育主管单位中，有64.71%的单位认为青少年体育功能区占全民健身活动中心的比例应在30%～50%；有29.41%认为青少年体育功能区占全民健身活动中心面积的比例应不超过30%；共计70.59%的主管单位认为青少年体育功能区所占比例应最少达到30%，仅有5.88%认为要达到50%以上（见图1）。

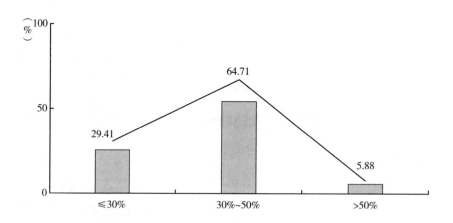

图1 各地区青少年体育主管单位对青少年体育功能区占比的建议

根据各类体育场地设施标准，青少年专属空间参照健身房场地标准，最小面积应不小于40平方米；球类大空间参照排球场地标准，最小面积为

360平方米；乒乓球室面积为192平方米，合计约592平方米。结合对各省、自治区、直辖市和新疆生产建设兵团青少年体育主管单位问卷调查的统计意见，笔者建议青少年体育功能区的面积占全民健身活动中心的30%，按照县级全民健身活动中心最小面积为2000平方米计算，青少年功能区最小面积应为600平方米。各地应根据全民健身活动中心实际建设面积，按照30%的最小面积比例设置青少年体育功能区。

（二）青少年体育功能区布局

通过调研分析和问卷调查，结合3~14岁青少年体育运动的具体需求，笔者建议青少年体育功能区采取"1+2"的功能布局，包括1个青少年专属空间和2个分时段综合利用空间。14~18岁青少年对锻炼的器材设施需求与成年人无明显差异，可与成年人共用。青少年专属空间可采取一个独立空间或多个分隔空间的方式，按照活动类型分为速度、灵敏、力量和柔韧四大区域，配置创新型器材。青少年专属空间供青少年专用，杜绝成年人使用（见图2）。

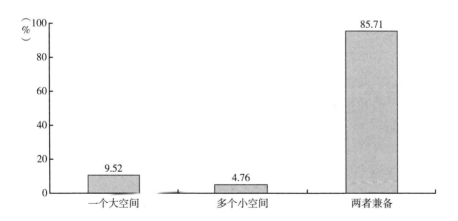

图2　各地区青少年体育主管单位对青少年体育功能区布局的建议

速度锻炼区主要锻炼青少年的神经反应速度，配置电子反应器、滑车、平衡触觉板、S形平衡台、圆形晃板、晃动平衡器、多功能绳索平衡器、平

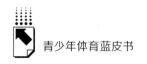

衡木、Idong 少儿平衡木、吊筐秋千、坐凳秋千、迷宫、迷宫飞盘、滑梯、创意接龙等感统器材设施。

柔韧锻炼区主要锻炼青少年的身体灵敏度和协调性，配置太空舱攀岩、半球攀岩、爬网、蹦床等攀爬类器材设施。

力量锻炼区主要锻炼青少年的四肢力量，配置组合训练器、攀岩练习器、下腰杆、匍匐训练器、平衡索桥、低位钢丝桥、低位吊梯、S 形攀爬器、过山环梯、螺旋攀爬器、跑调跨训练器、爬绳、梯桩练习器、划船模拟器、速度球等肢体锻炼类器材设施。

灵敏锻炼区主要锻炼青少年的灵敏性和精准性，配备青少年专用投篮器、四位投篮器、投球器、攀爬墙、攀爬树、爬网、多样攀网、八爪章鱼网、塔网、多功能爬架、飞碟、遥控赛车、足球练习器、羽毛球练习器等模拟训练类器材设施。

分时段综合利用空间包括球类大空间和乒乓球小空间。球类大空间开展有组织的体育锻炼活动，主要开展排球、羽毛球等拉网式对抗活动，锻炼青少年的灵敏能力；球类大空间参考《县级全民健身中心实施办法》中关于大空间的规定，实现场地的多功能转换。以一个标准篮球场为例，可在一个篮球场、两个排球场、六片羽毛球场以及乒乓球、武术、拳击、体操、击剑等多项目之间进行多功能转换。青少年乒乓球空间可实现与成年人乒乓球空间设施共享，配置可调节高度的乒乓球台以及乒乓球训练电子模拟器、乒乓足球等创新型器材，按照分时间段管理的方式，供青少年进行乒乓球运动。

（三）青少年体育功能区的组织管理

青少年体育功能区的作用一方面是引起青少年的健身兴趣，满足青少年健身需求；另一方面是培养青少年的运动技能，为后备人才培养提供支撑。

在活动内容方面，针对 3～6 岁学龄前儿童，应以家庭为单位，以游乐式锻炼为主；针对 7～14 岁学生，应以有组织性的体育锻炼为主要内容，建立"家庭—学校—社会"三位一体的组织方式，在培养青少年体育锻炼兴趣的同时，锻炼青少年体育运动技能。

在活动组织方面，青少年专属空间以家庭为单位进行，以各类创新型器材为主要内容，以趣味性自由活动为主要活动形式，吸引家长带领青少年儿童参与体育锻炼。分时段综合利用空间，采取"学校＋俱乐部"的组织方式，组建击剑俱乐部、羽毛球俱乐部、乒乓球俱乐部等团体，以少对抗或拉网式对抗性运动为主要内容，组织青少年在课余时间进行校外体育锻炼，培养青少年的运动技能。

在开放时间方面，青少年专属空间开放时间为每天上午8点至晚上10点；球类大空间和乒乓球空间开放时间应为周一至周五下午5点至晚上10点，周末和假期的上午8点至晚上10点，其他时间可供成年人使用。

在功能区管理方面，采取挂牌授权的方式，配置专人管理青少年功能区；建立日常安全巡查机制，定期对功能区内的器材进行检测和维护；建立应急管理机制，有效应对突发事件。

（四）青少年体育功能区的安全防护

一要充分考虑青少年的年龄特征，在划分活动区域时，保证让家长在进行体育锻炼的同时，时刻关注孩子的动态。二要配备监控、门禁、急救人员等安全防护设施及人员，从硬件上提升青少年活动的安全系数。三要尽快确立青少年专用设施的安全防护标准，对现有场地设施进行改造，球类场地地面防护厚度不得低于10毫米，器材类场地地面厚度不得低于25毫米，青少年专属空间场地高度不低于5米，分时段综合利用空间场地高度不低于7米；场地拐角及器材设施要进行无棱化改造，减少冲撞受伤的可能性，确保青少年安全使用。四要细化器材使用说明，图解安全注意事项，明确各类器材使用的身高、体重等相关标准，确保青少年在使用过程中的安全。

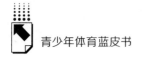

附件1　青少年体育功能区场地设施多功能改造示意图
（以一片篮球场为例）

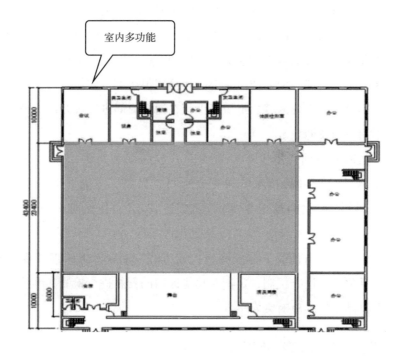

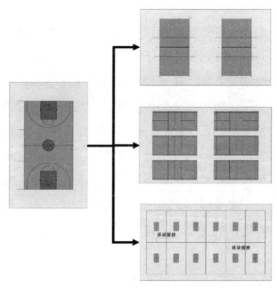

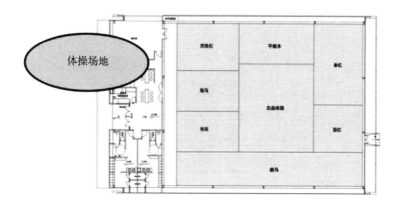

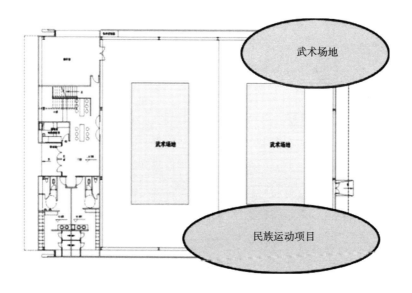

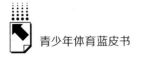
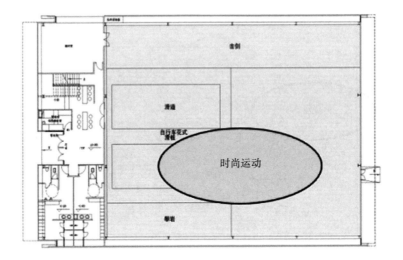

附件2 青少年体育器材场地尺寸一览

年龄	锻炼类型	产品类型	产品/场地尺寸
3~6岁	协调、柔韧	太空舱攀岩	⌀2650×1300mm
		半球攀岩	⌀2700×1200mm
		儿童爬网A	2300×1840×(950-1300)mm
		儿童攀岩	2300×1800×(950-1300)mm
		音乐系列滑梯	5500×2100×3500mm
		植物精灵系列滑梯	8100×4600×4200mm
		森林草屋系列滑梯	6000×5100×4100mm
		现代系列滑梯	4800×3600×3900mm
		平爬网	6000×3000×600mm
		独木桥	4000×1000×1000mm
		悬浮梯	6300×2300×2500mm
		四位跷跷板	3115×510×790mm
		爬网	5000×1250×1900mm
		螺旋推进自行车	2670×2645×1850mm
		人体悬浮墙	2610×650×2055mm
		空中自行车	6000×2000×5000mm
		共振秋千	6250×3260×3200mm
		护网式蹦床	
		钻桶	
		正交十字椭圆推手器	Φ5250×950mm
		角动量守恒旋转器	Φ3960×1405mm
		独木桥	
		攀爬云梯	
		滑锁	
	神经反应速度	传声筒	3750×1200×2100mm
		旋风转盘	⌀2500×500mm
		打击乐器材	1600×900×900mm
		圆形晃板	1000×1000×1500mm
		晃动平衡器	3000×800×400mm
		晃板	1000×300×320mm
		绳索平衡器	3300×2850×300mm
		平衡木	3000×3000×370mm
		迷宫	4300×4300×1200mm
		趣味摸高器	300×235×1500mm
		吊筐秋千	3600×1295×2400mm
		迷宫飞盘	⌀1200×1200mm
		少年航海模型	10000×6000×220mm

续表

年龄	锻炼类型	产品类型	产品/场地尺寸
7～12岁	灵敏	风向转动投篮器	3000×1000×1800mm
		四位投球器	3000×1000×3100mm
		投球器	1350×1350×1800mm
		足球练习板	4500×500×2100mm
		梅花桩	3000×2400×600mm
		攀爬墙	5880×5660×3300mm
		遥控赛车	8560×3880×20mm
		青少年攀爬树	5500×5500×5100mm
		爬网	4000×3200×3000mm
		多样攀网	9160×6830×2057mm
		勇攀珠峰	5000×5000×3850mm
		飞碟	5730×6130×2700mm
		八爪章鱼网	∅6320×3267mm
		塔网	9000×6620×4500mm
			3220×3420×3060mm
		多功能爬架	6000×6000×4000mm
		电子体能系列	
	力量	攀岩器	2300×1350×2860mm
		腾跃训练器	750×1250×3800mm
		低重心训练器	1000×4000×6000mm
		秋千桥训练器	2800×4000×4300mm
		攀爬网训练器	2500×4000×2400mm
		斜拉滑下训练器	7600×4000×4100mm
		大渡桥	9000×4000×3100mm
		台阶训练器	4950×4000×1600mm
		波浪式索桥	6300×4000×2600mm
		大吊梯	6400×4000×2400mm
		横向攀爬网	7100×2900×2780mm
		三功能云梯	5400×4000×2100mm
		螺旋过山云梯	11000×3500×4200mm
		下腰杆	4000×2200×2000mm
		匍匐训练器	2030×1850×700mm
		平衡索桥	4660×1460×700mm
		低位钢丝桥	6215×3848×865mm
		低位吊梯	5170×820×1620mm

年龄	锻炼类型	产品类型	产品/场地尺寸
7~12岁	力量	S形攀爬器	5390×2340×3300mm
		过山环梯	8930×990×2840mm
		螺旋攀爬器	5300×2980×3350mm
		攀岩练习器	3000×3000×2900mm
		匍匐/索桥练习器	4680×1425×400mm
		跑调跨训练器(小)	5270×910×450mm
		跑调跨训练器(中)	6270×910×600mm
		柔韧性练习器	1140×1300×1160mm
		云梯	4080×950×2750mm
		秋千	3160×950×2750mm
		梯桩练习器	5940×950×2750mm
		肋木爬绳	2800×965×4000mm
		攀爬练习器	4690×2223×2240mm
		小臂/手腕肌力训练器	610×120×1580mm
		握力练习器	2090×8900×900mm
		益智算盘	750×1400×700mm
		益智健身环	1300×200×1200mm
		腹肌训练器	1550×800×600
		足球门	球门下方深度:1500,球门内口高度:2000,球门内口宽度:3000,球门上方深度:900
		移动式羽毛球网柱	4500×7400×1550mm
		乒乓球台	2740×1525×680mm
		移动式排球网柱	1500×800×2550mm
		中小学跨栏	1000×650×762mm
		羽排两用网柱	2740×1525×680mm
		调节篮球架	1500×1360×3400mm
		篮球架(中)	篮圈离地面高度:2700±8mm 伸臂:1600mm
		篮球架小学(4-6)	篮圈离地面高度:2350±8mm 伸臂:1200mm
		篮球架小学(1-3)	篮圈离地面高度:2050±8mm 伸臂:1200mm
		小篮板	篮圈离地面高度:3050±8mm 伸臂:1200mm

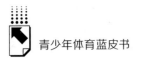

续表

年龄	锻炼类型	产品类型	产品/场地尺寸
7~12岁	力量	四方位趣味投篮器	—
		多向智能拔河器	—
		划水机	—
		摇摆动感单车	—
		山羊	1020×920×680-1020mm
		跳垫	2000×1000×100mm
		儿童体操组合A	4500×4500×1500mm
		儿童体操组合B	7500×3000×1500mm
		儿童扭腰器	—
		儿童划船器	—
		儿童上拉器	—
		儿童举重器	—
		儿童健骑机	—
		儿童坐拉器	—
		推举训练器	992×933×1884mm
		蹲起训练器	4100×3700mm
		下推训练器	992×933×1884mm
		上拉训练器	1174×933×1884mm
		扩胸器	845×992×1884mm
		仰卧推举	1748×933×1884mm
		坐蹬器	1650×692×1884mm
		腿部训练器	1261×1189×1884mm
		坐拉训练器	1192×752×1884mm
		膝关节训练器	1307×692×1884mm

B.6
青少年体育活动资助管理及效益评估

柳鸣毅　但艳芳　张毅恒　闫亚茹　胡雅静　龚海培　孔年欣*

摘　要： 为鼓励支持公益性青少年体育活动有序开展，2017年4月24日印发的《中央集中彩票公益金资助青少年体育活动管理办法》（体青字〔2017〕21号）规定，加强体育事业专项资金资助青少年体育活动项目的管理，提高资金使用效率，动员和鼓励社会力量参与青少年体育工作。2017年体育彩票公益金对系列青少年体育活动的资助总经费约1056万元，同时，国家也通过体育传统项目学校、青少年体育俱乐部和户外营地为青少年精品体育活动举办提供财政拨款；部分活动还动员社会力量参与提供资助。基于DEA的全国青少年体育活动效率评价方法，选取的投入指标有体育彩票公益金资助经费、活动的其他经费来源及数量、组织活动投入的工作人员数量；产出指标分别为参加活动的省/自治区/直辖市数量、参加活动的学校（俱乐部/户外营地）数量、参加活动的青少年人数、活动的单项数量以及活动时间。结果表明，提高青少年体育活动资助需要提高经费使用效率、加大活动投入力度并建立绩效评价体系。

关键词： 青少年体育活动　资助管理　效益评估

---

* 柳鸣毅，武汉体育学院副教授；但艳芳，武汉体育学院讲师；张毅恒，中国地质大学（武汉）讲师；闫亚茹，武汉体育学院研究生；胡雅静，武汉体育学院研究生；龚海培，武汉体育学院研究生；孔年欣，武汉体育学院青少年运动训练评价中心研究助理。

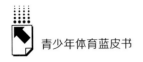
少年强则中国强，青少年体质健康是关乎建设体育强国，实现中国梦最重要的基础工程，在"健康中国"战略背景下，青少年体育活动开展显得尤为重要。青少年体育活动是反映青少年体质健康状况、运动项目开展水平、青少年体育普及程度、后备人才实力以及青少年体育组织建设能力的重要平台。为鼓励支持公益性青少年体育活动有序开展，2017年4月24日印发的《中央集中彩票公益金资助青少年体育活动管理办法》（体青字〔2017〕21号）提出，要规范和加强中央集中彩票公益金支持体育事业专项资金资助青少年体育活动项目管理，提高资金使用效率，动员和鼓励社会力量参与青少年体育工作，推动青少年体育活动广泛、深入、持久开展。青少年体育活动是指面向广大青少年群体组织开展的，以运动项目普及和运动水平提高为目的的体育赛事、技能培训、集中训练、文化交流、项目推广、健身指导等。国家体育总局青少年体育司对彩票公益金资助开展青少年体育活动项目的经费预算进行审核，根据自愿申请、公平竞争、专家评审、择优立项、量入为出、统筹兼顾、突出重点、专款专用等原则开展竞争性资助，主要资助具有示范引领效应的全国性青少年体育活动和区域性青少年体育活动。

一 全国青少年体育活动资助现状

（一）多方政策要求我们为青少年体育活动提供保障

青少年体魄强健、心理强大是国家各项事业发展的基础，习近平总书记多次强调"中国将来要成为一个强国，各方面都要强"。《奥林匹克委员会2020议程》也指出要以青年奥运会为载体，发挥其在普及体育运动、健康生活方式，传递体育文化和接受体育教育方面的作用。国家"十三五"规划纲要将"青少年体育活动促进计划"列为专栏工程，要求青少年熟练掌握1项体育运动技能，每天不少于1小时体育活动时间，每周三次以上中等强度活动时间。《"健康中国2030"发展纲要》更是要求2030年学校体育场地设施与器材配置率要达到 100%。《国务院办公厅关于强化学校体育促进学生身心健康全面发展的意见》强调体育在青少年立德树人中的主体地位，同时，国家有关校园足球、健身休闲产业、户外运动、水上运动等的系列发展规划均将青少年作为重点发展人群。从公共政策的角度分析，体育、教育等相关部委以及各级政府、各级各类社会组织及企业应执行国家青少年体育政策，尤其在青少年体育教育融合、体育活动开展、体育组织建设、体育经费投入、体育卫生健康、体质健康监测、体育文化交流等方面加大落实力度，保障青少年权利。[①]

（二）社会化办赛模式有助于解决赛事资金短缺问题

青少年体育活动不断注重与社会对话、交流和融合，借助社会力量举办青少年喜闻乐见、广泛参与的体育赛事，通过政府引导、部门协作、社会参与等形式，解决赛事资金来源单一和短缺问题。应以青少年为当代社会消费主体，围绕体育赛事、文化、娱乐等主题，寻求企业、媒体、社会组织等，策划赛事推广活动、赛事品牌主题、公益活动、赛事宣传，形成青少年体育赛事专利产品、连锁效应、特色项目等开发平台，整合商业和社会资源，有效促进青少年体育赛事社会化发展，打造精品体育活动。

青少年体育活动要立足公益，拥抱市场。青少年体育活动作为社会互动的重要手段，以青少年群体与体育赛事为纽带，承担服务于社会和青少年的公共责任。在此社会互动之中，运动员、教练员、家庭、社会、市场参与其中，通过赛事宣传、赛事运作、文化交流等形式，促进举办城市发展、提升赛事影响力、普及运动项目、推广项目文化、拓展媒体效应等。与此同时，青少年体育活动在市场开发过程中，围绕青少年消费主体，以体育赛事、文化、娱乐等主题，寻求赞助商，策划赛事推广活动、赛事品牌主题、公益活动、赛事宣传等，形成青少年体育活动专利产品、特色运动项目，整合了商业和社会资源，提高了青少年体育活动社会化程度，创

---

① 柳鸣毅：《我国青少年体育赛事体系研究》，北京体育大学博士学位论文，2013。

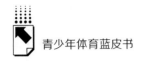
造了巨大的经济效益和社会效益，而且促进了地方体育旅游等相关业态的发展。

（三）全国青少年体育活动资助方式及运行程序

全国范围内开展青少年体育活动的单位，已逐渐整合体育、教育部门或共青团中央等多部门资源，使开展赛事活动成为普及体育教育的重要途径。国家体育总局青少年司资助各运动项目中心开展训练营，仅2017年青少司就为24家单位提供了80个资助项目，主要用于开展夏令营、冬令营、体育赛事活动等；另外，青少年精品活动的开展还能够在国家对体育传统项目学校、青少年体育俱乐部和户外营地周期性建设的政策性保障下顺利实施。随着不同周期规划的推进，国家级体育传统项目学校、青少年体育俱乐部、户外营地等已遍布全国各地，通过国家财政拨款积极开展组织建设和举办赛事活动，并依据政策法规进行规范管理。

另外，在国家体育总局青少司的资助下，全国体育传统项目学校、青少年体育俱乐部开展了篮球、田径、游泳、武术、乒乓球、排球、羽毛球7个项目的比赛。具体而言，国家体育总局联合教育部、共青团中央举办全国青少年"未来之星"阳光体育大会和"三大精品赛事"，即全国青少年户外营地展示大会、全国青少年体育传统项目学校联赛以及全国青少年体育俱乐部联赛，通过这些活动带动其组织创建与能力建设，为全国性青少年体育活动起到示范与引领作用，吸引社会力量参与其中，探索市场化运作方式，使青少年体育活动惠及全体青少年。

（四）2017年全国青少年体育活动资助情况

2017年以来，为深入贯彻落实党的十八届三中全会《中共中央关于全面深化改革若干重大问题的决定》，体现《关于强化学校体育促进学生身心健康全面发展的意见》精神，实现"健康中国"战略背景下少年强中国强之中国梦，国家体育总局、教育部联合主办全国青少年体育传统项目学校联赛、全国青少年体育俱乐部联赛、全国青少年户外营地夏令营、科学健身普及等活动，旨在为广大青少年打造一个运动参与、文化交流、体验分享、感受快乐的平台，展示青少年德、智、体、美全面发展的风采，进而在青少年群体中形成崇尚运动、热爱体育、健康向上的风气，同时起到引领示范作用，为营造全社会积极关心青少年健康成长的氛围奠定基础。2017 年全国青少年体育活动主要是由中央集中彩票公益金资助的，其中部分活动动员社会力量筹集其他经费，以扩大赛事规模与影响，如全国青少年排球夏令营初中、高中组分别自筹 10 万元经费，全国体育传统项目学校联赛游泳赛事筹得 15 万元，全国青少年体育俱乐部联赛滑赛筹得 2 万元，全国青少年户外营地夏令营上海青浦站筹得经费 26 万元等。

二 基于 DEA 的全国青少年体育活动效率评价方法与结果

（一）全国青少年体育活动效率评价方法

2017 年青少司共主办了全国体育传统项目学校联赛 6 项、全国青少年体育俱乐部联赛 2 项、全国青少年户外营地夏令营 7 项以及全国青少年户外营地大会和科学健身普及系列活动，旨在进一步贯彻落实"强化体育课和课外锻炼，促进青少年身心健康、体魄强健"的精神，更好地开展青少年体育竞赛活动，促进青少年体育运动的进一步发展，营造全社会关注青少年体育的氛围。体育彩票公益金对系列活动的资助总经费约 1056 万元，吸引了广大青少年积极参与，直接参与人数达 8881 人，社会效益显著。

从经济学角度来看，从投入到产出的转变是由生产函数或生产前沿描述的生产过程。当利用后者时，构建边界的偏差可以被认为是生产中的低效率。在体育活动的情境中，讨论一个活动与给定的资源和管理人才的表现，以及实际表现和可能的表现之间的比较偏差是很常见的。这些讨论可以用一个最基本的经济概念来表示，即规模效率。本节采用数据包络分析法

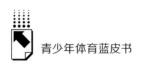
（DEA）来比较评价 2017 年全国青少年系列活动的效益。

本研究对 2017 年 16 项活动的数据指标采集主要源于对主办方负责人的问卷调查，其中全国体育传统项目学校联赛排球赛高中组和初中组分开填表，因此共有 17 项活动数据指标。在进行 DEA 分析时，选取的投入指标为体育彩票公益金资助经费、活动的其他经费来源及数量以及组织活动的工作人员数量。产出指标分别为参加活动的省/自治区/直辖市的数量、参加活动的学校（俱乐部/户外营地）的数量、参加活动的青少年人数、活动的单项数量以及活动的时间。评价体系如表 1 所示。为了保证数据的真实性，在问卷中强调"本次数据统计为学术研究用，不涉及任何排名，对活动进行正面的宣传，我们保证资料仅做统计分析使用，绝不外泄"。因此具体数据不予以公布。

表 1 2017 年青少年体育活动效率评估体系

类别	编号	指标名称
投入指标	X1	体育彩票公益金资助经费
	X2	活动的其他经费来源及数量
	X3	组织活动的工作人员数量
产出指标	Y1	参加活动的省、自治区、直辖市的数量
	Y2	参加活动的学校(俱乐部/户外营地)的数量
	Y3	参加活动的青少年人数
	Y4	活动的单项数量
	Y5	活动的时间

在处理多个输入和多个输出时，特定 DEA 模型的应用提供了技术效率的单个度量，并且避免了对任何一个分配预定权重的需要。在所有 DMU（在本文中为全国青少年体育活动）位于或低于有效前沿的限制下，决策单元的效率是相对于所有其他 DMU 测量的，因此获得相对效率的测量。所指示的优化使得所评估的 DMU 成为约束允许的最有利的加权。根据DEA 原理选用基于输入评价的总体效率且具有非阿基米德无穷小的模型

C^2R，用以评价规模和技术的综合效率，称为总体效率。选用基于输入评价的纯技术效率具有非阿基米德无穷小的模型 BC^2。根据该模型计算出的效率是技术效率，是相应的技术效率状况。最后可以通过公式计算纯规模效率。①

（二）全国青少年体育活动 DEA 评估结果

根据活动的数据和指标，本研究分别采用 C^2R 模型 1 和 BC^2 模型 2 来计算 17 项活动的综合效率 θ^*、纯技术效率 σ^*，并用公式计算规模效率 S^*，具体结果如表 2 所示。②

表 2　2017 年全国青少年体育活动 DEA 评估结果

DMU	θ^*	σ^*		规模效率状态
全国体育传统项目学校联赛篮球赛	1.000	1.000	1.000	—
全国体育传统项目学校联赛排球赛(初中)	1.000	1.000	1.000	—
全国体育传统项目学校联赛排球赛(高中)	1.000	1.000	1.000	—
全国体育传统项目学校联赛田径赛	1.000	1.000	1.000	—
全国体育传统项目学校联赛游泳赛	1.000	1.000	1.000	—
全国体育传统项目学校联赛武术赛	0.901	0.995	0.905	irs
全国体育传统项目学校联赛乒乓球赛	0.857	1.000	0.857	irs
全国青少年体育俱乐部联赛击剑赛	0.734	1.000	0.734	irs
全国青少年体育俱乐部联赛轮滑赛	1.000	1.000	1.000	—
全国青少年户外营地夏令营上海站	1.000	1.000	1.000	—
全国青少年户外营地夏令营福建站	0.764	1.000	0.764	irs
全国青少年户外营地夏令营甘肃站	0.829	1.000	0.829	irs
全国青少年户外营地夏令营河南站	0.800	1.000	0.800	irs
全国青少年户外营地夏令营内蒙古站	0.829	1.000	0.829	irs
全国青少年户外营地夏令营四川站	0.691	1.000	0.691	irs
全国青少年户外营地夏令营日照站	1.000	1.000	1.00	—

---

① 邵伟钰：《基于 DEA 模型的群众体育财政投入绩效分析》，《体育科学》2014 年第 9 期。
② 刘广飞等：《基于 DEA 模型的农民体育健身工程资金投入绩效研究》，第十届全国体育科学大会，2015。

DMU	θ^*	σ^*		规模效率状态
北京全国青少年户外营地大会	1.000	1.000	1.00	—
平均值	0.906	1.000	0.906	
标准差	0.112	1.000	0.112	

注：θ^*（综合效率）是指在活动的固定投入下，其实际产出与最大产出的比率；σ^*（纯技术效率）是指在既定投入下实现了产出最大化，或者在生产既定的产出时实现了投入最小化；规模效率是指当所有投入要素的使用量按同样的比例增加时，这种增加对总体的影响。规模效率状态"—"表示不变，"irs"表示递增，"drs"表示递减。

三 青少年体育活动资助管理对策

（一）提高经费使用效率

在全国青少年体育活动的现有条件下，从表3综合效率值可以看出，全国体育传统项目学校联赛篮球赛、排球赛（初、高中）、田径赛、游泳赛，全国青少年体育俱乐部联赛轮滑赛，全国青少年户外营地夏令营上海站、日照站和北京全国青少年户外营地大会九项活动的经费和人员投入效率值达到1，说明这九项活动的投入是有效的；投入综合效率值均值为0.906，说明全国青少年体育活动经费和人员投入效率普遍较高，能够满足活动举办的需要。但是全国青少年体育俱乐部联赛击剑赛，全国体育传统项目学校联赛乒乓球赛、武术赛，全国青少年户外营地夏令营甘肃站、河南站、福建站、内蒙古站、四川站八项活动经费和人员投入效率值低于平均值，占总数的47.06%，标准差为0.112，说明其经费使用效率仍有待提升，以使经费使用能够更好地服务于赛事活动。在纯技术效率方面有16项活动效率值达到了1，说明这些活动实现了产出最大化，仅有全国体育传统项目学校联赛武术赛在参加活动的学校数量和青少年人数上有待提高，应更加合理地安排活动时间，吸引更多的青少年参与，提高活动资源配置水平。

（二）增加活动投入力度

规模效率状态指的是在规模效率不变的情况下，投入发生变动时，产出会以相同的比例增加或者减少，此时是规模合理阶段。在规模报酬递增阶段，投入增加时，产出增加的比例大于投入增加比例；规模报酬递减阶段则产出下降速度大于投入下降速度。[①] 从上述分析结果可看到，全国体育传统项目学校联赛田径赛、游泳赛、篮球赛、排球赛（初、高中），全国青少年户外营地夏令营上海站、日照站，全国青少年体育俱乐部联赛轮滑赛和北京全国青少年户外营地大会九项活动的规模效率为1，处于不变阶段，其产出相对于投入而言已达最大值。全国体育传统项目学校联赛乒乓球赛、武术赛，全国青少年体育俱乐部联赛击剑赛，全国青少年户外营地夏令营河南站、内蒙古站、福建站、甘肃站、四川站八项活动规模效率小于1，但都处于递增阶段，继续增加投入量可以使产出有更多增加。

（三）建立绩效评价体系

采用DEA分析方法能够避免主观性，减少人为因素干扰，但该方法属于相对比较的方法，如果能使用多年数据，不断改善指标体系，会得到更具代表性的全国青少年体育活动绩效评价体系。

---

① 邵伟钰：《基于DEA模型的群众体育财政投入绩效分析》，《体育科学》2014年第9期。

B.7
全国青少年体育活动督导评估

柳鸣毅　但艳芳　张毅恒　闫亚茹　胡雅静　龚海培　孔年欣*

摘　要： 青少年体育活动督导评估主要对国家体育总局青少司、教育部体卫艺司联合开展的阳光体育大会、体育传统项目学校联赛、体育俱乐部联赛、户外营地赛事、科学健身校园行、百万青少年上冰雪等活动进行督导评估。通过督导评估，强化总局青少司、教育部体卫艺司、相关单项体育协会、承办单位等的工作职责，明确责权。青少年体育活动督导评估有利于青少年体育活动的承办组织承担公共责任，有利于各部门协作提高活动服务质量和组织运行效率，有利于确定承办组织及活动相关者的使命及实现使命的恰当方式，有利于降低活动的运作成本。评估按照"严格标准、保障公平、注重实效"原则开展，重点了解教练员的年龄、职称、学历、运动技术水平，运动员的活动次数、参赛级别及成绩，以及教练员、运动员对活动组织情况、场地设施、服务质量、住宿餐饮、宣传推广等方面的满意度。为提高青少年体育活动效益，相关部门应研制全国青少年体育活动标准体系，规范活动程序；拓展全国青少年体育活动社会影响，鼓励社会参与；发挥全国青少年体育活动示范效应，向各省份辐射开展；加大全国青少年体育活动宣传力度，提升活动价值。

* 柳鸣毅，武汉体育学院副教授；但艳芳，武汉体育学院讲师；张毅恒，中国地质大学（武汉）讲师；闫亚茹，武汉体育学院研究生；胡雅静，武汉体育学院研究生；龚海培，武汉体育学院研究生；孔年欣，武汉体育学院青少年运动训练评价中心研究助理。

关键词： 青少年体育活动　督导　评估　满意度

青少年体育活动评估是借助质性与量化两种方法及问卷、访谈等方法和技术，对青少年体育活动开展情况做出判断的活动。全国青少年体育活动评估能够对公共政策效益、效率等客观指标进行评价，还能够对活动价值进行综合判断，既评价政策自身价值，也评价为实现政策目标所采取手段的价值，为决策者和公众参与提供必要的依据，也为青少年体育活动的参与提供行动指南。

一　青少年体育活动督导评估概述

（一）青少年体育活动督导评估背景

为全面贯彻落实中央7号文件、《青少年体育"十三五"规划》、《全民健身计划（2016～2020年）》、《"健康中国2030"规划纲要》，推动青少年体育活动促进计划和《关于加强竞技后备人才培养工作的指导意见》实施，体育行政部门加快构建完善青少年体育公共服务体系，形成了以"未来之星"阳光体育大会为龙头，以青少年体育俱乐部联赛、全国体育传统项目学校联赛、户外营地赛事、科学健身校园行、校园冰雪活动为系列赛事的青少年体育活动，不断增加体育彩票公益金的投入，让全国各地有资源条件的不同单位承办，以"强体质、促普及、增后劲、扩影响"为宗旨，积极引导青少年广泛参与体育运动，培养运动技能，从事科学锻炼，形成健康生活方式。

为了规范和指导活动科学、有序开展，进一步完善青少年体育活动评价机制和建立问责机制，提升活动工作水平和质量，促进青少年身心健康、体魄强健，2017年国家体育总局青少司组织专家评估小组对体育活动进行分类评估，对活动定位、活动目标、组织内容、实施过程、经费预算、保障措

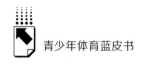

施、督导评估等方面做深入研究，为进一步提升活动的科学性、实效性、针对性提供政策依据。

中央 7 号文件、《全民健身条例》和《体育事业发展"十三五"规划》明确提出要坚持不懈地推动青少年体育运动发展，切实加强青少年体育后备人才培养，形成全社会关心、参与青少年体育事业发展的良好势头，构建青少年体育公共服务体系。

《全国青少年体育活动督导评估》主要围绕国家体育总局青少司、教育部体卫艺司联合开展的阳光体育大会、体育传统项目学校联赛（田径、游泳、篮球、排球、武术、乒乓球）、体育俱乐部联赛（轮滑、击剑）、户外营地赛事、百万青少年上冰雪、科学健身校园行等活动从督导评估层面展开研究。通过督导评估，强化国家体育总局青少司、教育部体卫艺司、相关单项体育协会、承办单位等的工作职责，明确责权。评估从项目决策、项目管理和项目绩效三个方面构建评估指标体系及评估标准，以形成可操作的评估框架，并撰写评估报告。

（二）青少年体育活动督导评估对象

全国青少年体育活动督导评估对象是全国青少年"未来之星"阳光体育大会（宁夏银川）、全国青少年体育传统项目学校联赛（田径、游泳、篮球、排球、武术、乒乓球）、全国青少年体育俱乐部联赛（轮滑、击剑）、全国青少年户外营地夏（冬）令营（上海青浦站、山东日照站、河南嵩山站、四川成都站、甘肃金昌站、福建宁德站、内蒙古满洲里站、北京延庆站）、科学健身校园行活动等。

二 青少年体育活动督导评估工作情况

（一）青少年体育活动督导评估目的

青少年体育活动多由政府主导推动进行，旨在为青少年提供参与多样化体育活动的平台和机会，发掘更多优秀的青少年体育后备人才，为青少年养成终身体育习惯创设科学、有序、合理、健康的制度环境和社会氛围。青少年体育活动以政府为主导，即以彩票公益金资助、社会参与、市场运作的方式进行，政府、市场和社会对青少年体育活动的投入必须实行绩效评估。

首先，督导评估有利于使承办青少年体育活动的组织承担公共责任，向政府、社会和青少年负责。这种公共责任既强调有序的程序和合理的过程，更注重使资源使用达到预期效果，以及社会公众的满意程度，是一种以绩效为基础，以服务质量和社会公众需求与满足为首要评价标准，以结果为本的公共责任。这种公共责任的落实首先必须对承办组织或部门进行评估和绩效测评，通过测定各项目绩效指标，进行量化比较分析，以检验承办组织是否真正落实了公共责任。

其次，督导评估有利于各部门协作，提高活动服务质量和组织运行效率。青少年体育活动绩效评估是对承办组织的产出和成果所做的评估，也同时评估活动参与者、管理者等的工作业绩。评估可以使相关组织看到自身不足，进而提升管理水平，完善内部治理结构，改进运作机制，定位绩效问题，加强自身建设；对参与者、管理者等工作人员的业绩评价有利于促使其改善工作，提高管理效率，改进工作绩效。

再次，督导评估有利于确定承办组织及活动相关者的使命，明确实现使命的恰当方式，找出其长处与短处，从而改善运作机制，并将成功经验传播和分享出去。同时，有助于承办组织方对所取得的成果做出正确判断，衡量目标实现程度，让活动资助者、赞助者等掌握资金使用情况，查找运作监管中的问题，随时调整资助或赞助决策，并运用评估结果开展下一轮资助的决策。

最后，督导评估有利于减少活动的运作成本。青少年体育活动的开展一般需要消耗资源，活动承办方为实现既定目标，必须思考如何有效、合理地运用资源，通过分析不同用途下的成本与收益，能够判断工作效果，以便提高效率和活动质量。评估因素包括工作人员专业化程度、场

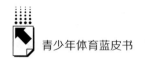
地设施安全高效利用程度、承办组织在组织管理和资源管理方面的有效性等。

（二）青少年体育活动督导评估方法

评估在"严格标准、保障公平、注重实效"原则下开展相关工作。

评估方法涉及四种。①文献资料法。通过查阅青少年体育活动相关政策法规、文件，以及青少年体育活动的期刊文献、会议文献、评论和相关权威报道获得资料等。②问卷调查法。根据项目活动的意义与评估目的，结合相关文献资料设计调查问卷。其中问卷分设教练员版和运动员版，内容涵盖队员基本情况、活动组织、场地设施准备与布置、比赛时间安排、活动服务质量、突发事件处理、专业技术人员水平、住宿餐饮情况、活动宣传与推广等方面。问卷调查过程中，对每类活动选取一站或两站进行现场调研并发放问卷，即时回收。每一站采取教练员 50 份，运动员 500 份（如人数没有达到50 人或 500 人，则按实际人数发放问卷）的方式发放问卷，现共发放教练员问卷 169 份，运动员问卷 1266 份。收回运动员有效问卷 1101 份，教练员有效问卷 113 份。③座谈访谈法。为了全面了解活动实施的背景、意义、组织与管理、活动实施效益等情况，课题组对青少年体育活动承办单位（或组织）相关管理人员、各参赛队领队、教练员、运动员进行访谈。内容包括：活动实施情况及效果；经费使用情况；活动实施过程中的经验与特色；活动实施中的困难及问题；进一步推进活动，完善青少年体育活动服务体系的机制与路径。④实地考查法。评估小组根据《2017 年全国青少年体育活动计划》实地调研了宁夏银川全国青少年"未来之星"阳光体育大会、全国体育传统项目学校联赛篮球赛（湖北宜昌）、全国青少年体育俱乐部联赛击剑赛（辽宁丹东）、全国青少年户外营地大会（北京延庆）等活动现场，了解活动参与情况、活动组织与管理情况、活动效果等；发现活动实施过程中存在的困难及问题，并分析可能的原因；思考进一步完善活动的机制及对策与方法。

（三）青少年体育活动督导评估实施过程

青少年体育活动绩效评估实施过程分为四个阶段：第一阶段，前期准备阶段。评估小组根据青少年体育活动开展的现实情况，研究评估框架（包括评估内容、方法、对象、进度等），查阅相关文献资料，设计调查问卷，制定访谈提纲等。第二阶段，方案设计阶段。通过收集资料，分析活动实施的制度、规模等，设计活动评估指标体系及评估标准，并制定活动绩效评估工作方案。第三阶段，调研分析阶段。评估小组根据《2017年全国青少年体育活动计划》开展现场调研，收集基础数据和信息；与相关承办单位及人员沟通访谈，通过发放调查问卷、个别访问、座谈讨论等方式了解活动实施过程的真实情况，结合案卷研究和资料分析，获取各项评估指标的相关数据资料，完成各项绩效评估指标的评估工作，并总结成效，发现问题，分析原因，寻找对策。第四阶段，绩效报告撰写阶段。评估小组完成青少年体育活动绩效评估报告。评估小组撰写初稿，组内讨论修改，递交定稿。

三　全国青少年体育活动总体状况

（一）教练员基本情况

教练员是开展青少年体育活动的专业技术人员，本次全国青少年体育活动教练员调研主要围绕其年龄、职称和学历、运动技术等级四个方面进行。

调查显示，2017年参加全国青少年体育活动的教练员平均年龄是37岁。表1数据显示，在所调查的教练员中，本科学历程度且具有中级职称的教练员所占比例最大，占42.5%。同时，具有中级及以上职称，拥有硕士研究生学历的教练员占6.2%。可见，年轻化、较高学历层次的教练员队伍将助力青少年体育活动开展。

图1数据显示，教练员中有38.9%的人无任何运动技术等级，国家二级运动员技术等级及以上的教练员占61.1%。

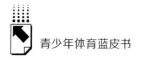

表1 教练员学历、职称情况

单位：%

职称＼学历	专科及以下	本科	硕士研究生	博士研究生
初 级	6.2	17.7	—	—
中 级	4.4	42.5	2.7	—
高 级	3.5	19.5	3.5	—
合 计	14.1	79.7	6.2	—

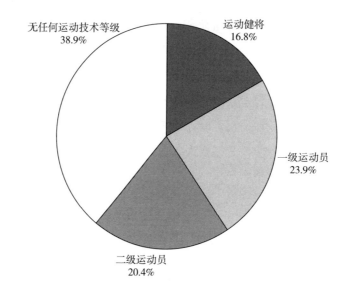

图1 教练员运动技术等级分布

（二）运动员基本情况

从图2可以看出，参加2017年全国青少年体育活动的运动员运动技术等级较高，获得国家二级运动员及以下技术等级的占90.9%，且有4.3%的运动员获得国家级运动健将技术等级。从图3可知，70.1%的运动员在学校运动队中进行日常训练，并参与相关竞赛活动，且有0.9%的运动员在国家队从事训练。从表2发现，在全国体育传统项目学校联赛中，运动员参与5次及以上的占27.9%，有31.3%的运动员参加过2次，而运动员第1次参加俱乐部联赛、户外营地活动和阳光体育大会的所占比例分别为42.9%、53.4%和64.0%。

由图4可知，61.5%的运动员参加过全国综合运动会或单项赛事，仅有2.0%的运动员没有参加过区级以上运动会或单项赛事，且5.2%的运动员有参加世界性比赛的经验。从图5可看出，运动员获得全国及以上比赛名次的占39.8%。这表明，参加2017年全国青少年体育活动的运动员有参加全国性青少年体育赛事活动的经验，且取得过一定的成绩。

表2　运动员参加全国青少年体育活动次数

单位：%

	第1次	第2次	第3次	第4次	5次及以上
体育传统项目学校联赛	18.4	31.3	15.9	6.5	27.9
俱乐部联赛	42.9	21.4	8.8	8.8	18.1
户外营地活动	53.4	26.7	7.8	4.3	7.8
阳光体育大会	64.0	21.0	7.4	1.6	6.0

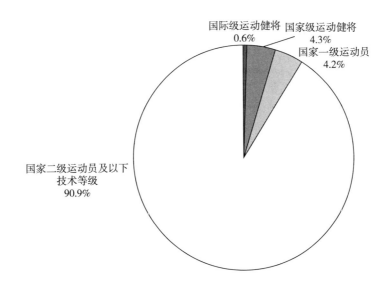

图2　运动员运动技术等级分布

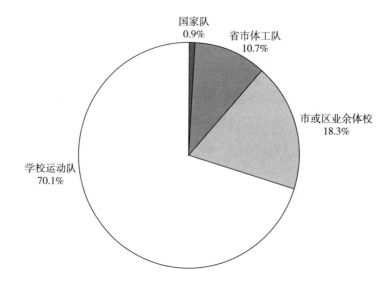

图3 运动员所在运动队级别分布

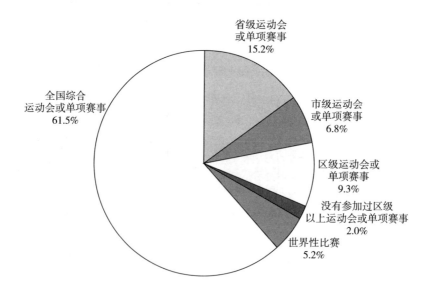

图4 运动员曾参加过的最高级别赛事分布

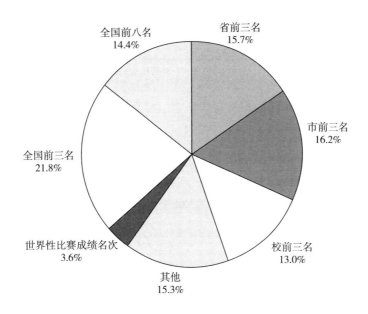

图5　运动员曾取得的最好运动成绩分布

（三）教练员、运动员对此次活动情况的评价

（1）活动组织情况

从表3可看出，教练员认为体育传统项目学校联赛、体育俱乐部联赛、阳光体育大会"组织安排有序、紧凑，高效完成活动任务"的所占比例分别为65.6%、52.9%和52.5%。教练员中有71.4%的人认为户外营地活动"组织安排较合理，能够完成活动任务"。此外，有8.8%的教练员认为体育俱乐部联赛"组织较混乱、比赛安排不合理，勉强完成活动任务"。整体而言，教练员认为活动组织安排有序、紧凑，能高效完成各项活动任务。

（2）活动场地设施准备与布置情况

从表4可见，四类活动中，教练员认为"场地设施齐全，且有专人服务"的所占比例分别是78.1%、61.8%、0和80.0%；运动员所占比例分别为66.7%、48.9%、67.2%和82.1%。但是，户外营地活动中，教练员

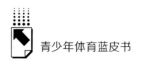

表 3 教练员对此次活动组织情况的评价

单位：%

评价	体育传统项目学校联赛	体育俱乐部联赛	户外营地活动	阳光体育大会
组织安排有序、紧凑,高效完成活动任务	65.6	52.9	28.6	52.5
组织安排较合理,能够完成活动任务	31.3	38.3	71.4	40.0
组织较混乱、比赛安排不合理,勉强完成活动任务	3.1	8.8	—	7.5
组织安排很不合理,难以完成活动各项任务	—	—	—	—

表 4 教练员、运动员对项目场地设施准备与布置情况的评价

单位：%

评价	体育传统项目学校联赛		体育俱乐部联赛		户外营地活动		阳光体育大会	
	教练员	运动员	教练员	运动员	教练员	运动员	教练员	运动员
场地设施齐全,且有专人服务	78.1	66.7	61.8	48.9	—	67.2	80.0	82.1
场地设施简陋,但无安全隐患	21.9	31.8	17.6	38.5	14.3	22.4	15.0	11.3
场地设施简陋,并有安全隐患	—	0.5	17.6	4.4	—	3.9	5.0	4.1
场地设施较缺乏,并存在一定的安全隐患	—	1.0	3.0	8.2	85.7	6.5	—	2.5

认为户外营地活动"场地设施较缺乏,并存在一定的安全隐患"的所占比例为85.7%。总体而言,各项活动场地设施准备到位,有专人服务,但有些项目存在场地设施过于拥挤的情况,有一定安全隐患。

（3）活动服务情况

从表5中可知,四类活动中,教练员认为"基本满足赛事需要,服务意识一般"所占比例分别是53.1%、44.1%、42.8%和15.0%;运动员所占比例分别为59.2%、55.5%、20.3%和10.5%。其中,户外营地活动中,运动员认为"有大量的志愿者、工作者,服务全面,到位"的所占比例为71.1%;阳光体育大会中,教练员和运动员认为"有大量的志愿者、工作者,服务全面,到位"的分别占85.0%和86.0%。此外,户外营地活动中，有14.3%的教练员认为"服务意识淡薄，基本需要难以满足"。整体而言，活动服务的管理者、工作人员、志愿者能有效保证活动正常、有效开展，并满足活动需要。

表5　教练员、运动员对活动服务情况的评价

单位：%

评价	体育传统项目学校联赛		体育俱乐部联赛		户外营地活动		阳光体育大会	
	教练员	运动员	教练员	运动员	教练员	运动员	教练员	运动员
有大量的志愿者、工作者,服务全面,到位	43.8	38.8	41.2	33.0	28.6	71.1	85.0	86.0
基本满足赛事需要,服务意识一般	53.1	59.2	44.1	55.5	42.8	20.3	15.0	10.5
志愿者、工作者不足,难以满足需要	3.1	2.0	5.9	6.6	14.3	4.3	—	2.5
服务意识淡薄,基本需要难以满足	—	—	8.8	4.9	14.3	4.3		1.0

（4）教练员、运动员对住宿餐饮满意度

从表6可知，体育传统项目学校联赛中教练员、运动员对住宿餐饮"比较满意"的比例分别是62.5%和32.3%，其中，有2.6%的运动员对其不满意。体育俱乐部联赛中，教练员和运动员不满意比例分别为38.2%和17.0%。教练员认为户外营地活动住宿餐饮"一般"的占57.1%，有40.0%的运动员觉得"非常满意"，但是，有42.9%的教练员对住宿餐饮"非常不满意"。对于阳光体育大会住宿餐饮服务，有45.0%的教练员和25.5%的运动员觉得"一般"。整体而言，教练员、运动员对住宿餐饮的满意度较差，表明各项目活动开展中需要加强对此方面的改善，为教练员、运动员提供高质量的服务。

（5）活动宣传与推广

从表7可以看出，体育传统项目学校联赛和体育俱乐部联赛教练员认为此次活动"只下发参赛通知，没有引起社会关注"的所占比例分别是43.8%

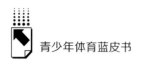

表6　住宿餐饮满意度

单位：%

评价	体育传统项目学校联赛		体育俱乐部联赛		户外营地活动		阳光体育大会	
	教练员	运动员	教练员	运动员	教练员	运动员	教练员	运动员
非常满意	31.3	32.8	23.5	5.5	—	40.0	15.0	23.5
比较满意	62.5	32.3	5.9	22.0	—	39.7	17.5	35.0
一般	6.2	32.3	26.5	42.3	57.1	16.4	45.0	25.5
不满意	—	2.6	38.2	17.0	—	1.7	20.0	6.8
非常不满意	—	—	5.9	13.2	42.9	2.2	2.5	9.2

和44.1%。而户外营地活动与阳光体育大会教练员认为"整个活动有报纸、杂志、网络等媒体报道，社会关注度高"的占比分别为85.7%和60.0%。但是，教练员认为体育俱乐部联赛"整个活动没有做有针对性的宣传与推广"的占5.9%。整体而言，各项目活动宣传推广深度不够，社会知晓度不高，主办方应采取多渠道、多平台进行宣传推广，引起社会广泛关注。

表7　教练员对此次活动宣传与推广情况的评价

单位：%

评价	体育传统项目学校联赛	体育俱乐部联赛	户外营地活动	阳光体育大会
整个活动有报纸、杂志、网络等媒体报道，社会关注度高	15.6	35.3	85.7	60.0
前期在各举办地宣传，其他地区没有引起较好关注	40.6	14.7	—	25.0
只下发参赛通知，没有引起社会关注	43.8	44.1	14.3	12.5
整个活动没有做有针对性的宣传与推广	—	5.9	—	2.5

（6）对活动最满意的方面

从表8中可知，教练员、运动员对活动最满意的是赛事组织，体育传统项目学校联赛所占比例为43.8%和52.2%；体育俱乐部联赛所占比例为55.9%和47.8%；户外营地活动所占比例为71.4%和41.8%；阳光体育大会所占比例55.0%和46.3%。

表8 活动最满意情况

单位：%

	体育传统项目学校联赛		体育俱乐部联赛		户外营地活动		阳光体育大会	
	教练员	运动员	教练员	运动员	教练员	运动员	教练员	运动员
赛事组织	43.8	52.2	55.9	47.8	71.4	41.8	55.0	46.3
裁判判罚	9.3	10.9	20.6	12.1	—	9.9	7.5	9.7
住宿餐饮	31.3	15.4	—	5.5	—	15.9	—	7.6
后勤接待	15.6	10.0	8.8	8.2	—	6.5	25.0	24.9
其他	—	11.5	14.7	26.4	28.6	25.9	12.5	11.5

（7）对活动最不满意的方面

从表9可见，教练员、运动员对活动最不满意的是住宿餐饮。其中，体育俱乐部联赛中教练员、运动员对"住宿餐饮"不满意的所占比例分别是70.6%和59.3%；户外营地活动中教练员不满意度达到85.7%；阳光体育大会中教练员和运动员不满意者所占比例分别为65.0%和42.6%。此外，体育传统项目学校联赛中，教练员、运动员对"裁判判罚"不满意者占比分别为25.0%和34.3%。

表9 活动最不满意情况

单位：%

	体育传统项目学校联赛		体育俱乐部联赛		户外营地活动		阳光体育大会	
	教练员	运动员	教练员	运动员	教练员	运动员	教练员	运动员
赛事组织	12.5	11.9	14.7	4.9	—	9.9	2.5	7.4
裁判判罚	25.0	34.3	—	10.0	—	24.6	7.5	17.7
住宿餐饮	15.6	16.9	70.6	59.3	85.7	15.9	65.0	42.6
后勤接待	—	6.6	5.9	4.9	14.3	6.5	2.5	6.0
其他	46.9	30.3	8.8	20.9	—	43.1	22.5	26.3

四 全国青少年体育活动建议

（一）研制全国青少年体育活动标准体系，规范活动程序

根据《青少年体育发展"十三五"规划》的总体要求，坚持发挥政

府在开展青少年体育活动工作方面的主导作用，切实保障青少年基本体育权益，加强构建青少年体育公共服务体系。在此背景下，由国家体育总局联合教育部发起的围绕青少年体育俱乐部、体育传统项目学校、青少年户外营地而开展的阳光体育大会、运动项目联赛、训练营、营地活动等受到了社会的广泛关注，更是改变了传统的青少年锦标赛的单一活动类型，也更加突出青少年身体特征、教育特征和社会特征。在体育事业全面深化改革的背景下，由国家层面发起的青少年体育活动作为青少年体育的中心工作，涉及组织的能力建设，能对省、区、市以及基层青少年体育工作起到辐射、引导和示范作用，促进青少年体育技能提升，以及引起社会各界对青少年体育的关注和关心。因此，青少年体育活动组织程序和标准体系是促进其规范化、社会化、市场化运行的重要内容。经过对近几年活动开展的社会效应分析，发现参与规模、关注程度、竞赛水平、组织水平等逐年提升。为了进一步规范青少年体育活动的组织程序，相关管理部门需要研究和制定全国青少年体育活动标准体系，该体系应包括活动申报程序、组织工作程序、评估监督程序以及运动员、教练员、官员等评价反馈程序。

（二）拓展全国青少年体育活动社会影响，鼓励社会参与

在国家体育总局和教育部的共同推动下，全国青少年阳光体育大会、青少年体育俱乐部联赛、体育传统项目学校联赛、户外营地等活动受到了社会的广泛关注，部分项目已经出现了活动接待规模难以满足青少年参与规模的现象，如全国青少年户外营地活动的参赛青少年均表现出较高的参与意愿，尽管该活动社会化组织程度较高，但活动组织供给不足的问题已经显现。随着青少年多元化体育需求的不断增长，未来青少年体育活动多元化创办模式和途径将会得到进一步拓展。一方面，当前体育企业、社会机构均将青少年体育事业作为重要的开发领域，在国家治理创新的背景下，应吸引、鼓励社会力量参与全国性青少年体育活动，为青少年体育活动募集更多资源和经费。更为重要的是，扩大青少年体育活动的社会影响力，如可通过相关企业

的网络化平台构建活动的报名注册系统和宣传渠道，构建我国青少年体育活动的大数据和云计算平台。另一方面，在多元化治理的背景下，动员和培育具有青少年体育属性的体育社会组织和体育相关企业。相对于文化等领域的社会组织而言，青少年体育组织还处于萌芽状态，应构建更多的青少年体育组织，积极参与青少年体育活动；同时，在活动经费来源拓展、参与渠道、宣传方式等方面可动员企业参与，打造青少年体育综合服务体系。

（三）发挥全国青少年体育活动示范效应，辐射带动省市开展

经过多年的摸索实践，全国青少年阳光体育大会、体育传统项目学校联赛、青少年体育俱乐部、户外营地等活动已成为引领全国青少年体育事业发展的主要活动，在动员青少年参与体育运动、扶持青少年体育组织建设、培育青少年体育运动项目和构建青少年体育服务平台等方面已展示出不可替代的作用。显然，基于专家组调研结果，参与活动的青少年以及家长等均表示出较强的参与意愿，在活动中课题组发现青少年能够享受全国青少年阳光体育大会各类趣味活动的快乐，青少年体育俱乐部联赛中的竞技水平逐年上升，体育传统项目学校竞技成绩成为学校办学的重要名片，户外营地已成为我国青少年户外教育的重要平台。在此背景下，应形成辐射带动省市筹办青少年体育活动的"蝴蝶效应"，一方面，在国家体育总局的主导下，各省（自治区、直辖市）及地市州等层层推进开展青少年体育活动，使更多的青少年体育俱乐部、体育传统项目学校、户外营地等服务对象（会员）有参与体育活动的渠道，其活动可根据区域体育特色、民族特色、优势项目和自然风貌等创新性地开展。另一方面，在构建新型青少年体育后备人才培育体系的背景下，我国诸多城市政府已通过购买公共服务或委托代理等，由体育行政部门或市一级体育社会组织直接向青少年体育俱乐部、体育传统项目学校购买训练或竞赛服务，也就是委托其代理后备人才培养任务，因此，应形成"政策、竞赛、组织和保障"四位一体的后备人才培养支撑体系，使赛事活动成为国家级、省或市级青少年体育俱乐部、传统项目学校培养人才的重要平台。

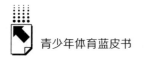

（四）加强全国青少年体育活动宣传力度，提升活动价值

近几年，以全国青少年阳光体育大会为龙头的全国青少年体育活动得到社会各界人士的高度关注，赛事承办单位以及各种媒体均对赛事进行了广泛宣传。专家组调研发现，大量的新闻媒体报道还停留在传统平面媒体和网络媒体对活动的介绍性报道上，相比较美国、英国等国家，我国青少年体育活动报道的延续性和深度性较为欠缺，难以形成较为完整的宣传资料。因此，我国应尽快建设"中国青少年体育活动网络平台"，采用手机终端 App 等对青少年体育活动的报名注册、赛事成绩公布、赛事宣传、选手资料挖掘、组织建设以及地方活动介绍等进行立体式的报道，既适应"互联网＋体育"时代对挖掘青少年体育活动大数据的要求和工作需求，更为重要的是让我国青少年拥有体育活动宣传交流、交互的平台，有利于对青少年体育活动进行深度性和延续性报道。

B.8
青少年校外体育活动中心
建设内容与要求

李鸿毅　雷　厉*

摘　要：　青少年校外体育活动中心具有室内室外相结合、多种项目相结合、教育体育相结合的特征。设置青少年校外体育活动中心必须充分考虑不同阶段服务对象的生理和心理特征，并遵循安全性、组织性、便捷性的原则。活动中心有以单一项目为主的活动中心、多项目综合性活动中心两种类型。管理模式以委托管理、联合管理和独立管理模式为主。目前存在青少年校外体育运动时间不足、校外体育活动中心管理主体不明确、等级标准缺失、校外体育指导员整体素质不高等问题。建设青少年校外体育活动中心的对策涉及制定建设标准、完善组织体系以及健全活动和赛事体系三方面内容。

关键词：　校外体育活动中心　建设内容　管理模式

一　青少年校外体育活动中心概述

（一）校外体育活动中心的定义

青少年校外体育活动中心是指由各级政府资助或社会力量参与建设的，

＊　李鸿毅，华体集团；雷厉，北京体育大学研究员。

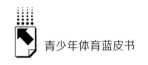

室内外设施相结合，以满足城乡青少年在校外便捷、安全参加体育锻炼需要为目的，开展青少年感兴趣的体育活动为内容，具有符合青少年身心特点的体育设施及相应配套服务设施的综合体育健身活动场所。本研究所涉及的人群主要为6～18岁的中小学青少年。

（二）校外体育活动中心的特征

校外体育活动中心根据其定义和主要功能作用，主要具有以下三个特征。一是室内室外相结合。根据青少年的活动特点和天性，活动中心不仅应具有室内场地设施，还应包括室外场地设施，同时室外场地设施应以笼式运动场地为主，面积不低于室内面积的1.5倍。二是多种项目相结合。青少年活动具有多样性，因此活动中心的项目设置应以多种项目综合设置为主，结合当地青少年活动的特色，培养青少年运动技能。三是教育体育相结合。由于6～18岁年龄阶段的青少年基本上处于小学至高中阶段，要促进活动中心健康运营，必须与教育部门合作，以组织性的活动为特征，打造"教体结合"。

（三）设置青少年校外体育活动中心的基本原则

青少年体育功能区的主要服务对象是年龄为6～18周岁高中以下青少年，因此，必须充分考虑不同阶段服务对象的生理和心理特征，因人而异地配套相关设施及标准。在设置青少年体育功能区的过程中，应遵循以下原则。

第一，安全性原则。保障青少年的安全涉及学校、家庭及活动中心等主体，出于安全性的考虑，活动中心的活动开展必须有专人负责，按照青少年不同的年龄阶段，明确不同责任主体，确保青少年活动的安全。

第二，组织性原则。青少年是后备人才培养的主体，活动中心在开展活动时，应以有组织的体育运动项目技能培训为主要形式，加强培育教练员体系，对青少年校外体育活动进行专业指导，培训青少年的运动技能。

第三，便捷性原则。活动中心的规划布局应合理合规，选址时应选择青少年相对密集的区域，一般以中小学校周边为主，也可借助中小学校的体育运动场地，开展青少年校外体育活动。

二 青少年校外体育活动中心发展现状

（一）发展概况

青少年校外体育活动中心的建设是为了解决青少年校外体育活动场地设施普遍缺乏的问题，加快完成国家体育总局颁发的《体育事业"十二五"发展规划》提出的"探索建设青少年校外体育活动中心"的目标任务。总局于 2012 年拟定资助北京、福建、广东、四川、浙江共 5 个省份的校外体育活动中心试点建设，截至 2016 年共在 20 个省份进行了试点（见表1）。

表1 各省份各级青少年校外体育活动中心数量

单位：个

省份	级次和数量			
	国家级	省级	地市级	县级
北　京	2	0	0	0
天　津	0	0	0	0
河　北	2	4	3	8
内 蒙 古	2	1	2	6
辽　宁	2	0	0	2
吉　林	2	0	0	0
黑 龙 江	0	0	0	1
上　海	0	0	0	0
江　苏	3	0	1	2
浙　江	0	0	1	1
安　徽	1	2	2	0
福　建	0	0	0	88
江　西	0	1	0	19
山　东	1	0	0	5
河　南	1	6	3	7
湖　北	1	14	11	1
湖　南	1	0	1	3
广　东	0	16	0	0
广　西	0	0	0	0

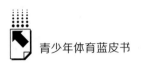
续表

省份	级次和数量			
	国家级	省级	地市级	县级
海　南	0	0	0	0
重　庆	1	0	0	0
四　川	0	0	20	3
贵　州	0	0	1	8
云　南	0	0	5	3
西　藏	0	0	0	0
陕　西	1	8	1	8
甘　肃	0	0	0	1
青　海	0	0	0	0
宁　夏	0	0	1	0
新　疆	0	0	0	0
新疆生产建设兵团	0	0	0	0
合计	20	52	52	166

（二）建设情况

调研组分别走访了广东、湖北、北京和四川四个省（市）的校外体育活动中心，通过调研得知活动中心主要有两种类型：一是以单一项目为主的活动中心，如四川省成都市足球训练基地以足球项目为主，辅以篮球、田径、游泳等项目。二是多项目的综合性活动中心。以所在体育场地现状为依托，结合青少年感兴趣的项目类型，发展多种体育运动项目，如广东省佛山市南方明珠体育中心内的活动中心就包括跆拳道、羽毛球、足球等多种项目。

在建设规模方面，根据问卷可知，所走访地市的活动中心建筑面积均在4000平方米以上，规模相对较大，但是其中包括了大量的办公用房，并且很多缺乏必要的青少年专用医务室、更衣室、体测室等。

在管理运营方面，活动中心管理模式以委托管理、联合管理和独立管理模式为主，设在中小学校的活动中心一般以委托管理模式为主；设在体育中心的一般以独立管理模式为主；在高校的活动中心一般以联合管理模式为主。

三 管理运营中存在的问题

（一）青少年校外体育运动时间不足

由于中国教育制度是以文化课为主要考核内容，所以在全国大部分地区，课外辅导班多数以文化、文艺等对升学有帮助的内容为主，青少年进行校外体育运动的时间被大量占用，参与体育运动的时间不足。

（二）校外体育活动中心管理主体不明确

目前活动中心管理主体主要有三种：一是与中小学校场地相结合，借用中小学校的场地设施进行校外体育锻炼，管理主体以学校俱乐部为主；二是与体育中心、全民健身活动中心等体育场馆相结合，管理主体为体育中心的领导班子成员；三是与高校的体育场地设施相结合，管理主体以高校后勤管理机构为主。除第二种外，活动中心的管理主体并不统一归口体育部门，加之教育部门对教育体系内公职人员兼职俱乐部管理人员发布了明文禁令，导致活动中心管理主体的明确存在一定的困难。

（三）校外体育活动等级标准缺失

目前，体育行政部门尚未出台有关青少年校外体育锻炼的业余训练项目等级标准，这在一定程度上，无法激发青少年投身体育锻炼的兴趣，也无法对青少年校外体育培训质量进行把控管理，校外体育活动等级标准存在一定缺失。

（四）校外体育指导员整体素质不高

青少年处于特殊的生理阶段，对风险的判断和规避能力较弱，需要专业的校外体育指导员进行指导。目前，活动中心校外体育指导员除少部分由退役运动员、单项教练员等担任外，多数由业余爱好者、健身达人等担任，在一定程度上提升了青少年进行校外体育活动的危险性。

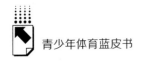

四　青少年校外体育活动中心建设对策

（一）制定建设标准

制定和完善全国层面有关青少年校外体育活动中心的政策法规，制定全国性青少年校外体育活动中心场地标准、建设方案和管理办法，强化高标准的青少年运动安全保障制度，并落实意外伤害强制保险制度。

（二）完善组织体系

校外体育活动中心应与当地教育部门积极配合，推动运动项目进校园，打造四级青少年培训梯队体系，建立训练管理系统，打造完善的训练管理机制。

（三）健全活动、赛事体系

青少年校外体育活动中心应根据本地特色，按照中小学生的年龄阶段，协同各类运动项目协会与教育部门共同打造优势项目活动、赛事体系，建立"活动—赛事—联赛"三级体系，遴选后备人才向专业队输送。

普及与提高篇

Popularization and Improvement

B.9
我国青少年田径运动开展现状与发展趋势

刘 冉 武文强*

摘　要：　过去五年是田径事业发展极不平凡的五年，国家体育总局田径运动管理中心（简称田径中心）根据田径项目后备人才培养的中长期规划，在青少年人才培养工作中积极推动改革创新，使青少年田径人才培养工作蓬勃发展，取得了进步与突破。田径项目后备人才储备数量和质量得到显著提高；管理机制得到完善；青少年田径竞赛活动数量进一步增长、质量进一步提高；各种教练员和运动员的考核及训练平台更加完善。

关键词：　青少年　田径运动

* 刘冉，国家体育总局田径运动管理中心青少部干部；武文强，北京体育大学中国田径运动学院副教授，院长。

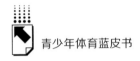

近年来，青少年训练、比赛和培训活动在组织的形式、内容和数量上都进行了一系列的改革与尝试，也取得了一定的效果。尤其是 2017 年全运会青少年组田径项目比赛在陕西省渭南市举行，对于今后青少年田径运动的训练和竞赛的开展都具有十分重要的意义。在 2017 年亚洲少年田径锦标赛及世界少年田径锦标赛上，我们的青少年运动员分别取得了 16 金 9 银 5 铜以及 5 金 2 银 4 铜的好成绩，但我国优秀青少年选手的总体实力与世界强队相比，仍然处于追赶状态，后备选手竞争力亟待加强。

随着我国从体育大国向体育强国迈进，田径也将在其中发挥越来越重要的作用，而青少年田径作为整个田径项目发展的根基，也将越来越受到重视。根据目前青少年田径运动发展的趋势，我国将在后备人才培养和输送体系、青少年田径竞赛体系、青少年对外交流和体教结合等方面继续积极推进，力争使青少年田径运动的各方面工作再上一个台阶。

一 青少年田径运动发展的基本概况

青少年田径运动发展的基本概况主要体现在田径项目后备人才数量及质量的提高、人才梯队的形成、青少年训练的科学性和可持续性的改善及取得的成绩等方面。

（一）田径项目后备人才储备数量和质量得到显著提高

全国田径运动员注册人数逐年增加，2016 年以来连续两年突破万人，2017 年达到 11487 人。作为田径项目后备人才重要储备基地的田径单项奥林匹克高水平后备人才基地，在 2010～2016 年共向省市运动队输送了 1065 名优秀运动员，向国家田径队输送了 69 名顶级优秀运动员。2016 年，各后备人才基地在训运动员达到 3992 人、在职专项教练员 331 人。

（二）田径重点项目发展迅速，逐步形成了各自的人才梯队

里约奥运会期间，全国的 26 个省、自治区、直辖市共建立了 133 个高

水平后备人才基地，涵盖了竞走、中长跑、短跑、跨栏、跳高、撑竿跳高、跳远、三级跳和女子铅球、铁饼、标枪、链球等 12 个我国重点开展的项目。2017 年，经过新一轮的评估，高水平后备人才基地增加至 154 个，初步建立起国少队、国青队和国家队的三级人才培养梯队，进一步夯实了重点项目的人才储备。

（三）田径项目青少年训练的科学性和可持续性得到明显改善

我国大力推进《青少年田径教学训练大纲》的修订实施，通过教练培训、训练营和竞赛活动等平台，不断提高我国基层教练员的执教水平。同时，坚持"走出去、请进来"的发展道路，邀请国际高水平专家、教练来华授课，并积极组织青少年运动员和教练员参加国际大赛，促进训练理念和方法的国际化、前沿化，基层训练的科学性和可持续性得到了明显改善。

（四）为国家输送人才，成绩斐然

近年来，青少年运动员中涌现了一批优秀苗子，并在重大国际青少年比赛中取得了优异成绩。2014 年第二届青奥会 9 人参赛夺得 6 金 1 铜共 7 枚奖牌，居金牌榜第一位。在 2015 年世界少年田径锦标赛上，中国队获得 1 金 5 银 1 铜共 7 枚奖牌，居奖牌榜第四位。2017 年世界少年田径锦标赛上中国队夺得 5 金 2 银 4 铜共 11 枚奖牌，金牌数和奖牌数都与排名榜首的南非持平，名列第二，创造了中国队在历届世界少年田径锦标赛上的最好成绩。目前，青奥会冠军谢震业、梁小静、马振霞等一批优秀苗子已经成为国家队队员。另外，从各田径单项奥林匹克高水平后备人才基地输送到里约奥运会的 18 名运动员中，有 1 人入选水上项目国家队参加帆船比赛，17 人入选国家田径队参加 12 个单项比赛，并在男子 20 公里竞走中分别获得金牌一枚、银牌一枚的好成绩。

二　开展青少年田径运动竞赛及训练等活动的基本情况

青少年田径训练及竞赛活动的开展，是青少年田径工作的重要抓手和主

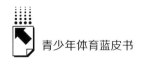

要核心，以赛促练、赛练结合是提高青少年田径人才培养水平的重要手段，也是我们一直以来组织青少年各项训练和比赛活动的指导思想。近年来，在青少年训练、比赛和培训活动组织的形式、内容和数量上，我国都进行了一系列的改革与尝试，也取得了一定的效果。

（一）国内青少年竞赛情况

2017年8月18～19日，全运会青少年组田径项目比赛在陕西省渭南市举行，本次比赛共有30个代表队的760名优秀青少年选手在24个项目中进行角逐。本届全运会开设的青少年比赛对于促进青少年田径运动训练和竞赛活动的开展具有十分重要的意义，对于后期进一步加强青少年的田径训练和竞赛活动具有很好的引导作用，同时为青少年田径运动训练和竞赛活动的开展提供了最为有力的支持和依据，也将对今后田径基础训练和竞赛活动的开展产生重要而深远的影响，具有十分重要的现实意义和历史意义（见表1、表2）。

表1 每年由田径中心组织的18岁以下青少年比赛

序号	赛事名称	参赛年龄	参赛者范围	2016年参赛人数	2017年参赛人数
1	全国少年（U18）田径锦标赛	16～17岁	中国田径协会正式注册运动员	696	745
2	全国少年田径锦标赛	14～15岁	全国田径项目高水平后备人才基地运动员	576	650
3	全国田径传统项目学校比赛（南区、北区）	14～17岁	国家级（田径项目）传统校，没有国家级传统校的省、自治区、直辖市可选派一所省级田径传统学校参加比赛，需由省体育局青少处审核推荐	2493	1774
4	青少年训练营暨单项基地锦标赛	12～17岁	全国田径项目高水平后备人才基地运动员	976	1240
5	耐力项目高原地区对抗赛	14～17岁	高原省区运动员	293	364
6	全国少儿趣味田径运动会	7～12岁	全国小学生	170	约400

表 2　国少队或后备人才基地运动员参加的赛事

单位：人

序号	赛事名称	参赛年龄	参赛者范围	2016 年参赛人数	2017 年参赛人数
1	全国竞走挑战赛（太仓）	14～17 岁	国少队、竞走项目高水平后备人才基地运动员	95	158
2	全国投掷项群赛	14～17 岁	国少队、投掷项目高水平后备人才基地运动员	61	181
3	全国中长跑项群赛	14～17 岁	国少队、中长跑项目高水平后备人才基地运动员	171	129
4	国际田联世界挑战赛（北京站）	14～17 岁	短跨项目高水平后备人才基地运动员	75	
5	江苏吴中国际竞走多日赛	14～17 岁	国少队、竞走项目高水平后备人才基地运动员	108	69
6	上海钻石联赛垫场赛	16～17 岁	短跨项目高水平后备人才基地运动员	134	236

本届全运会开设的青少年比赛还增加了跑游两项（男子 10000 米赛跑＋400 米游泳、女子 5000 米跑＋200 米游泳）和跑跳两项的全能比赛（男、女 100 米＋跳远），这也是全国范围内首次在运动会中设置的项目。这些新的全能项目的设立，对田径、游泳、铁人三项等项目跨项选材起到了强有力的支持作用。

（二）参加国际比赛情况

2016～2017 年，我国组织少年运动员和基层教练员分别参加了葡萄牙竞走国际赛、德国哈勒投掷国际赛、上海钻石联赛等国内外举办的多场国际赛事，出访国家包括意大利、葡萄牙、德国、波兰、越南等。同时，在 2017 年亚少赛及世少赛上，我们的青少年运动员分别获得 16 金 9 银 5 铜，以及 5 金 2 银 4 铜的佳绩，取得了新的突破（见表 3、表 4）。

（三）青少年活动组织情况

1. 训练营及苗子集训组织情况

2016 年暑假期间田径中心分别在江苏如皋、浙江温岭、四川西昌分项目

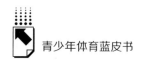

表3 2016～2017年我国青少年田径运动员参加国际青少年比赛情况统计

单位：枚

年份	竞赛名称	地点	金牌	银牌	铜牌
2016	亚洲青年田径锦标赛	越南胡志明市	11	7	4
2016	第24届中日韩青少年运动会	中国宁波	13	19	9
2017	亚洲少年田径锦标赛	泰国曼谷	16	9	5
2017	世界少年田径锦标赛	肯尼亚内罗毕	5	2	4
2017	第25届中日韩青少年运动会	日本茨城县	6	17	9

表4 2016～2017年我国青少年田径运动员参加一般国际比赛情况统计

单位：枚

年份	竞赛名称	地点	金牌	银牌	铜牌
2016	亚洲沙滩运动会	越南岘港	2	2	3
2016	德国哈勒投掷赛	德国哈勒	0	0	2
2016	葡萄牙竞走挑战赛	葡萄牙里约马奥	2	2	2
2017	德国哈勒投掷赛	德国哈勒	1	1	1
2017	瑞士竞走挑战赛	瑞士卢加诺	2	0	1
2017	葡萄牙竞走挑战赛	葡萄牙里约马奥	1	0	1
2017	亚洲室内及武道运动会	土库曼斯坦阿什哈巴德	1	2	2
2017	澳门春季公开赛	澳门	4	1	0

举办了女子投掷、短跨、中长跑、跳跃、竞走5期田径项目高水平后备人才基地训练营，参加的运动员共976名、教练员共197人次。聘请58名相关专项知名教练和专家分别到各个训练营给予指导。

2017年暑假期间田径中心在江苏如皋举办了女子投掷、短跨、中长跑、跳跃、竞走5期田径项目高水平后备人才基地训练营，参加的运动员共1240名、教练员共172人次。聘请了29名相关专项知名教练和专家分别到各个训练营指导训练。

训练营在集中训练、教练员培训与交流、优秀苗子评选等内容的基础上，增加了以加强组织纪律性和强化团队意识为目的的军训，收到了良好的效果。此外，2016年3月、5月和9月结合全国投掷、短跑和远度跳跃项群赛，以及江苏吴中竞走国际多日赛，我国分别在成都、南京和江苏如皋组织了3期田径优秀苗子集训，共有215名运动员、74名教练员参加，聘请了

10 位专家现场指导训练，并对教练员进行了培训。2017 年 8 月，田径中心在浙江温岭组织田径少儿撑竿跳高后备人才基地训练营，共有来自全国各地的 15 个训练基地、20 名教练员和 101 名运动员参加。

2. 体教结合活动开展情况

自 2014 年全国田径业余训练大联盟成立以来，已经有近 200 所学校自愿参加注册成为会员单位，其中不乏各省市重点中小学。2016 年，田径中心与首都体育学院友好协商，双方就全国田径业余训练大联盟工作签署了战略合作协议，并于 2016 年 6 月 30 日正式在首都体育学院建立全国田径大联盟培训基地。到目前为止，培训基地已经组织了两次国际田联一级教练员培训班，共有 48 名学员参加了培训，为田径业余训练教练员提供了较好的培训平台。同时，培训基地还开展了《田径青少年教学训练大纲指导用书》的编写研制工作。

此外，田径进小学校园工作和传统校比赛也呈现了良好发展态势。一是田径项目在国家体育总局青少司的支持下，再次进入全国青少年"未来之星"阳光体育大会，2016 年 7 月田径中心派出相关团队在全国青少年"未来之星"阳光体育大会陕西主会场上展示"少儿趣味田径"项目，深受欢迎，获得了好评。二是"少儿趣味田径"在各地小学越来越受欢迎，方兴未艾。田径中心于 2016 年 10 月举办了全国少儿趣味田径比赛，有效促进了田径走进小学校园和体教田径中心紧密结合。2017 年 11 月，田径中心在深圳举办第二届全国少儿趣味田径比赛，将全国少儿趣味田径比赛打造成我国少儿田径比赛的精品赛事。同时，田径中心还举办了少儿趣味田径夏令营，共有来自 12 个省市17 个小学的百余名学生参加，孩子们在夏令营中了解田径、喜爱田径，夏令营取得了非常好的社会效应。三是田径传统校比赛通过两年分南、北区举行和发动，参赛学生运动员达到 2400 多人，有力促进了各地中小学业余训练的开展。

三 青少年田径运动开展的亮点与特色

（一）加强顶层设计，以"大田径"理念指导田径后备人才培养工作

田径作为体育基础大项，在发展体育运动、建设体育强国方面发挥着基

础性作用，关乎国家体育发展的大局。田径中心在田径自身的项目特点的基础之上，充分结合其社会属性和其长远可持续发展的大视角，提出了"大田径"的发展理念，以突破创新的思维构建田径的发展之路，努力在三个维度上构筑"大田径"发展格局：一是政治维度，即发挥社会主义制度优越性，坚持举国办田径；二是体育维度，紧紧围绕备战奥运会等世界大赛这一核心工作，统领和带动竞技体育、群众体育、业余训练和体育产业全面发展，推动体育强国建设；三是文化维度，即发掘项目内涵，拓展项目外延，打造项目文化，积极为社会主义文化大发展大繁荣做贡献。

在"大田径"理念指导下，我国研究制定了《田径项目竞技体育后备人才培养中长期规划（2014～2024)》，明确了今后十年田径后备人才培养的指导思想、发展方向、基本原则和战略目标，探索建立体校、普通学校和社会共同参与的多元化后备人才培养模式。

（二）构建青少年田径人才培养的两个发展体系，打造一个特色精品工程

当前，我们从总体上设计构建了田径后备人才的培养工作两个发展体系：一个是以田径单项奥林匹克高水平后备人才基地为主体，培养高水平运动员的精英业余训练体系；另一个是以全国田径业余训练大联盟为主体、兼顾体教结合的大众业余训练体系。同时，实施"田径耐力项目高原人才开发计划"工程，着力打造田径耐力项目特种军团。

高水平后备人才基地建设是竞技体育可持续发展的重要途径和保障。从2009年开始，针对我国田径运动存在的后备人才严重不足及后备人才培养机制不健全的问题，我们以"领导重视、有教练、有苗子"为基本条件，以"选好苗子、打好基础、系统训练、着眼未来、积极提高"为指导方针，创建全国田径单项奥林匹克高水平后备人才基地。伦敦奥运会期间创建的基地高达130个，里约奥运会期间达到133个。新时期，各地对田径后备人才基地创建工作更加重视，申报更加踊跃。不久前命名了154个高水平后备人才基地，涉及27个省、自治区、直辖市和新疆生产建设兵团的110个单位。

后备人才基地创建工作的开展，使田径单项高水平后备人才数量迅速增加，成才率也得到大幅提升，为田径项目的发展提供了源头活水。

自 2014 年起，我们还创新了田径后备人才培养机制，成立了"全国田径业余训练大联盟"（简称"业训大联盟"），首批会员就达到了 326 个单位，同时建设"全国田径业余训练大联盟网"，为会员单位及相关人员提供网络交流平台，推动体教结合和校园田径运动的发展。与竞技高水平后备人才基地的基础作用不同，业训大联盟针对的是全国各地中小学、大学和体校，为它们搭建一个国家层面的田径业余训练交流、培训和比赛的平台。目前，业训大联盟成员单位达到近 400 个，其中不乏各地的重点中小学校。近两年举办的全国田径传统项目学校联赛参赛人数均超过千人，2016 年达到1700 多人。2016 年，田径中心与首都体育学院签署了战略合作协议，建立全国田径业训大联盟培训基地，共同研究和推进业训大联盟的建设工作。

此外，为了响应中央关于西部大开发的号召，借鉴国际成功经验，结合田径实际情况，2011 年正式推出了田径耐力项目"高原人才开发计划"，面向西部高原省区，重点发掘耐力项目人才。高原人才开发计划实施以来，得到了西部各省区的积极响应和大力支持，已经形成了颇具规模、初见成效、有一定知名度和影响力的田径品牌项目。目前，高原人才开发计划体系基本建成，基层重点校和网点校的布局基本完成，以高原对抗赛和训练营为平台的培养选拔机制初步形成，参与省份从最初的 5 个扩大到目前的 9 个；参加高原省区对抗赛的人数也由 2011 年的 290 多人增长到2016 年的 890 多人。田径耐力项目正逐渐成为高原省区和中国田径的重点项目。

（三）搭建青少年田径人才培养的三个工作平台

方向、目标明确以后，搭建了寒暑假训练营平台、教练员培训考核平台和国内外高水平训练参赛平台三个平台展开工作。

1. 寒暑假训练营平台

训练营是检验、评估各后备人才基地苗子选拔、训练和教练员培训成效的重要载体。自 2011 年以来，田径中心每年都举办后备人才基地集训营，累计投入经费超过 1000 万元。参加训练营的基层运动员、教练员总人数达到 6600 多人次，其中运动员 5700 多人次、教练员 900 多人次。特别是 2014～2016 年，田径中心连续三年举办了竞走、中长跑、投掷、短跨、跳跃五大训练营，实现了走、跑、跳、投四大项群全覆盖，每年参加的运动员人数都在 1000 人以上。通过训练营活动，教练员的技术教学得以及时规范、训练理念得以更新，各基地的训练水平得以提升。

2. 教练员培训考核平台

训练工作的关键在教练，教练员的水平决定着训练的质量和效益。田径中心高度重视对基层教练员的培训工作，聘请国内外专家和知名教练来讲课、指导训练，让基层教练员了解和学习国际先进的训练理念和方法，不断提高他们的执教水平。自 2011 年以来，仅参加训练营授课和指导的专家、教练就超过了 300 人次。田径中心还组织了专门的基层教练员培训班，仅 2015 年就培训体校、中小学教练员和教师 580 人。此外，新的《田径青少年训练教学大纲》修订以后，田径中心已经组织对基层教练员完成了一轮培训。

3. 国内外高水平训练参赛平台

田径中心大力推动青少年运动员和基层教练员积极参加国内外训练和比赛，特别是参加国际比赛和国内高水平的比赛，在大赛中锻炼队伍，主动融入国际田径大家庭。2014 年以来，田径中心连续四年派队参加瑞士、葡萄牙国际竞走比赛，并到意大利国家队训练基地与国家队竞走外教组共同训练，直接接受奥运会冠军教练的指导；2015 年以来，连续选派投掷项目少年运动员及其教练赴德国训练，参加多场国际比赛。同时，一直坚持选派国少队、后备人才基地运动员、教练员参加在华举办的国际田联太仓竞走挑战赛、上海钻石赛等国际大赛以及全国田径锦标赛、项群赛和全国少年田径锦标赛等国内赛事。仅 2016 年，田径中心就组织青少年运动员和基层教练员参加了 11 场国际赛事和 7 场全国高水平比赛。其中，参加国际比赛 477 人次（运动员 395 人次、教练员 82 人次）；参加全国比赛 1291 人次（运动员 1049 人次、教练员 242 人次）。

（四）建立健全四个管理机制

管理出效益，细节决定成败。在青少年训练工作上，建立并不断健全一条龙管理机制、专家督导机制、统一的教学训练机制和动态管理机制这四个管理机制。

1. 一条龙管理机制

田径中心设立青少部，实行扁平化管理，抓细节、抓关键。工作上从中心到各单项奥林匹克高水平后备人才基地直接管理，一竿子插到底，从基层优秀苗子抓起，夯实正确技术教学与训练，为田径重点项目做好梯队建设，同时培养输送高质量后备人才。

2. 专家督导机制

建立专家团队，每年组织各单项专家到各个基地去实地检查指导、督导基地建设运营和运动员选材训练工作。2016 年，田径中心组织完成对竞走、短跨、跳跃、标枪、链球等 90 个基地的专家督导工作。其中竞走专家组对 22 个竞走基地进行了全面检查督导，特别是通过对各基地训练的指导使运动员技术得到了明显的改进。

3. 统一的教学训练机制

统一大纲，统一标准，统一评估。多年来，田径中心始终高度重视对《青少年田径教学训练大纲》的修订和推广工作，紧跟国际前沿不断更新训练理念，总结改进、创新发展训练方法、手段，丰富内涵，不断提高我国青少年训练的科学化、规范化水平。

4. 动态管理机制

全国田径单项奥林匹克高水平后备人才基地实行动态管理，每四年一个周期对所有基地重新进行专家评审验收。在同一个周期内，不定期组织专家督导组对基地进行检查评估，对存在的问题及时提出警告和进行纠正，对不合格的予以取消，形成动态考核和"挂牌、摘牌"机制。里约奥运会周期，田径中心共取消 2 个基地的命名，分两批次新增加了 15 个基地。

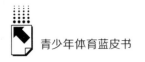

四 促进青少年田径运动发展的措施

"田径是体育运动之母"，田径运动水平是目前世界上衡量一个国家和地区体育运动水平的重要标准。随着我国从体育大国向体育强国目标迈进，田径也将在其中发挥越来越重要的作用，而青少年田径作为整个田径项目发展的根基，也将越来越受到重视，并取得长足的发展。今后青少年田径运动的发展趋势主要有以下几个方面。

（一）重视青少年田径后备人才的培养

在新的时期，青少年田径人才遴选要从基层训练跳出来，开阔眼界，面向未来、面向国际，从田径各项目发展需要出发，创立青少年国际训练理念、引导项目布局，突出地域特色。加快运动员成长与教育工作相连接，真正构建起青少年田径高水平后备人才基地运行和管理的科学化、规范化模式，坚持后备人才基地专家督导常态化、竞赛常态化、组织训练营常态化和基地教练员培训常态化，完善"有进有出、动态平衡"的管理机制，对不合格的基地及时淘汰、及时补充，向管理要质量、要效益。

同时，也需要进一步解放思想，更新观念，大胆探索，勇于实践，努力突破原有青少年田径人才培养体制的束缚，借鉴国外有益经验，在后备人才管理体制和运行机制等方面进行改革创新，积极开拓人才培养与教育发展和市场经济相适应的发展道路，改变过去业余体校的单一培养模式，加强"体教结合"，建立起体育系统、教育系统和社会系统三线并举的多元化后备人才培养体系。

在继续推进全国田径业余训练大联盟建设的同时，还需要针对一些项目与清华大学等高校共建国家青年队或国家队，由协会与高校联合办队，实现体教融合发展，这将是田径人才培养的一条新路径。2017 年 5 月 8 日，田径中心与国家体育总局秦皇岛训练基地合作成立了中国竞走学校，并在年底与西安体育学院合作成立辐射中西部地区的培养竞走后备人才的竞走学校，这是发扬举国体制优势、做实体教结合的新尝试；是转变办队思路、推动体制创新的新产物；是做实做大做强田径优势项目的新举措；是传承竞走文化的新基地，必将对竞走项目的发展起到巨大的推动作用。

里约奥运会周期，田径中心与有关省市和体育院校合作共建了8支竞走国少队，目的是把部分优秀苗子集中起来进行精准培养。今后，田径中心将陆续组建投掷、短跑等项目的国少队，进一步扩大国少队规模，增加运动员人数，扩大项目的覆盖面。同时，加强队伍管理和督训工作，加大对资金、装备、教练员培训和出国训练、参赛的扶持力度，进一步完善重点项目三级人才培养梯队建设，形成国家队一、二、三线紧密衔接的良好输送机制。

（二）提高青少年田径竞赛活动的数量和质量

随着田径青少年全运会的举办，青少年田径的竞赛改革序幕正式拉开，未来针对青少年田径项目从全国性、区域性到地方省区市级别的赛事数量将有明显的增长，同时年龄将更多地向下延伸，开展少儿趣味田径的省区市单位将越来越多，如何抓住这个趋势，引导青少年田径赛事与国际接轨，形成系统、完善和科学的国内青少年赛事体系和内容，是未来田径工作的重点。

（1）改革青少年竞赛机制，进一步与国际接轨，建立国内青少年竞赛体系

①2018年、2022年分别为第三届、第四届青奥会年，2019年、2021年为亚洲少年田径锦标赛的举办年。我们要全力以赴，认真备战，不遗余力，力争继续保持领先地位。②在国内，继续坚持和设计好全运会、青运会少年组的比赛，争取从15岁开始每个年龄均设一个年龄组比赛，在比赛设项中增加小项、小全能和团体项目，用小全能项目提高运动员的综合身体素质，用团体项目促进个人项目以及增加人才厚度，使竞赛发挥最大的杠杆作用。③全国田径单项赛事，在原有少年（16～17岁）锦标赛、少年（14～15岁）锦标赛、基地锦标赛、传统校联赛、中学生锦标赛的基础上，增设全国少年室内锦标赛，全国少年冠军赛、分项赛、集训赛，分站、分区和总决赛等。④加强与中学生体协的合作，积极与教育部门联合举办中小学生的田径比赛，促进后备人才训练质量的提高和田径运动的普及。⑤鼓励和支持社

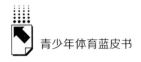

会其他团体、企业、俱乐部等参与和举办青少年田径比赛。

（2）进行少年儿童竞赛运动员登记，建立青少年运动员信息数据库，进一步完善田径后备人才基地网络管理系统，搭建层次水平分明的后备人才培养梯队体系，严格检查年龄的真实性，无缝对接基地运动员与全国运动员注册库，严堵漏洞，让造假者无机可乘。

（3）按照《少年儿童田径竞赛指导意见》要求举办各个年龄组别的全国少年儿童田径比赛，根据少年儿童成长发育规律设置各年龄组比赛项目（见表5）。同时，制定实施青少年田径业余锻炼等级标准。

表5　青少年田径比赛项目设置

年龄	团体比赛	全能比赛	单项比赛	备注
6～8岁	（1）少儿趣味田径:短跨接力跑、十字跳、掷儿童软式标枪、跪投实心球、跳绳、一级方程式（2）4×25米接力（3）4×50米接力		（1）站立式25米跑（2）站立式50米跑	
9～10岁	（1）少儿趣味田径:短跨绕杆接力跑、跑绳梯、越过障碍掷准、实心球后抛、撑竿跳远、8分钟耐力跑（2）4×50米接力（3）4×100米接力		50米跑、100米跑、200米跑、跳远	
11～12岁	（1）少儿趣味田径:跑绳梯、跨栏接力跑、越过障碍掷准、掷少年标枪、越过障碍撑竿跳远、1000米耐力跑（2）4×50米接力（3）4×100米接力		100米跑、200米跑、800米跑、跳高、跳远、铅球（3公斤）、掷垒球（125克）	
12～13岁	（1）4×100米接力（2）4×3公里竞走接力（3）5×5公里竞走团体赛	（1）跑跳二项:100米跑＋跳远（2）球饼二项:铅球＋铁饼（3）四项:100米跑、跳远、铅球、800米跑（女）/1500米跑（男）	100米跑、200米跑、800米跑、1500米跑、跳高、撑竿跳高、跳远、铅球（3公斤）、铁饼（1公斤）、标枪（500克）、链球（3公斤）、5公里竞走	

续表

年龄	团体比赛	全能比赛	单项比赛	备注
14岁	(1)4×100米接力 (2)4×400米接力 (3)4×3公里竞走接力 (4)4×5公里竞走接力 (5)5×5公里竞走团体赛	(1)跑跳二项:100米跑＋跳远 (2)球饼二项:铅球＋铁饼 (3)四项:100米跑、跳远、铅球、800米跑(女)/1500米跑(男)	100米跑、200米跑、400米跑、800米跑、1500米跑、男110/女100米栏、300米栏、跳高、撑竿跳高、跳远、铅球(男5公斤/女3公斤)、铁饼(男1.5公斤/女1公斤)、标枪(男600克/女500克)、链球(男5公斤/女3公斤)、3公里竞走、5公里竞走	
15岁	(1)4×100米接力 (2)4×400米接力 (3)异程接力 (4)4×5公里竞走接力 (5)5×5公里竞走团体赛	(1)跑跳二项:100米跑＋跳远 (2)球饼二项:铅球＋铁饼 (3)跑二项:1500米、2000米障碍 (4)四项:100米跑、跳远、铅球、800米跑(女)/1500米跑(男) (5)男七项/女五项	100米跑、200米跑、400米跑、800米跑、1500米跑、3000米跑、男110/女100米栏、400米栏、2000米障碍、跳高、撑竿跳高、跳远、三级跳远、铅球(男5公斤/女3公斤)、铁饼(男1.5公斤/女1公斤)、标枪(男700克/女600克)、链球(男5公斤/女3公斤)、5公里竞走、8公里竞走	
16岁	(1)4×100米接力 (2)4×400米接力 (3)异程接力 (4)4×5公里竞走接力 (5)男5×10/女5×5公里竞走团体赛	(1)跑跳二项:100米跑＋跳远 (2)球饼二项:铅球＋铁饼 (3)中跑二项:800米、1500米 (4)跑障二项:3000米、2000米障碍 (5)高跨二项:跳高、男110/女100米栏 (6)男七项/女五项	100米跑、200米跑、400米跑、800米跑、1500米跑、3000米跑、男110/女100米栏、400米栏、2000米障碍、跳高、撑竿跳高、跳远、三级跳远、铅球(男5公斤/女3公斤)、铁饼(男1.5公斤/女1公斤)、标枪(男700克/女600克)、链球(男5公斤/女3公斤)、5公里竞走、10公里竞走	

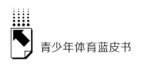

续表

年龄	团体比赛	全能比赛	单项比赛	备注
17岁	(1)4×100米接力 (2)4×400米接力 (3)异程接力 (4)4×5公里竞走接力 (5)男5×10/女5×5公里竞走团体赛	(1)跑跳二项:100米跑+跳远 (2)球饼二项:铅球+铁饼 (3)中跑二项:800米、1500米 (4)跑障二项:3000米、2000米障碍 (5)高跨二项:跳高、男110/女100米栏 (6)男十项/女七项	100米跑、200米跑、400米跑、800米跑、1500米跑、3000米跑、5000米跑、男110/女100米栏、400米栏、2000米障碍、跳高、撑竿跳高、跳远、三级跳远、铅球(男5公斤/女3公斤)、铁饼(男1.5公斤/女1公斤)、标枪(男700克/女600克)、链球(男5公斤/女3公斤)、5公里竞走、10公里竞走	

(三)青少年对外交流进一步加强

加强国际合作,转变训练理念是青少年田径水平提升的关键。未来几年,积极搭建国际平台,加大青少年运动员和教练员"走出去"力度,以国际交流和对抗为检验手段,以转变训练理念和改进训练方法为核心,通过聘用高水平外教指导训练,参观国外高水平训练基地和积极参加国际高水平赛事,促使训练理念和方法国际前沿化、系统化,切实提高比赛能力。新周期,田径中心还会在意大利(竞走项目)、德国(投掷项目)、法国(撑竿跳高项目)、美国(短跑跳跃项目)、埃塞俄比亚(马拉松项目)建立常训基地,与国外各项目高水平选手共同训练和比赛,提高青少年运动员的国际比赛能力和自信心。

(四)进一步做好业训大联盟

为进一步将业训大联盟作为高水平后备人才基地"精英"体系的补充,吸引更多社会力量和科研院校加入青少年田径运动,把业训大联盟打造成为一个全国性的青少年田径业余训练的大家庭,充分利用好行业资源和社会力量,通过搭建网站、训练营、田径传统校比赛等多种平台,团结、动员更多田径运动爱好者参加田径基础训练，培养兴趣，挖掘天赋，依托教育部门及有关高等院校、中小学校等，普及推广田径文化，促进田径回归校园，促进体育、教育深度融合，为提高青少年身体素质和全面发展做贡献。同时，大力支持社会力量和科研院校参与田径青少年训练工作，积极培育青少年田径社会组织，引导和鼓励社会力量根据地方特色成立田径青少年俱乐部，并将其纳入全国田径业余训练大联盟，进一步拓宽我国田径后备人才的培养渠道。

B.10
我国青少年游泳运动开展
现状与发展趋势

曾宇　严蓓　远航　武文强　崔雨*

摘　要：　近年来，我国青少年游泳赛事逐年增多，竞赛交流更加频繁，
运动员文化教育逐步受到重视，受训青少年接受再教育的机
会增多，特色学校和高水平学校不断增加，使得青少年游泳
参训的人数逐年上升，家长对孩子参训的理解也更加全面和
深刻。但总的来说，青少年体育发展质量与效益还有待进一
步提高，青少年体育发展的学训矛盾依然较为突出，这些都
成为制约少年游泳运动员参与竞技游泳的因素。建议：进一
步完善青少年游泳训练体系；提高游泳比赛的技术含量，预
防"揠苗助长"；进一步加强对运动员技术的分析、进一步
重视对技术的改进；进一步加强对青少年游泳训练的科学指
导；加大科学测试和评价的力度；重视传统项目学校联合举
办赛事的尝试；激发青少年参加游泳训练的兴趣；重视家长
在青少年系统训练中的重要作用，促进竞技游泳后备人才均
衡化发展。

关键词：　青少年　游泳运动

---

*　曾宇，广西师范大学体育学院副教授；严蓓，浙江财经大学副教授；远航，广西师范大学体育学院讲师；武文强，北京体育大学中国田径运动学院副教授，院长；崔雨，北京体育大学在读研究生。

一　我国青少年游泳运动发展的基本概述

国家体育总局《青少年体育"十三五"规划》指出："以增强青少年体质为根本目标，以提高发展质量和效益为中心，以建立完善的青少年体育公共服务体系为主线，坚持改革创新，不断健全体制机制，完善政策措施，加强统筹协调，引入市场机制，充分调动全社会积极性和创造性，厚植青少年体育发展优势，努力构建高水平创新型青少年体育新格局，推动青少年体育实现高质量、高效率、可持续的发展。"近年来，青少年体育公共服务体系框架已经初步建成，国家级青少年体育俱乐部数量超过 5000 个，各级各类体校办学条件得到改善，国家级体育传统项目学校达到 500 多所。青少年体育在公共服务、体教结合、组织建设和训练竞赛制度等方面不断进行深化改革，体育政策体系将进一步健全，制度更加完善，政府主导、部门协同、全社会共同参与的青少年体育发展格局将加快形成。

目前，我国的青少年游泳业余训练投资形式已经不再是过去政府投资包办的单一投资形式，在许多省会城市和经济发达的城市，已经出现社会赞助和有偿训练等相结合的做法，收到了一定的积极效果。我国青少年游泳总体上呈现快速发展的态势，人们关注游泳、参与游泳的热情空前高涨，这既有2012 年伦敦奥运会和 2016 年里约奥运会中国游泳队取得优异成绩的原因，同时国家体育主管部门导向性的政策也发挥了关键性的作用。青少年参与训练比赛的机会迅速增多、赛事形式丰富、运动员参赛层次分明，除了年度常规的全国少儿锦标赛、冠军赛以外，还有协会组织和民间团体承办的比赛；既有推动游泳运动普及发展，增强少年儿童锻炼意识的全国少儿游泳"海豚之星"锦标赛，也有体现青少年业余训练水平的游泳俱乐部大联盟全国联赛。此外，地区性的青少年游泳联赛，如深港澳青少年游泳联赛等赛事的开展，使得不同水平的青少年参与游泳竞赛成为现实，并且催生各地市级的城市游泳俱乐部联赛，如深圳市、泉州市等城市独立承办的市级俱乐部比赛，成为促进青少年游泳训练开展的有力保障条件。国家体育总局大力宣传

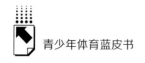

和推广全国"7·16全民游泳健身周"活动,吸引了一大批普通群众和青少年积极地参与游泳活动,让他们获得了更多的游泳知识与技能。然而,青少年体育发展的学训矛盾依然较为突出,青少年体育发展质量与效益还有待进一步提高,这些都成为制约少年游泳运动员参与竞技游泳的因素,还需要下大力气予以切实解决。

二 青少年游泳运动竞赛组织及获奖基本情况

(一)国内青少年竞赛情况

1. 游泳运动管理中心主办的竞赛开展情况

2016年、2017年由国家体育总局游泳运动管理中心主办的主要赛事如表1所示。

表1 2016年、2017年游泳运动管理中心主办的青少年游泳运动赛事一览

年份	赛事名称	数量
2016	全国少儿游泳锦标赛(大年龄组) 全国少儿游泳锦标赛(小年龄组)(包括2006年龄组技术比赛) 全国少儿游泳冠军赛(大年龄组) 全国少儿游泳冠军赛(小年龄组) 全国少儿游泳分区赛(北京、广东) 全国体育运动学校游泳比赛 全国体育传统项目学校联赛游泳比赛	7
2017	全国少儿游泳锦标赛(大年龄组) 全国少儿游泳锦标赛(小年龄组)(包括2007年龄组技术比赛) 全国少儿游泳冠军赛(大年龄组) 全国少儿游泳冠军赛(小年龄组) 全国少儿游泳分区赛(山西、重庆) 全国体育运动学校联赛游泳比赛 全国体育传统项目学校联赛游泳比赛 全国游泳俱乐部锦标赛 第十三届全国运动会游泳少年组比赛	9

除了年度常规的比赛以外，2017 年全国性比赛与 2016 年相比增加了第十三届全国运动会游泳少年组比赛和全国游泳俱乐部锦标赛。这是首次在全运会上增加少年组的游泳比赛，目的是更好地体现全运会的全民参与的主导思想。第十三届全运会少年组的比赛参赛者还可以以个人的名义报名参加比赛，目的是要让更多青少年游泳选手有机会登上全运会这一全国最高水平的竞赛平台，以更加开放的心态参加比赛。而全国游泳俱乐部锦标赛的举办目的则是让群众有参与全运会的途径，这得益于国家体育总局"全运惠民，健康中国"的办赛宗旨，增加普通百姓的参与度和获得感，使其成为竞技体育与群众体育协调发展的平台。全国游泳体育传统项目学校联赛，从2013 年开始至今，参赛人数和参赛队伍数量呈现逐年增加的趋势。从 2014 年开始在全国游泳体育传统项目学校游泳联赛比赛期间开设全国青少年游泳夏令营活动，开展青少年游泳大讲堂，普及游泳知识，积极起用国家队游泳明星进行课堂交流互动，此项活动更是引起了广大学生运动员的热烈反响。

2.部分省级游泳竞赛开展的情况

在国家体育总局游泳运动管理中心的引导下，近年来部分省份每年青少年游泳赛事参赛人数的变化和发展的趋势表现为：东部及传统强省份的青少年参赛人数稳定并略有上升，西部地区基数基本稳定并略有增加，整体呈现良好发展的态势。东部、华南、华中、西部四个区域的抽样情况如表 2 所示。

表 2　2016 年、2017 年部分省份年度游泳比赛参赛人数对比

单位：人

省份	赛事名称	参赛人数
上　海	［共九项青少年（儿童）游泳比赛］	1500 以上
北　京	2017 年北京市青少年锦标赛游泳比赛 2016 年北京市青少年锦标赛游泳比赛	724 700 多
广　东	2017 年省青少年游泳锦标赛 2016 年省青少年游泳锦标赛	近 1000 近 1000
广　西	2017 年区青少年（儿童）游泳锦标赛 2016 年区青少年（儿童）游泳锦标赛	486 484

续表

省份	赛事名称	参赛人数
陕　西	2017 年省青少年游泳锦标赛 2016 年省青少年游泳锦标赛	633 580
江　苏	2017 年省青少年游泳锦标赛 2016 年省青少年游泳锦标赛	614 524
浙　江	［共八项青少年(儿童)游泳比赛］	1500 以上
四　川	2017 年省青少年游泳锦标赛 2016 年省青少年游泳锦标赛	1111 1100 多
山　东	2017 年省青少年游泳锦标赛 2016 年省青少年游泳锦标赛	800 多 924
湖　南	2017 年省青少年游泳锦标赛 2016 年省青少年游泳锦标赛	400 多 400 多

　　东部地区整体发展势头强劲，表现在每年参赛人数较多，青少年参训人数基数大，如浙江、上海、北京这些省份游泳竞技水平高，与其经济发展的程度、人民群众体育消费的意识和消费的水平息息相关，说明游泳运动的发展对经济的依赖程度较高。东部省份每年比赛次数要较其他省份多。比赛数量多，能够激发更多青少年的兴趣和爱好，提高家长的支持程度，也使得更多的青少年儿童得以坚持参加长期训练，增加了选材的广度和成功率。而其他省份每年主要的赛事一般就是 2 个（青少年游泳锦标赛和青少年游泳冠军赛），甚至更多的省份，每年度只有一次大型的比赛，这都使得许多在训的青少年参与竞赛的机会非常有限，导致广大青少年及其家长对于游泳运动的认识非常有限。缺少竞赛的刺激，运动员也难以在较为枯燥的训练中找到坚持的动力与目标，继而使得青少年早早放弃游泳训练，造成人才的大量流失，四川、广西、贵州、云南等大部分西部省份存在这样的问题。

　　3. 学校"体教结合"的竞赛活动开展情况

　　全国体育传统项目学校联赛游泳比赛是推动学校开展的主要游泳赛事，此赛事的目的是带动各省份开展体育传统项目学校联赛游泳比赛；在青少年学生中普及游泳、救生知识和技能，促进校园体育文化的形成；培养全面发展、游泳特长突出的青少年体育后备人才，从而促进青少年体育后备人才体系完善，增加游泳后备人才的基数，增大选材的广度。

2016年全国体育传统项目学校联赛游泳比赛，共有来自全国16个省区市的17个代表队300多人参赛。本次比赛共设男子初中组、女子初中组、男子高中组、女子高中组四个组别，比赛项目有四种泳姿的个人项目、接力、抛绳救生共17个单项，为期三天。本次比赛达到一级水平的36人，达到二级水平的139人。

赛会期间还组织了一系列的活动。其一，组织全体教练员参加青少年游泳训练讲座，邀请了浙江省游泳协会世界冠军汪顺等青少年业训教练、知名青少年教练常翠芬，此举提高了教练员的业务水平，拓宽了他们的知识面，深受教练员欢迎。其二，比赛期间，正是里约奥运会进行时。为了让运动员能更直观地感受奥运盛会，提升游泳技能，游泳协会特邀奥运冠军焦刘洋来到现场与青少年进行技术交流与互动。活动中气氛热烈，青少年积极参与、兴致很高，纷纷向奥运冠军提问，焦刘洋也耐心地一一作答并亲自下水示范，最后焦刘洋与运动员相互追逐的游戏将本次活动推向高潮，该活动受到所有参赛队伍的欢迎和好评。其三，组委会邀请专家对所有运动员进行青少年实用救生技能讲解，让运动员进一步接受游泳安全教育，了解游泳救生知识，进一步掌握游泳救生的技能技巧。其四，针对如何培养青少年的荣誉感和爱国主义精神的问题，主办方专门组织了一次爱国主义教育献爱心活动，以此来帮助运动员树立正确的荣誉感、培养爱国思想，培养他们"关爱他人，珍惜眼前"的意识。仅报到的当日，组委会就共计收到各代表队运动员捐赠的科普类图书200余本。

全国体育传统项目学校联赛游泳比赛的整个比赛中，既有游泳竞技比赛，也有文化交流学习以及青少年理想、信念的教育活动，整个赛事把体育与文化教育高度融合，是今后需要坚持与推广的主要赛事之一。

4. 全国青少年游泳夏令营活动的开展情况

为进一步推动全国青少年游泳夏令营系列活动的开展，国家体育总局游泳运动管理中心于2015年分别在北京、浙江、青海、青岛四省市举办五站"全国青少年游泳夏令营系列活动",共有近 600 名 7～12 岁中小学生参加;2016 年,全国青少年游泳夏令营系列活动在北京、浙江、青海、青岛、四川、海南六省市举办了 6 站,共有约 1000 名 7～12 岁中小学生参加。全国青少年游泳夏令营活动是以"快乐游泳、安全游泳、健康游泳"为主题,旨在根据中小学生思想、心理和生理特点,通过开展针对性强、内容丰富、生动有趣的教育活动,培养中小学生良好品质和正确的人生观,既满足孩子们的需求,又深受家长们的欢迎与支持。具体活动见表 3。

表 3　2016 年全国青少年游泳夏令营活动开展情况一览

活动内容	活动形式
安全教育活动	活动中均安排两节安全教育培训课程,邀请救生专家进行授课,辅导青少年学习游泳救生的基本技能,组织学生体验自救方法的使用,向所有参加活动的青少年发放《游泳安全与救护手册》,普及游泳安全知识,防范游泳运动中的溺水风险
游泳辅导活动	邀请国内知名游泳教练员或运动员为参与活动的青少年辅导游泳技能,提高青少年对游泳运动的兴趣,并在此期间组织互动、座谈、交流活动
游泳达标活动	根据国家体育总局颁布的《全国游泳锻炼等级标准》,为促进青少年提高游泳技能水平,每站活动均安排了游泳海豚等级达标活动,学生们通过这样的达标活动检验了自己的游泳水平
参观学习活动	活动期间安排学员到当地的文化古迹、博物馆进行参观,促进了青少年对中国文化、历史知识的认识和了解。同时,重点安排参观当地标志性体育设施建筑及现场体验活动,让学生身临其境,体会体育赛事的魅力,丰富体育知识

举办全国青少年游泳夏令营活动(5 天)对各地开展青少年学生游泳和救生安全活动起到示范推动作用。首先,夏令营的运作主要依靠体育彩票公益金的资助与社会资金的支持。其次,利用各种媒体进行宣传也是扩大上述活动社会效应的重要途径。当前青少年学生游泳运动的推广和普及工作面临许多新问题、呈现新特点,需要加强与教育系统的合作才能有效扩大青少年的游泳人群,才有希望发现和培养更多的游泳后备人才。建议今后加大体育彩票公益金的支持力度,促进夏令营活动的可持续发展。

5. 大众赛事活动开展情况

国家体育总局游泳运动管理中心和中国游泳协会发起的全国"7·16全民游泳健身周"系列活动是一场公益活动，引起了社会各界的热烈反响，好评如潮。全国"7·16全民游泳健身周"，从武汉"游"向全国，中国游泳协会2016年7月16日确定，将今后每年7月16日所在的一周确定为"7·16全民游泳健身周"，并发出倡议书：全国各地在此期间广泛开展群众游泳健身活动。2017年举办第二届"7·16全民游泳健身周"系列活动，本次活动对"全民游泳健身周"系列活动进行大力宣传，普及游泳安全知识，形成浓厚的舆论氛围。

2016年"7·16全民游泳健身周"系列活动展开后，各地报名的示范站点数较2015年的200个几乎翻一番，已达397个。

"7·16全民游泳健身周"这种全国大型群众游泳健身活动产生了巨大的示范、引领、宣传和推动作用。2017年，全国共有31个省（区、市）的453个县市的650多个活动站点参与了此次活动的报名，其中包括15个全国重点会场、243个公开水域游泳站点、408个游泳池馆站点。此次活动出现亿万群众游泳健身的壮观景象。2017年7月16日，西藏自治区举行了第四届游泳比赛暨首届青少年游泳邀请赛。这是西藏第一次针对青少年游泳训练开展的比赛，这是一个良好的开端，一个里程碑式的事件。据了解，西藏自治区游泳馆自开馆以来，立足西藏游泳健身事业发展，落实公益、免费或低收费对外开放政策，每年5月1日、6月1日和8月8日等节假日期间免费对外开放政，并免费或半价接待SOS儿童村孤儿。为培养青少年游泳爱好，西藏自治区游泳馆免费为拉萨市实验小学二年级学生开设游泳普及课，每年暑假开设暑期游泳班，推广游泳运动。重庆也举行了首届青少年游泳大赛，得到不少青少年游泳爱好者和培训机构的大力支持，共有300多人参加了此次比赛。

此外，各地利用创建"全国游泳之乡"活动的契机，积极开展青少年游泳工作，以浙江海宁市争创活动为例（2015年海宁市创建全国游泳之乡，其中一项重要的工作就是加强青少年游泳培训），其广泛开展以青少年儿童

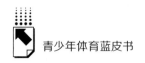

为重点的游泳技能培训活动。据统计，海宁市2011年以来参加游泳培训的青少年儿童达2万多人，其中市游泳馆每年举办四期培训班，累计培训少儿近万人；9个镇街道拆装式游泳池每年举办两至三期培训班，累计培训少儿1万余人。市游泳馆2012年开始结合培训班开展海豚达标测试工作，3年通过"蓝海豚"标准的少儿共6256名。接待游泳健身50万余人次（含市游泳馆）；同时从2012年起连续三年结合培训，组织由镇街道游泳培训少儿参加的游泳测试赛，交流各地培训情况，检验培训成果，以此来提升游泳培训质量。

（二）2016年和2017年获得的国际奖项

2016年第十届亚洲游泳锦标赛，艾衍含以1分57秒35获得女子200米自由泳第二名；年仅15岁的李冰洁以4分07秒16获得女子400米自由泳的冠军。2016年国际泳联短池世界杯（北京站）比赛，李冰洁获得女子800米自由泳银牌。在2017年第十七届世界游泳锦标赛上，李冰洁以一银两铜的优异成绩结束了比赛，获得了800米自由泳比赛的银牌、400米自由泳比赛的铜牌，女子4×200米自由泳接力比赛铜牌，其中她在女子800米自由泳比赛中还游出了8分15秒46的成绩，打破了亚洲纪录。刘子璇、艾衍含两位年轻的选手也获得了第十七届世界游泳锦标赛女子4×200米自由泳接力比赛铜牌。

三 青少年游泳运动开展的亮点与特色

（一）加强了对青少年游泳训练的科学指导

国家体育总局于2010年开始组织专家学者对旧版的《中国青少年游泳训练教学大纲》进行了改编。为了普及和推广《中国青少年游泳训练教学大纲》（以下简称《大纲》），加强基层教练员、运动员对游泳项目规律的理解与掌握，学习游泳项目训练的基本理论知识，掌握游泳项目最新的方法与手段，更新游泳项目基层教练员的知识储备与执教理念，提升青少年游泳教练的执教能力，从 2014 年，开始国家体育总局开设了全国范围的教练员《大纲》培训班。第一期《大纲》培训班计划对 30 个省区市的 80 名教练员开展培训，实际参加培训的教练员多达 120 人，参加培训的教练员无不受益匪浅。近年来，国家体育总局共安排了两次全国性的游泳训练外教讲座，让更多的基层教练员能够学习到国内外顶级教练员的训练理念和方法。

（二）提高了游泳比赛的技术含量，预防"揠苗助长"

在竞赛设置方面，国家体育总局从 2016 年开始在全国少儿游泳锦标赛上专门开设了技术比赛项目（安排全国少儿游泳锦标赛小年龄组 10 岁组参加比赛），有 50 米蝶泳、仰泳、蛙泳、自由泳的技术比赛。2017 年的技术比赛，十岁组的参赛运动员有 199 人，比 2016 年的 177 人增加了 22 人。从技术比赛各项前八名的成绩对比来看，两届比赛情况整体较为相似，说明教练员对技术比赛支持程度较高，在小年龄组运动员训练中已经有意识地加重了技术内容的安排。此外，在 2017 年第十三届全运会上还首次增加了少年组游泳比赛；与此同时，还组织开展全国体育运动学校联赛游泳比赛、全国青少年游泳夏令营、全国体育传统项目学校联赛游泳比赛等游泳竞赛活动，这些不同层次和水平的比赛，面向特定层次的青少年运动员，让他们能够在比赛中享受到更多的公平与乐趣，也给青少年游泳运动员以及不同的训练机构、单位提供了发展的平台和机会。

（三）全国体育传统项目学校联赛游泳比赛尝试深化"体教结合"人才培养模式

全国体育传统项目学校联赛游泳比赛的举办目的是带动各省份开展体育传统项目学校联赛游泳比赛，在青少年学生中普及游泳、救生项目知识和技能，形成校园体育文化，培养全面发展、特长突出的青少年体育后备人才，从而进一步完善青少年体育后备人才体系，促进青少年的全面发展。此赛事具有明显的导向性与代表性，竞赛流程完善，安全保障机制周全，活动内容丰富多彩，教育意义凸显。这与 2017 年 3 月清华大学提出的清华大学学生不会游泳者不能毕业的要求高度吻合，入学后进行游泳技能水平测试的规定，让更多的家长及青少年意识到，游泳是人在青少年时期就应该学会或掌握的一门生存技能。高校的招生要求与规定在国内向来都是教育的指挥棒，学会游泳的受益程度如此之高，对广大青少年学习游泳、参与游泳训练势必将起到重要的推动作用。

近年来，我国青少年游泳运动竞赛的层次划分更加细致，有专业运动员梯队层次的全国少儿系列比赛，如全国少儿游泳锦标赛、全国少儿游泳冠军赛；有省级体育运动学校的比赛，如全国体育运动学校游泳比赛；有诸如全国体育传统项目学校联赛游泳比赛等针对全国体育传统项目学校的联赛；还有针对业余俱乐部的全国游泳俱乐部联赛，民间组织的游泳俱乐部大联盟全国联赛。这些从专业运动员到体校、体育传统项目学校，俱乐部以及个人的参赛结构网络的形成，同时还有青少年培训计划（训练营、夏令营）等项目的推广和实施，如钱红青少年游泳训练营计划，绿城集团的青少年游泳培训计划，孙杨、焦刘洋等明星推广的提升青少年游泳训练水平计划等项目，都是青少年游泳运动发展的特色。

四　促进青少年游泳运动发展的举措

青少年游泳运动员流失严重的主要问题在于学与训的矛盾，家长对于孩子的今后发展还存在认识上的偏见，认为只有学习成绩优异才能有出路，而没有认识到体育训练对于青少年智力的开发、意志品质的塑造以及心理承受能力的锻炼与发展的积极作用。并且，在当今的教育制度下，高等教育学校对高水平运动员免试或降分录取、体育总局单独招生，以及运动员退役后继续学习政策等，已经为运动员提供了很多的机会与途径，这些都是保障青少年运动员个人发展的机制，但许多家长还是没有能够掌握这些信息，还需要我们进一步加大宣传的力度。同时还要从竞技游泳后备人才平衡化发展、资金投入多元化、重视对运动员的技术分析和改进等方面着手，促进青少年游泳运动的普及和发展。

（一）竞技游泳后备人才均衡化发展

从 2017 年全运会少年组游泳项目的比赛成绩来看，在 11~12 岁年龄组开设的比赛项目中，无论是最好成绩还是整体水平，我国运动员都有着较大的优势。特别是蝶泳短距离项目和中长距离项目我国运动员整体水平远高于美国同年龄组的运动员。但随着年龄增长，我国选手女子 13~14 岁组与英美两国的同龄运动员相比，优势不再明显，多数项目的最好成绩虽然略微胜于英美两国运动员，但从各项整体水平来看，英美两国运动员已经大幅度缩小了与我国运动员的差距，甚至能够和我国运动员比肩。在某些蝶泳和蛙泳项目上，英美两国的最好成绩已经超越我国。此外，我国青少年运动员在中长距离项目上相比英美优势非常明显。英国、美国前八名成绩相对比较平均，而我国某些项目出现第 1 名成绩很突出，后面几名很弱的情况。

从运动员在比赛中的出发转身等技术细节来看，我国游泳竞技后备运动员在技术细节方面做得还是远远不够的，与高水平的运动员差距比较大，但这也是这些运动员的潜力所在，如果能够在这些技术细节方面有所提升，他们的运动成绩还有一定的上升空间。

竞赛制度的不断完善是提升我国游泳竞技后备人才水平的主要途径，目前我国游泳项目竞赛开展情况各地存在差异，开展较好的地区集中在华东地区，发展较好的省份是浙江、上海、北京、天津，运动员年度参赛次数为 8~10 次。国内基层教练员普遍反映比赛次数太少，建议增加比赛机会。其他大部分省份年度参赛次数均在 4~5 次，西北地区参赛次数较少，只有 1~3 次。因此，如何完善我国游泳竞赛制度，在蓬勃发展的业余比赛和高水平专业比赛之间打通路径，也将成为今后游泳竞技后备人才培养的重要议题之一。

（二）多元化的竞技游泳后备人才培养资金投入模式

伴随着我国市场经济体制改革的不断深化，国家政府部门职能的转变，由政府直接大规模投资举办青少年业余训练和竞赛活动已不再可能。国家提出大力发展体育产业、鼓励社会团体及个人承办赛事的政策，也将使游泳后

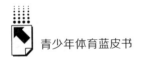
备人才培养的资金来源更加多元化。业余训练在寻求资金支持上除了依靠国家专项资金、社会募集资金和个人资助投资的方式外，还可依托资源条件充沛的专业体育院校、游泳学校、协会和俱乐部，从而吸引社会多个领域资金的投入和技术的参与，增加后备人才培养的渠道。对我国21个省区市的教练员进行调查发现，以国家、社团和企业、个人三方共同投资青少年游泳训练的方式赞成率排第一位。

（三）多样化的业余游泳训练组织形式

参加游泳业余训练的青少年一般在 7～17 岁，年龄的差别是非常大的，几乎横跨了小学到高中，因此，要根据青少年能力的不同组织安排运动训练。此外，青少年运动员训练时间有限且学业任务较为繁重，日常组织的训练效果不佳。针对这种情况，应该组织周末班、小班辅导等，为青少年业余游泳训练设计更灵活的训练时间、更多的训练形式，以便达到强化和补充的作用。还可以在训练内容上进行个性化的组织和设置，既可以相互组合，也可以进行相互交叉的水、陆训练，课堂教育以及运动员之间的集体交流沟通活动等，丰富青少年多元化的训练组织形式，让每个青少年运动员都能够选择更适合自己的训练方式和内容。

（四）进一步完善青少年游泳训练体系

高校高水平运动队后备人才的最佳来源是由中小学培养体系培养出来的人才。目前，我国教育系统在参与业余游泳训练和后备人才的培养方面，在观念上有一定的改变并已达到了较高的水平。一些大、中、小学建立了游泳池（馆），在青少年游泳分区赛上，许多代表队是以学校名义参赛的，广州市还把游泳列入体育教学大纲。而在俱乐部大联盟比赛中，每年都有不少的新俱乐部涌现，越来越多的私人游泳俱乐部已经初具规模。

"体教结合"是高校建立高水平游泳队培养后备人才的重要途径，这不仅有助于运动员保持训练的连续性，还可以为培养更多全面发展的专业游泳运动员提供更有利的学习条件。因此，青少年业余游泳训练的组织者和管理者，应该充分了解"体教结合"的政策，转变传统的思维模式，把握体制改革的方向，进一步促进运动员的长期发展。

（五）更加重视对运动员技术的分析和改进

通过调查发现，我国基层业余体校的教练员和家长们认为应该把游泳技术训练作为青少年今后游泳训练的主要内容，并且他们希望运用高科技的仪器设备，更加深入地观察和分析孩子们的技术，进而为技术的改进和提高提供依据和支持。但目前我国在水下摄影及水下技术分析方面的研究并未达到较高的水平。在基层，甚至多数业余体校都没有配置水下摄影的器材，因此，教练员对运动员水下的许多动作细节只能通过在陆上的观察给予较为主观的评价，这在某种程度上限制了技术的改进和提高。

（六）激发青少年参加游泳训练的兴趣

从体育市场的角度来说，青少年运动员作为参加游泳训练的主体，是目标消费者。所以深入了解青少年运动员及其家长的动机和需要，并满足他们对消费的需求是促进体育市场进一步发展的前提。研究人员通过对我国284名参加游泳训练运动员的调查发现，兴趣、锻炼身体和学习本领分别排在他们参加游泳训练的动机的前三位。因此，使他们从游泳中获得乐趣是至关重要的，唯有运动员对游泳项目高度热爱，才能促使运动员连续多年从事较高强度的游泳运动。同时，尽量使运动员在训练中获得更多的娱乐和交往机会，满足他们交往、自我实现等更高层次的需求。

（七）在青少年系统游泳训练中，家长起到了越来越重要的作用

在青少年参加游泳训练的过程中，家长和孩子之间相互影响的因素不容忽视。家长对游泳训练的认知水平和态度往往是决定孩子参与甚至长期坚持的重要因素。因此我们需要进一步提高家长的认知水平，加强与运动员家长的沟通，让他们更加了解游泳项目，了解游泳对孩子学习、健康发展及其他方面的益处，以保证家长对孩子参与游泳项目的支持。

B.11
我国青少年体操运动开展现状与发展趋势

魏旭波*

摘　要：　在国家体育总局的宏观指挥和国家体育总局青少司的具体领导下，体操中心认真组织实施 2016～2017 年度执行计划，较好地完成了体操项目全年青少年体育工作，在后备人才培养、训练和竞赛等方面形成了稳步发展、逐步提高的态势。但我国优秀青少年选手的总体实力与世界强队选手相比仍然处于追赶状态，后备选手竞争力亟待加强。为此，笔者建议：继续全面贯彻执行新《训练大纲》；应该加大训练营实施力度，长期坚持；重点发展男子竞技体育和进行以能力为核心的女子体操训练；重视教练员队伍的培养和运动员队伍的管理；强化蹦床训练并推行长蹦床训练和竞赛；大力推进体操进校园和快乐体操；响应国家体育总局号召，积极探索、开展体操跨界跨项选材培养人才的工作。

关键词：　青少年　体操运动

为贯彻落实《中共中央国务院关于加强青少年体育增强青少年体质的意见》精神，展示青少年体育发展的成果和亮点，推动青少年体育工作在"十三五"期间更好地开展，在国家体育总局的宏观指挥和国家体育总局青少司的具体领导下，体操中心根据《体操项目竞技体育后备人才培养中长期规

---

* 魏旭波，武汉体育学院艺术学院院长、教授。

划（2014～2024）》，认真组织实施2016～2017年度执行计划，大力推进青少年体操工作，较好地完成了全年体操项目青少年体育工作。我国青少年体操运动开展现状如下。

一　青少年体操运动后备人才发展状况

根据青少年体操后备人才培养规划和体操中心各年度工作任务，体操中心大力开展体操后备人才培养、训练和竞赛工作。经过几年的建设和发展，我国体操项目形成了稳步发展、逐步提高的总体局面。

（一）后备人才数量情况

截止到2016年底，全国参加体操项目业余训练的注册总人数为7300余人，其中6～16岁的青少年儿童是参加体操项目训练的主体人群。各省（区、市）体操项目优秀运动队在役人数为485人，其中女子运动员232人，男子运动员253人。国家体操队共有80名现役运动员（女子25人、男子55人），其中国际级运动健将16人、运动健将41人、一级运动员15人；年龄分布在12～30岁。

（二）后备人才基地建设情况

全国有22个省（区、市）组织和开展体操项目后备人才培养工作，各级各类体校有150个以上，其中体育部门独立办学的有129个、"三集中、两集中、走训"的有146个、"体教结合"的有31个。拥有"国家高水平体育后备人才基地"，以及国家体育总局体操中心命名的"体操基地"等20多个。体操项目拥有国家级传统校2所和省级传统校3所。

体操中心于2010～2017年连续举办了7届全国体操项目优秀后备人才训练营、1次全国体操新训练大纲教练员培训班，进一步加大了体操后备人才培养力度，着力提高青少年体操运动员训练质量和人才培养质量，有利于为国家体操队输送高水平后备人才，促进体操运动的可持续发展。

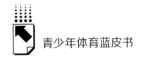

（三）俱乐部建设情况

体操中心鼓励社会力量参与青少年体操发展工作。加拿大英士博体操俱乐部落户我国，开了先河，在我国起到了示范作用。一些民营企业在探索体操项目后备人才培养中发挥了积极的示范引领作用，其中李宁体操学校及其珠海分校、温州市心桥体操艺术俱乐部、广州花都区奥体青少年体育俱乐部等已形成了独具特色的办学理念和相对稳定的人才培养规模，并树立了良好的社会声誉。在体操中心大力倡导和推动下，全国各地纷纷成立各种快乐体操俱乐部，为体操的推广做出了积极的努力。

（四）教练员队伍情况

体操中心坚持主抓教练员队伍建设，采用边使用边培养的策略，保持了我国体操教练员队伍的基本稳定。

2017年我国体操项目教练员总人数为890人，其中国家级教练员28人、高级教练员173人、中级教练员403人、初级教练员237人。我国体操项目教练员队伍中，拥有研究生学历的5人、本科学历的416人、大专学历的384人、中专学历的42人、高中学历的21人和初中学历的16人。从教练员的年龄结构来看，20~30岁教练员110人、31~40岁教练员311人、40岁以上教练员469人。

近年来体操项目教练员参加国家体育总局、体操运动管理中心和省（区、市）举办的全国和省级培训有17次，超过1600人次接受了相关培训。

二　青少年体操运动竞赛组织基本情况

体操中心狠抓青少年体操具体活动，坚持举办传统的赛事，鼓励各地举办省市级体操比赛，用竞赛来促进训练和人才培养。积极组队参加国际青少年体操比赛，组队以国家队队员为核心，吸收优秀地方队队员，充分调动各方面的积极性，使优秀后备人才在国际性比赛中为国争光，经受锻炼，加快成长速度。

（一）国内青少年体操竞赛情况

1. 2016年和2017年全国青少年体操比赛及参赛情况

我国现行的全国青少年体操竞赛主要包括全国青年体操锦标赛和全国少年体操比赛，主办单位为体操中心。全国青年体操锦标赛每年举行一届，全国少年体操比赛包括分区赛（两个）和总决赛。从 2016 年、2017 年参赛情况来看，虽然 2017 年参加总人数有所下降，但整体水平保持稳定（见表1、表2）。

表 1　2016 年全国青少年体操比赛及参赛情况统计

赛事名称	参赛省份（个）	比赛次数（次）	参加人数（人）
全国青年体操锦标赛	18～22	1	71～122
全国少年体操比赛	14～23	3	102～146（总决赛人数）

表 2　2017 年全国青少年体操比赛及参赛情况统计

赛事名称	参赛省份（个）	比赛次数（次）	参加人数（人）
全国青年体操锦标赛	18～19	1	39～97
全国少年体操比赛	14～16	3	91～123（总决赛人数）

2. 2013～2017年各省（区、市）青少年体操比赛及参赛情况

2013～2017 年，全国 22 个省（区、市）将青少年体操比赛纳入年度竞赛计划。参赛队伍总数为 200 余个，参赛人数 3100 余人。

（二）国际青少年体操竞赛情况

我国青少年体操运动员参加了 2014 年世界青年奥运会、2014 年第 13 届亚洲青少年体操锦标赛和 2017 年第 14 届亚洲青少年体操锦标赛等 3 次国际性体操比赛，并获得了 36 枚奖牌，其中金牌 15 枚、银牌 15 枚和铜牌 6 枚（见表3）。

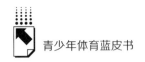

表3　2013~2017年我国青少年体操运动员参加国际青少年体操比赛奖牌统计

竞赛名称	地点	金牌	银牌	铜牌
2014年世界青少年奥运会	南京	2	2	1
2014年第13届亚洲青少年体操锦标赛	乌兹别克斯坦	5	8	1
2017年第14届亚洲青少年体操锦标赛	曼谷	8	5	4
小　计		15	15	6
总　计		36		

从参加的三个比赛的结果来看，我国优秀青少年选手的总体实力与世界强队选手相比，仍然处于追赶状态。女子队在亚洲具有优势，但在世界上缺乏竞争力，男子青年后备选手同样竞争力不足。

目前，我国男子体操队竞争的主要对手是日本队、英国队、德国队、俄罗斯队、美国队。从现有的资料看，我们与日本青年男子的水平存在差距。尤其是在2017年第14届亚洲青少年体操锦标赛上我国体操队与日本队差距较大。比如参加比赛的日本队4人在自由体操上全部（标配）完成团身后空翻2周转体720°的高难动作，跳马2人做侧手翻转体810°的高难动作，另外2人做踺子上板后手翻直体后空翻转体900°的高难动作，单杠4人全部（标配）完成后空翻2周越杠再握的高难动作。仅仅这几个高难动作就代表了目前世界最高水平，而反观我国，目前还组建不出实力强劲、人员整体素质均衡的队伍与之抗衡。

三　青少年体操运动开展的亮点与特色

（一）新《训练大纲》得到全面实施，效果良好

在国家体育总局青少司的领导下，体操中心于2012年组建领导小组和专家小组，开展了我国少年儿童体操训练教学大纲的编写工作，于2014年完成初稿并在全国推广试用，2015年正式出版发行，在全国各级少儿比赛中得到广泛使用。

为了解新《训练大纲》的执行情况，体操中心于2014~2017年每年都组织调研组对重点省区市、全国性少年儿童体操比赛进行调查研究，写出专

题调研报告，总结成绩，发现问题。2016 年，体操中心还组织撰写了大纲执行情况说明，对各地和比赛中反映出的认识不统一、理解不正确、标准执行不规范等问题进行了详细指导。

例如，在 2017 年全国少年体操比赛总决赛的报告中，调研组认为通过比赛分析，结合近年来调研的情况，全国执行《训练大纲》的情况比较令人满意，规定动作的实施情况较好，动作规范性、技术的正确性大有提高；训练工作取得了较好的成效，为将来的发展和提高打下了坚实的基础，储备了一批后备力量，保障了少儿训练的延续性。香港体操协会的体操专家反映，目前我国的少年儿童体操大纲是世界上系统性、科学性、专业性、实用性最好的基础训练指导教材。

在下发《训练大纲》执行的说明后，一部分问题得到了很好的解决，反应较快，效果较好。由此可见，经过几年的努力，目前新《训练大纲》得到全面的推广实施，为我国少年儿童基础训练、选拔苗子、培养人才打下了坚实的基础，取得了很好的成效。

（二）创造性地举办后备人才训练营，培养高端人才

体操中心大力加强青少年体操后备人才的培训工作，于 2010 年组织了中断多年的全国体操大集训，受到了全国的欢迎和青少司的关注。2011 ~ 2016 年，在青少司的大力支持和指导下，体操中心连续 6 年举办了全国体操项目优秀后备人才训练营。通过举办全国体操项目优秀后备人才训练营，进一步加大了体操后备人才培养力度，着力提高青少年体操运动员训练质量和人才培养质量，为国家体操队输送了高水平后备人才，促进了体操运动的可持续发展。根据体操中心的统一部署，国家体操女队启动了 2017 ~ 2020 年周期的备战工作，利用 2016 年训练营选拔优秀后备苗子进入国家队，为备战东京奥运会打下了良好的基础。

体操中心为举办好训练营，在以下几个方面做得较为出色。首先，体操中心每年都出台专门文件或通知，根据年度国家青少年优秀体操后备人才梯队组建办法，要求获得年度全国少年体操比赛总决赛、全国青年体操锦标赛

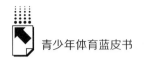
相应年龄段的全能和单项前 8 名的运动员以及部分省区市自荐运动员参加，相关的教练员也参加。

其次，训练营安排了丰富多彩的活动，包括开营仪式、技术训练、素质训练、专家理论授课、国家队教练员技术授课、技术实践与交流、新规则培训、技术素质测评、拓展训练、观看励志电影、运动员文化课学习、运动员文化课考试、素质教育、教练员考试、趣味运动会、才艺表演、闭营仪式等。

而且，训练营继续贯彻重视中青年教练员培养的思路，加强教练员培训。根据训练营安排，邀请国家队教练讲授高端技术训练和基础技术知识。授课老师认真备课，精心设计，在技术实践课中为营员们带来新的理念、新的方法，使大家受益匪浅，深受教练员、运动员的欢迎。与此同时，国家队教练也对训练营的运动员有了较为充分的了解，为选拔、组建新的国家队训练组起到很好的参考作用。

其中，教练员普遍感到参加训练营的学习和实践"能学到东西"。训练营日程安排紧凑，内容丰富，包括训练、授课、参观、座谈讨论，技术、素质考评，教学评估、考试，以及文化课学习和才艺展示等。通过训练营，教练员能看到其他省区市的训练情况，可以互相交流，拓宽视野；新走向教学岗位的教练员，则认为"可以感受教练员工作的方方面面，是一次很好的学习机会"。

训练营开展几年来，一批热爱体操、爱岗敬业、肯学上进的中青年教练员正在成长，训练营的训练气氛、交流气氛、学习气氛越来越好。教练员的教学能力有明显的进步，已经由最初基础动作教学，发展到具备一定难度的动作教学，这一显著变化代表了教练员执教水平的提升。运动员的基本动作日趋规范，基本技术日趋正确，基本意识日趋加强，其中部分运动员开始学习高难度动作，并且初具模样。

事实表明，通过这几年连续举办训练营，着重抓教练员的培养工作，青年教练员进步明显，这项工作为我国体操运动的持续发展打下了坚实基础。

（三）推广快乐体操成效显著

体操中心与体育信息中心合作，在国家体育总局官网推出"快乐体操——好玩又聪明"专题网站，中央政府网曾在首页专题中加入重要性链接推广展示，使快乐体操得到更好的宣传。此外，体操中心继续推进快乐体操师资队伍的培训工作，成立快乐体操培训师团队，举办快乐体操初级教练员培训班和快乐体操辅导员班，共培训快乐体操初级教练员204人和快乐体操辅导员315人；继续修订《全国快乐体操等级锻炼标准》，使其与教学视频更为一致；举办全国快乐体操分站赛仙桃站、深圳站和北京站的比赛，扩大快乐体操的影响。

同时，体操中心不断完善快乐体操标识和吉祥物的商标注册工作，并进一步吸引社会力量参与快乐体操项目的推广和普及，与中国妇女活动中心、上海快体投资发展有限公司和北京贝动教育科技有限公司签订了战略合作协议。体操中心与签约方立足当前，着眼长远，建立长期的合作关系，从实现共赢的角度出发，广纳社会资源，积极开发合作项目、拓宽合作领域、提升合作层次，确保合作长期、持续、稳定发展。

体操中心还十分注重快乐体操的引领和指导作用，组成专家组定期进行学术研究，2017年9月在北京举办了全国快乐体操专家研讨会，对当前我国快乐体操发展以及教学内容进行了深入的研究。

通过几年的努力，目前快乐体操在我国各地广泛开展，各类快乐体操俱乐部纷纷开业运营，多地举办各种类型的快乐体操培训和比赛。初步实现了广泛宣传、推广项目、拓展市场、扩大人口、惠及少儿、普及体操的效果。相信在不远的将来，快乐体操会有一个飞速的发展，为增强我国少年儿童体质起到良好的作用，为体操运动带来良好的社会影响，也为竞技体操带来更多的后备人才。

四 促进青少年体操运动发展的举措

当前，世界各国都高度重视体操后备人才培养工作，特别是针对2020年东京奥运会以及世界大赛进行的备战硝烟味甚浓。美国、俄罗斯、英国等强国后备队伍实力强劲；日本队组建了青年队，男子水平已经领先于中国

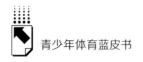

队，其女子队也在不断突破，其自由体操的实力已经威胁到中国女队；罗马尼亚选举了新的协会领导人，已经在着手恢复国家队，意在重建昔日的辉煌，不可小觑。

东京奥运会决战已经迫在眉睫，2024年奥运会的备战也已经提上议事日程。为了完成备战任务，结合体操项目运动员年龄相对较小的特点，中国体操队要采取各种举措，继续大力培养青少年后备人才。

（一）新周期要全面应战，拼力一搏

在2012～2016年的里约奥运会周期内，中国体操队的成绩不理想，整体水平有所下降，和世界顶尖水平有了一定的差距。2016～2020年奥运周期的新规则并不利于我们。种种不利的因素叠加在一起，对我们全国体操人提出了严峻的挑战。体操中心将加强对年轻教练和年轻运动员的培养，为迎战2020年奥运会和2024年奥运会打下坚实的基础，并组织教练员根据新规则的要求和当前的世界体操发展形势，对下一步训练思路进行讨论，明确工作方向，改变发展理念。

（二）继续全面贯彻执行《训练大纲》

从比赛反映的情况来看，教练员对规定动作花费的心思相对较多，对大纲的其他内容关注较少。建议各层级的教练员要认真全面学习、研究大纲，全面实施，特别是训练、基本功、素质、姿态训练等内容。教练员要进一步钻研技术、方法、手段，提高执教能力；强化蹦床训练、多动脑筋教好蹦床；教练员要改进训练风格，倡导愉快教学；要考虑与青年训练的有机接轨。

（三）应该加大训练营实施力度，长期坚持

近年来实施的全国训练营取得了初步的成效，该制度是从我国体操长远发展、持续不衰的高度出台的良好的重大举措，较好地激励了优秀体操后备人才，运动员和教练员要抓住机遇、刻苦训练，迎接我国竞技体育的大发

展。建议要继续坚决地、大力地实施训练营。实施过程中还应该有的放矢、与时俱进、不断创新。

建议今后的训练营进一步与"国家青少年优秀体操后备人才梯队"接轨，加强对"国家青少年优秀体操后备人才梯队"运动员、教练员的管理和考察，研究进一步的激励措施和监控措施，加大激励力度，落实激励措施，增强梯队成员的荣誉感，从而激发他们的责任感和使命感，使优秀后备人才成为优秀的运动员。

（四）重点解决男子青年体操竞技水平不高的问题

从近两年国际、国内比赛的整体情况来看，我国青年男子体操队暴露出整体竞技水平不高的问题，主要表现在队伍结构、技术训练、身体训练和比赛表现这几个方面。2017年，队伍规模减小，技术训练存在缺陷，身体训练能力不足，比赛发挥情况不佳，失误很多。由目前的这支队伍成员加上国家队青年组运动员组成的队伍来备战2024年的奥运会比赛，要同日本、俄罗斯、美国进行竞争，中国男子体操队绝不可掉以轻心。

首先，要加强训练的系统性。体操训练是一项长期的、复杂的系统工程，2017年全国青年体操比赛甲组的整体实力并不明显优于乙组，而且各组大部分运动员勉强达到国际规则对青年的要求，起评分不够高，完成分也偏低。设想从少年组开始，每年发展1~2个难度动作，达到一定高度应该不是十分困难，但很多队伍达不到，反映出我们的训练计划持续性差。运动员的个人发展规划也不明晰，有的运动员吊环力量动作软弱无力，有的运动员鞍马动作就根本没有得到承认，分数算出来是负1分，这些都反映训练缺乏系统性。建议各个队伍的教练员加强运动训练的系统性，切实制订出长远规划和年度、阶段计划，并针对运动员的特点设计出个人发展目标，在训练中确实贯彻实施。要抓全能，不要过早出现单项运动员。

其次，要倡导钻研训练方法、手段，鼓励创新。体操运动员的训练实质是一种细致的专门训练，每一名运动员具体情况各异，每一个动作或技术都有一套方法或手段，每一类身体素质都有相宜的方式、办法，规则的变化和技术发展又时时带来新的挑战。这么复杂的过程需要教练员深入思考，认真研究，不断实践和探索。建议加强技术训练、身体训练、运动恢复、伤病防治等方面的方法、手段的钻研和创新。特别重视蹦床的起跳和转体，自由体操的多周空翻，鞍马的单环动作、交叉、交叉起倒立动、起倒立下，跳马的起评分低，双杠的后回环技术和下法，单杠的回环速度、利用杠子的弹性、三种振浪技术、飞行动作，力量训练的效果等。采取队内小组研讨、专家主动指导、青年教练主动求教等方式，通过网络远程教学、比赛或大集训、训练营集中学习等，同时鼓励教练员开拓创新，探索适合本队运动员的方法和手段。

最后，男子青少年体操训练需要注意细节。为提高男子运动员的体操意识，建议各队在训练中安排舞蹈训练、形体训练的内容。男子体操教学教练员不但要教会运动员完成动作技术，也要教会运动员用肢体语言表现技术。

男子在基本功和基本技术到位的情况下，根据运动员个人特点，13～15岁要学新、创新，15～17岁要做好与运动员的心理和生理变化相适应的教学，加强素质和能力练习，参加比赛时无把握动作不急于加入，防伤防病。提倡环节教学的"优＋"理念，即环节的"优＋优＝成套优"。教练员在着力锻造运动员技术实力的同时，要注重运动员精神实力的打造。鞍马全旋应该具备放慢全旋速度，调节全旋速度和节奏的能力。鞍马移位转体时以"90°＋90°＋90°"的理念进行教学和训练。要重视吊环倒立和环绳的控制，重视腰腹力量练习、要加强腰侧肌练习，身体变换练习和协调性练习可选择"海豚爬"和"青蛙跳"的游戏方法。

（五）强化以能力为核心的女子青少年体操训练

据了解，目前大部分处于发育期的女运动员思想在动摇，不想练，这是近年来女队员人数递减的主要原因，问题棘手，应引起高度重视。

竞技体操水平与教练水平、素质密切相关。当前高水平教练匮乏，导致女队训练缺乏生机和创新，缺乏长期规划和远见，大多是短期行为、随意行为，大部分运动员基本技术落后，动作不规范。

女子体操运动员身体发育快、变化大，一定要紧紧抓住能力这个牛鼻子不放松，避免其运动成绩出现大起大落。要坚持长年抓成套动作或基本动作，注重素质训练的质量，注重素质训练的速率。要珍惜训练营的良好机会，体操比赛本来就不多，应该把训练营当作一次良好的学习、练兵契机。

我国体操平衡木项目的优势在于运动员姿态和稳定性有较大的提高，体操动作的难度组别有提高，成套动作的熟练性较好，具体表现是，在赛台训练及赛前一小时的训练中，几乎80%的队员可以不做准备活动，上木就能做成套动作，尽管难度不高，但调研组认为还是可取的。但是平衡木的成功率甲组非常低。原因何在？笔者分析根本原因可能在于心理，甲组队员年龄大了，想法多了，但我们的教练员还是用老的方法来对待运动员。经仔细观察，赛前有相当一部分教练员的指挥准备不足，无心理指导。事实上教练在赛场上针对不同的情况给予相应的反馈信息，会对运动员产生一定的刺激和影响，收效定然不同，这种影响力不可忽视。在比赛的关键时刻，教练员为运动员提供正面的、准确的信息会收到最佳的效果。但是，年轻教练员则恰恰忽视这一环节，对运动员的心理无以掌控。建议教练员重视运动员的心理因素，心理训练是平衡木动作成功不可缺少的环节。教练要多采用辅助训练，减少队员恐惧心理，提高队员自信心。

我国青少年女子高低杠的水平急速下滑，情况令人担忧，不仅仅是运动员后备人才问题，更重要的是教练队伍教学水平、教态、教风存在问题。建议相关管理部门重视女队年轻男教练员的思想素质与技术培训，希望更多的女运动员使用大护掌。建议出台鼓励高低杠发展的比赛政策。尽快设立一套解决11～14岁年龄段问题的训练规划，保障女子运动员从少儿过渡、提升到青年的衔接与发展，抓好这个关键年龄阶段的训练、管理和教育。

（六）重视教练员队伍的培养和运动员教育管理

教练员是决定运动训练水平的核心因素，抓好教练员就是抓住了关键。建议各个运动队要加强教练员的职业教育、专项培训、理论学习和综合管理，切实提高教练员队伍水平。

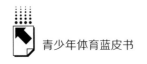

从各类比赛的情况可见，有相当一部分年轻教练员对于"严格要求"理解有误，采用批评、责骂较多。还存在训练中不够专注、缺乏目标、容易急躁不耐烦、办法少、懒于动手保护与帮助、不善于与运动员交流等问题，如此种种导致运动员对体操失去兴趣，与教练员产生矛盾。

目前女队教练员普遍感到困惑、犹豫不决、无从定位，工作氛围消极、情绪不稳定。建议比赛增设一项评选优秀教练员的奖励，表彰年度比赛取得优异成绩的地方队教练员，加强对年轻教练员的培训。从职业道德、教育责任、训练组织、教学方法、训练规律、管理方法等方面逐步推进，以此激发教练员的积极性，重塑教练员的事业心。

建议青年教练员学习教育学知识和管理学知识，在运动员从少年到青年，从青年到成年的成长、转变过程中进行合理、正确的引导与指导，帮助运动员过好关，顺利成长。

（七）强化蹦床训练、推行长蹦床

近几年对蹦床训练的重视使大部分运动员受益，也逐步提高了运动水平，见到了成效。建议继续强化蹦床训练，根据实际情况，大力推行长蹦床的训练和竞赛。应该落实每周练、经常练、认真练、看着练。还要提高教练员对蹦床训练进行指导的水平。2018 年我国将在青年体操比赛中推行长蹦床，目前各地的场地器材还有缺口，教练员、运动员还有一些不理解，但这是一项有利于我国体操发展的举措，应该加大力度进行宣传和教育，长期坚持，必有收获。

（八）大力推进大体操进校园活动

为贯彻《中共中央国务院关于加强青少年体育增强青少年体质的意见》精神，落实"生命—和谐"教育理念，积极贯彻《健康中国 2030 规划纲要》，体操中心以体育大课间活动为重点，开展"大体操进校园活动"。在国家体育总局彩票公益金支持下，以啦啦操、排舞为载体，国家体育总局选择了新疆、四川、宁夏、陕西和海南五个省（区）作为大体操进校园系列活动的推广地区。600 余所中小学的近 60000 名师生参与了活动。各地组织活动的形式丰富多样，包括培训、展演、比赛等，多方位、多角度、多层次地宣传推广了大体操项目。

与此同时，体操中心还积极推进高校体操教学和体操师资人才的培养。2016 年体操中心在武汉体育学院组织召开了全国体育院校体操教学研讨会，全国 15 所体育院校的 80 余名体操教师、专家参加了会议，共同探索促进我国高校体操发展的问题。体操中心还会同国家体育总局科教司，在 2017 年举办第一届全国体育院校体操锦标赛，并在此基础上，逐步推向全国普通院校。此项工作是中心重视体操进校园，推动体操教学、人才培养的又一项重大改革创新的举措。

（九）政策引导，推进各种形式的快乐体操发展

快乐体操是我国为改变体操颓势、重塑体操形象、推广普及体操的一项重大举措，需要长期坚持，大力推进。

当前推广快乐体操面临的问题主要有四点：一是政策导向不力。国家体育总局和体操中心大力推广，但在教育系统、中小学还缺乏有力的支持政策，导致参与面小、参与的人数不多。二是利益分配不合理。目前参与快乐体操的主要是基层业余体校、少量的快乐体操俱乐部、少量的幼儿园。基层业余体校开展快乐体操，不能得到政策鼓励，不能收钱，教练员也得不到劳动报酬。体操俱乐部和幼儿园的运营也面临很多困难。因此，地方体育行业主管部门应该出台相关政策，鼓励多方发展快乐体操，在业余训练以外的快乐体操活动，应该使教练员得到劳动报酬。三是快乐体操俱乐部运营困难。目前我国的快乐体操俱乐部数量在缓慢上升，除去上文中提及的几个典型外，其他的俱乐部规模小、运营困难。主要原因是运营成本太高，好的地段租不起，差的地段没人去。在四川、湖北都出现过这种情况，小型快乐体操俱乐部运营十分困难。四是缺乏合适的管理、训练人才。快乐体操俱乐部的专业技术并不复杂，但是仍然缺乏合适的管理、教学人才，从业者大多富有激情，但不懂企业管理运营，不懂如何营销，一部分体操退役运动员参与到

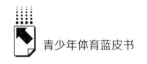

教学中，但是不懂幼儿、儿童的行为和心理，不懂家长心理，有太多的精英体操训练的痕迹，不懂得在玩耍、游戏中锻炼学员的能力，直接上高难度动作，导致学员流失，教学局面极不稳定。

因此，我国快乐体操的发展还需要体操中心给予专业指导，社会各界给予理解和支持，更需要从业者坚定信心，多想办法，加强学习，提高管理水平、营销水平和教学水平，共同推进快乐体操的发展。

（十）响应国家体育总局号召，开展跨界跨项选材培养的探索

根据国家体育总局跨界跨项选材研讨会会议精神和仲文局长关于我国竞技体育改革的要求，为完成好备战奥运任务，体操中心班子高度重视体操跨界跨项选拔培养人才的工作，认为要积极响应总局号召，坚决支持体操项目跨界跨项选拔培养运动员，要打破常规、打破界限，多途径、多思路、多方法去促进我国体操运动的发展。

体操中心将深入学习贯彻习近平总书记关于体育的系列重要讲话精神，落实国家体育总局跨界跨项研讨会精神，遵循体操人才培养规律和奥运备战工作的特点与规律，进行跨界跨项选材并组成国家体育总局竞技体操奥运攻金队伍，全力以赴备战2020年东京夏季奥运会和2024年奥运会。

我们从全国各地、各个专业院校体操基础和实力来分析，认为将跨界跨项选拔培养后备人才的项目设立在武汉体育学院比较适宜。建议组建专业素质优良的管理团队和教练员团队，要突出专项发展的重点，以点带面，以跳马为突破口，强调以运动员的能力与项目的结合来开展跨界跨项选材培养的工作。

B.12
我国青少年冰雪运动开展现状与发展趋势

马丹丹 米靖*

摘 要： 本文分别介绍了青少年高山滑雪、单板滑雪平行、短道速滑、速度滑冰及冰壶这五个项目的基本情况以及促进青少年冰雪运动发展的措施。期待通过冰雪项目进校园、资本助力和社会力量的参与以及赛事和保障机制的完善，促进我国青少年冰雪项目的普及与发展。

关键词： 青少年 高山滑雪 单板滑雪平行 短道速滑 速度滑冰 冰壶

一 青少年冰雪运动基本情况

2017 年，中国青少年冰雪运动发展到一个新的水平，参与人数、参与程度、参与形式等都有非常大的进步，滑雪场馆（所）、滑冰场馆（所）以及大量冰雪基础设施数量的增加，为青少年参与冰雪运动提供了重要的保障。另外，各级政府、组织和机构不断推动冰雪运动培训、冰雪知识讲座、冰雪文化体验以及冰雪赛事等文化活动发展，这些举措都意味着中国正在从战略层面整体构建青少年参与冰雪运动的生态系统，在组织层面、教育层面、文化层面以更长远眼光和准确的视角增加青少年参与冰雪运动的机会，让孩子们从第一次体验冰雪运动就能喜爱上它。为了达成这一宏伟和远大的

---

* 马丹丹，中国滑雪协会；米靖，北京体育大学教授。

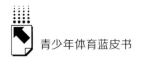

目标，各级政府、行业主管部门、运动项目协会、教育主管部门、院校、企业以及俱乐部等都扮演着极其重要的角色，各司其职，协同发展，相互配合。

（一）青少年高山滑雪项目发展概况

北京成功申办 2022 年冬奥会，为我国高山滑雪运动的发展带来了历史性机遇。在中国大力普及冬季运动的背景下，越来越多的青少年开始接触高山滑雪运动。少年强则中国强，在过去的五年里，通过在全国各地举办一系列的青少年高山滑雪赛事和活动，推广和普及高山滑雪运动的知识和技能，培养和储备高山滑雪运动人才，更多青少年了解和体验该运动所带来的快乐，爱上滑雪运动、享受滑雪乐趣。

2017～2018 年度全国注册开展青少年高山滑雪运动的单位有 18 个，比上一年度新增加注册单位 7 个，2017～2018 年赛季全国青少年高山滑雪赛事活动包括：全国高山滑雪青少年锦标赛、全国青少年高山滑雪冬令营和夏令营、世界雪日暨国际儿童滑雪节等赛事活动。

全国高山滑雪青少年锦标赛自开展到现在，赛事规模不断扩大，参与人数不断增加，比赛成绩不断提高，为我国培养和储备了一批优秀的高山滑雪运动人才。全国青少年高山滑雪冬、夏令营以"增强体质、磨炼意志、培养兴趣、广泛参与"为宗旨，以"快乐滑雪、助力冬奥"为主题，引导广大青少年积极参与冰雪体育健身运动。通过学习滑雪知识、滑雪技能、滑雪安全知识、滑雪器材和装备的使用方法、比赛规则等，青少年充分了解滑雪运动，了解奥林匹克精神，感悟体育文化魅力，传递体育正能量，让体育伴随每一位青少年健康成长。世界雪日暨国际儿童滑雪节作为全国大众冰雪季的重要内容之一，早已成为普及冰雪运动、展示冰雪文化、寄托冬奥梦想的精彩活动，并吸引了众多青少年冰雪爱好者参与，对青少年群体参与冰雪运动起到积极的推动作用。2017 年"世界雪日暨国际儿童滑雪节"在雪场规模、参与人数、推广力度等方面均有进一步提升。由上届的 20 家雪场同步启动扩展到本次的 26 家，活动当天直接参与活动的青少年达 3000 人以上，活动覆盖全国 14 个省区市，活动内容更加丰富、辐射效应更明显。可以说，在筹办冬奥会期间，这样的标志性活动，对于增加冰雪运动的参与人口，营造冰雪运动的大众氛围，夯实2022年冬奥会冰雪人口基础都有着不可替代的作用。活动中数以千计的孩子享受着冰雪运动带来的乐趣，活动内容丰富多彩并有滑雪教练进行专业指导。

（二）青少年单板滑雪平行项目发展概况

2011～2017年，单板滑雪平行项目经历了5个雪季的发展，由初期的项目大省吉林省、黑龙江省以及项目强队解放军队，逐步扩展到河北省、内蒙古、北京市等地，截至2017年10月，确认开展单板滑雪平行项目的队伍已有8支，每支队伍平均运动员人数约为20人。在青少年单板滑雪平行项目开展方面，单板滑雪带来的酷炫与时尚特质，吸引了越来越多的青少年群体参与该项运动，滑雪学校、滑雪培训机构也依据市场的需求开设单板滑雪的课程、冬令营、训练营等。此外单板滑雪平行项目的比赛在大众层面有着广泛的群众基础，各省区市的青少年滑雪比赛都设立以竞速为主要比赛形式的单板竞速大回转比赛，也极大地推动了青少年单板滑雪平行项目的发展。各俱乐部培养了一定数量的青少年单板滑雪选手，其中尤其以北京市东城区单板滑雪队最具代表性。

单板滑雪平行项目全国专业赛事有全国锦标赛和全国冠军赛，赛事分为男子组、女子组两个组别，并设置大回转、回转两种比赛形式。国家队始建于2009年，经过各阶段的探索和研究，队伍的组建、规模、训练、竞赛等方面正向更职业化、国际化方向发展。现国家队运动员编制为14人，配备外籍主教练一名、国内技术指导一名、外籍打蜡师一名以及外籍体能医疗师一名。国家队所选拔的运动员，都是经过以上赛季成绩排名，综合主教练的考评，最终被选拔进入国家队的。上赛季国家队共参加国际比赛16站，国际比赛包括C级赛事（国际雪联积分：1站2场），B级赛事（欧洲杯：7站14场），A级赛事（世界杯：7站8场；世锦赛：1站2场；亚冬会：1站2场）。目前我国运动员在世界大赛中成绩稳步向前，基本保持在积分赛进入前四、欧洲杯进入前八、世界杯进入前十六的竞技水平。

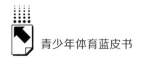

（三）青少年短道速滑项目发展概况

过去五年，我国体育改革的不断深化，为青少年短道速滑运动的发展带来了巨大的机遇和收获。短道速滑项目布局不断扩大，参与短道速滑运动的青少年人数呈跨越式增长，青少年赛事活动也愈发丰富，短道速滑运动在促进青少年体育发展和青少年体质健康中的作用日益明显。短道速滑竞技体育后备人才培养体系不断深化改革，国家队、国家青年队管理机制不断创新完善，国家队、国家青年队"龙头"示范作用进一步凸显，后备人才培养方式不断优化，后备人才培养体系更加丰富，"质""量"俱增。

全国各地举办青少年短道速滑赛事的数量大幅增加，青少年参与短道速滑运动的热情被充分调动起来。国家队、国家青年队优秀运动员，在国际赛场上勇于拼搏、争金夺银而诠释出的项目文化，感染激励着广大青少年朋友参与到该项体育运动中来。

2017年青少年短道速滑体育运动保持了良好发展势头。面对2022年北京冬奥会历史机遇，青少年短道速滑运动发展还有待推进。项目普及程度、开展地域、体制机制等制约青少年短道速滑发展的障碍依然存在。应继续推动落实"北冰南展西扩"发展战略实施，提高项目在青少年群体的普及程度；创新发展方式，实施跨界跨项选材，进一步完善短道速滑运动竞技体育后备人才培养体系；加强项目理论、项目文化建设，指导青少年科学快乐地从事短道速滑运动。伴随着上述改革的深入，青少年短道速滑运动的发展必将迎来大好前景。

2017～2018雪季全国注册的16岁以下青少年短道速滑运动员人数为1235人，比上一年增长19.0%；全国注册开展青少年短道速滑运动的单位有39家，比上一年增长10.1%。2017～2018赛季全国青少年短道速滑比赛包括：全国短道速滑联赛青少年组4场次、全国少年短道速滑锦标赛、全国青年短道速滑锦标赛、全国冠军赛少年组、中国滑冰协会轮转冰系列赛4场次。全国性青少年短道速滑赛事共计11场，比上一年增长45.5%。

（四）青少年速度滑冰项目发展概况

自 2013 年以来，在国家体育总局的大力支持和推动下，速度滑冰项目开始组建国家青年队。作为国家队的后备人才梯队，国家青年队 2013 ~ 2014 年的短期集训，到 2015 年至今的长期集训，切实提高了后备人才的训练水平，并培养了一批有望参加 2022 年冬奥会的青年运动员。

自 2015 年成功申办 2022 年北京冬奥会后，国家加大了对青年后备人才培养的投入，国家青年队从以前每赛季只有十几个人参加 1 或 2 站青年世界杯赛，到现在可以满额 20 人参加全部青年世界杯赛。从参赛人数到参赛成绩，都取得了巨大的进步。与此同时，每赛季的全国联赛囊括了青年各个年龄段的运动员，全国青年速度滑冰锦标赛也与世界青年锦标赛的项目设置接轨，既设有全能比赛又设有单项比赛，通过竞赛杠杆和平台，为全国青少年速度滑冰运动员提供了更多的比赛机会。

2017 ~ 2018 年全国注册的 16 岁以下速度滑冰青少年运动员人数为 1630 人，比上一年增加 19.6%，当时有 38 家单位开展速度滑冰培训。2017 年将继续在哈尔滨、青岛开展中国体育彩票公益金——2017 年中国滑冰协会青少年"轮转冰"冬令营、夏令营活动。该项目打破了传统夏令营以固定人数、固定时间、固定主题活动为主的模式，为开创冰雪加旅游的新模式打基础做调查。同时参与的人数与热情达到了预期水平，选拔了一批速度滑冰的好苗子，使得教练员在业务能力、业务水平、执教经验、管理能力方面都有所提升，也坚定了我们发展冰上项目的决心与信心。

（五）青少年冰壶运动发展概况

我国开展冰壶项目较晚，1993 年我国开始接触冰壶运动，1995 年正式引进这项运动，2009 年、2010 年、2014 年，国家冰壶队连续荣获女子冰壶世锦赛冠军、温哥华冬奥会女子冰壶赛季军和索契冬奥会女子冰壶第四名等优异成绩，使我国女子冰壶的运动成绩在世界大赛中取得历史性突破。随着我国冰壶运动健儿在国际比赛中取得优异成绩，冰壶项目也逐渐走入人们的

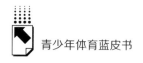

视野，社会大众对冰壶运动更加了解。近年来，青少年冰壶运动热度骤升，发展较为迅速。通过学习冰壶运动，青少年可以更好地了解这项古老而优雅的传统体育项目，也可以利用它增强体魄，培育情商，增强沟通和交流能力，提高团队建设和配合能力，训练布局战略思维。

从2017年的全国青少年冰壶锦标赛预赛情况来看，随着专业训练场地和团队服务的保障力度加大以及中国青少年冰壶队整体水平的提高，比赛竞争日趋激烈，不再是黑龙江省一家独大，北京市、吉林省和上海市的青少年冰壶队已经与黑龙江省的冰壶队形成强力竞争形势。为推广冰壶运动，加强对冰壶运动后备人才的培养，提高青少年冰壶运动员的综合素质以及冰壶技战术能力，根据国家体育总局和冰雪运动中心的计划，中国冰壶协会自2013年开始，每年度举办一次全国冰壶青少年训练营活动，一共举行了4次，参加人员均来自全国各地的冰壶运动开展单位和俱乐部，每年授课人数约40人，名额平均分配到各单位，由各单位推荐报名。中国冰壶协会请世界冰壶联合会协助安排国际讲师，并请国家队教练和国家级裁判员进行授课。训练营课程内容丰富、简单易懂，并采用双语授课形式，趣味性强，受到青少年运动员的高度认可。

为备战2022年北京冬奥会同时为国家冰壶队培养优秀的后备人才，中国冰壶协会每年进行一次国家青年队的集训，选拔参加亚太青年冰壶锦标赛和世界青年冰壶锦标赛B组的队伍，同时还选派国青集训队于2017年9～10月赴加拿大集训一个半月。相关地方为落实习总书记加快发展冰雪运动的号召，非常重视青少年冰壶运动后备力量的培养。通过体育部门与教育部门的合作，即体育部门提供技术和场地，教育部门提供生源和组织，从小学开始培养青少年的兴趣和打基础，在初中培养技战术思维，高中再予以提高，从而建立起一个庞大的、有组织的、系统的青少年培训体系。

二　促进青少年冰雪运动项目发展的新思路

（一）冰雪运动进校园助推青少年冰雪运动的普及与发展

国家体育总局、国家发改委、教育部和国家旅游局2016年发布的《冰雪运动发展规划（2016～2025 年)》，明确提出全国中小学校园冰雪运动特色学校 2020 年达到 2000 所，2025 年达到 5000 所。在政策支持的推动下，我国青少年冰雪运动呈现井喷之势飞速发展。

2017 年 3 月 2 日，国家体育总局发布《2017 年青少年体育工作要点》，其中提到要"利用筹备北京 2022 年冬奥会和冬残奥会的契机，实施青少年冬季运动推广普及计划，大力推广普及青少年冰雪运动"。随着 2022 年冬奥会日益临近，青少年冰雪体育越来越受到重视，一系列国家级和省级青少年冰雪体育活动轮番上阵，我国冰雪运动"南展西扩"的步伐也在不断加快，而校园无疑被视为发展冰雪运动的沃土。

目前北京、河北各地冰雪运动氛围日渐浓厚，冰雪文化正在深入人心。越来越多的青少年群体通过有组织的校园冰雪文化活动了解冰雪运动、参与冰雪运动、爱上冰雪运动。例如北京作为 2022 年冬奥会主办城市，将计划新建室内冰场 16 座，室外滑冰场 50 片。全市冰雪体育消费人口未来将以每年 10% 以上的速度增长，到 2022 年预计将达到 500 万人次以上。与此同时一系列制约冰雪运动普及和冰雪进校园进一步发展的因素逐渐显现，为此我们制定了相应的举措来解决这些问题。

1. 制定相应的冰雪进校园发展规划，提高青少年学生参与冰雪运动的比例

结合体育传统项目学校建设与布局，积极推动有条件、有优势的地区建设冰雪项目传统校。结合冬奥会的筹办大力开展各类冰雪教学竞赛、展示活动，加强南方冰雪运动的普及和类冰雪项目的开发，让更多的地区和孩子能够参与和加入冰雪运动中。

2. 研制冰雪项目的等级考核制度，研究制定《冰雪运动教学指南》

鼓励地方因地制宜开设冰雪项目课程，积极开发冰雪运动地方教材，允分运用多媒体、微课等形式，加强冰雪知识和技能的传授，强化安全知识教育。同时，把冬季奥林匹克教育作为拓展学生文化视野，提高综合素质的重要手段，配合国家体育总局通过组织全国性、品牌性的冰雪活动、冬季奥运知识问答等形式，积极开展奥林匹克教育宣传活动，弘扬奥林匹克文化，让冰雪奥林匹克文化进校园、进课堂。鼓励地方政府通过购买第三方服务的形

式让学生到冰场、雪场参与更多的冰雪运动，当前，北京、黑龙江等省市已经进行了积极的尝试，并积累了不少经验。

3.加强相关学校体育组织机构建设

国家体育总局、教育部等部门近年来联合创建了国家级青少年体育俱乐部和国家级体育传统项目学校以及青少年校外冰雪活动中心，重点打造青少年体育户外活动营地等青少年校外体育综合服务平台，切实增强体育社会组织的功能和活力。今后一段时间，青少年体育俱乐部和体育传统项目学校在建设中，宜紧紧围绕冬奥冰雪项目这一主题，推进冰雪项目的开展，让更多的青少年参与到冰雪项目中来。

4.逐年加大冰雪运动师资、人才的培养力度

鼓励地方体育学院和师范大学通过与地方职教中心联合的方式开设体育休闲专业，鼓励地方学院开设运动训练冰雪方向和社会体育指导与管理专业。鼓励有条件的地方成立冰雪学院，积极实施"冰雪竞技后备人才精品工程"，开展青少年后备人才奥运项目训练营，加强高水平后备人才基地的建设。鼓励冰雪运动职业学院或高等院校培养冰雪运动教师，完成校园冰雪运动项目专、兼职教师的培训。

要实现"三亿人参与冰雪"这一目标，一是加强冰雪运动宣传普及；二是加强群众冰雪运动指导培训，大力开展冰雪运动进校园、进景区、进商场等工程；三是广泛开展冰雪赛事活动；四是健全群众冰雪运动组织；五是加强冰雪场地建设，培养合格教练。

5.积极打造青少年冰雪运动品牌赛事，推进品牌活动发展

国家体育总局冬运中心每年都举办多个项目的冰雪竞技赛事和群众冰雪赛事活动以及全国青少年"未来之星"冬季阳光体育大会，近年来，连续在黑龙江等省市举办了以冰雪为主题的青少年冰雪运动嘉年华，并在全国不同的省市设立了分会场，进一步加大冰雪运动宣传力度。同时，积极鼓励各地开展具有地方特色的"冬季体育运动展示项目"，进一步吸引广大青少年参与到冰雪运动中来。继续办好全国青少年"未来之星"冬季阳光体育大会，举办好世界雪日暨国际儿童滑雪节、青少年冰雪冬夏令营、青少年公益冰雪系列及相关锦标赛事等活动，打造青少年冬季活动品牌，进一步扩大冰雪运动的参与人数和辐射面。

（二）资本助力和社会力量参与促进冰雪项目的发展

滑雪场、滑雪学校、滑雪培训机构、企业、俱乐部开设冰雪项目的培训课程，是普及和推广青少年冰雪运动最重要的方式。如今，包括上海、广州在内的众多南方城市，不少冰场正在为周边学校提供冰上课程。在"互联网＋"的推动下，不少公司纷纷推出移动端滑雪服务。线上以"内容＋社交"为模式，线下则注重滑雪培训，尽可能覆盖更多滑雪爱好者群体。场地设施的建设，依赖政策引导和资金投入，吸收社会力量的支持，特别是冰雪项目的基础设施建设要求苛刻，其建设和管理成本很难依靠简单的社会投资完成，要在更多地方普及冰雪项目，还需要政府与社会力量形成合力，支持学校与社会培训机构合作开展冰雪运动教学活动。

（三）不断完善的保障条件，加大了对冬季冰雪运动的推进力度

为进一步推广青少年冬季运动，教育部与国家体育总局等部门通过深化改革，利用多种途径，结合社会发展的需要和实际，不断完善冰雪项目推进和发展的保障条件。

1. 推进体育社会机构与学校体育的融合

不断完善政策措施，采取政府购买体育服务等方式，逐步建立社会力量支持学校体育发展的长效机制，引导技术、人才等资源服务学校体育教学、训练和竞赛等活动。

鼓励专业运动队、职业体育俱乐部定期组织教练员、运动员深入学校指导开展有关体育活动。支持学校与科研院所、社会团体、企业等开展广泛合作，提升学校体育工作水平。鼓励引导社会力量创建各类青少年冰雪俱乐部，扶持创建冰雪运动传统校、青少年校外冰雪活动中心等组织。

2. 加大对体育产业发展的扶持力度

为加快体育产业的发展，2015年底财政部联合国家税务总局印发了

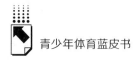
《关于体育场馆房产税和城镇土地使用税政策的通知》（财税〔2015〕130号），将体育服务、用品制造等内容及其支撑技术纳入国家重点支持的高新技术领域，对经认定为高新技术的体育企业，减按15%的税率征收企业所得税；对从事体育业取得的收入减按3%的税率征收营业税，营改增后文化体育服务可以选择使用简易计税方法计税，符合条件的运动体育场馆可以享受房产税和城镇土地使用税优惠。同时，结合国务院简政放权的要求和支持中小企业发展的形势，相关部门也将在注册、审批方面进一步出台优惠措施。

（四）推广高水平冰雪赛事，促进冰雪运动项目的普及

北京在2017年举办了女子冰壶世锦赛，北美冰球职业联盟（NHL）于2017年9月首次在北京和上海举办中国赛，这些顶级冰雪赛事有助于我国培育冰雪运动粉丝，积累办赛经验等。冰雪文化的推广普及，还要有一定的社会条件和文化认同。没有文化支撑的运动项目寿命是很短暂的，冰雪文化只有浸润人们的心灵，流淌在社会价值观的血脉里，才能长期延续。

总而言之，2017年中国青少年冰雪运动在北京2022年冬奥会的历史机遇下，在冰雪产业快速发展的时代背景下，在科学规划、合理布局的顶层设计和制度安排下，呈现快速发展的局面。以青少年参与冰雪运动为重点和主题的各级各类活动，推动了大众冰雪运动普及，形成持续稳定的"冰雪人口"增长的局面。受场地、人员、经费等综合因素的影响，青少年冰雪运动还存在很多问题和发展不均衡的现象。随着教育主管部门和体育主管部门协同联动，政府和企事业单位协同联动，国际合作和交流活动的广泛开展以及科技领域的不断创新、人才培养模式的不断探索，相信未来中国青少年冰雪运动的发展必将取得举世瞩目的成就。

B.13
我国青少年足球运动开展现状与发展趋势

郭潇 樊泽民 陈佳萍 王岩 夏扬*

摘 要： 青少年足球运动是夯实足球人才根基、提高足球运动发展水平的
基础工程。我国青少年足球运动员的培养队伍已形成竞技体系和
普及体系。青少年足球普及的规模和质量得到了快速提升，管理
模式和运行机制呈现多种体制协同发展的特色。赛事组织丰富，
涵括了适宜不同年龄阶段的赛事。"改革试验区＋试点县区＋特
色学校"三位一体的青少年校园足球立体普及格局得到进一步巩
固并初步建构了青训体系框架。今后，我国将加强对青少年足球
的重视和投入，重点建设好职业俱乐部梯队、省市全运会梯队和
地市青运会梯队，打造海外训练基地，切实增强中国青少年足球
的总体实力和国际竞争力。

关键词： 青少年足球 管理模式 人才培养

一 青少年足球运动发展概况

我国青少年足球运动的发展现状可以从我国青少年足球队伍状况、后备
人才、管理体制等方面进行分析和探讨。

---

* 郭潇，中国足球协会青少部高级主管；樊泽民，教育部体卫艺司调研员；陈佳萍，北京体育
大学研究生；王岩，首都体育学院研究生；夏扬，北京体育大学研究生。

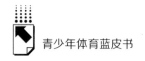

（一）青少年足球队伍状况

目前，我国青少年足球运动员的培养队伍一共有两个体系，分别是竞技体系和普及体系。竞技体系是国家足球后备人才培养的重点，包括 16 个中超俱乐部和 16 个中甲俱乐部以及部分省级足球协会、足球重点城市和青少年预备队。各地竞技体系青少年运动员队伍的建设主要围绕全运会、青运会和中国足球协会的 U 系列比赛展开。地市级的队伍建设主要围绕省（区、市）级运动会展开。目前，我国竞技体系队伍的组建主要按照年龄段分组，俱乐部青训队伍分组主要有双年龄组和单年龄组。其中 U18、U17 为一个双年龄组，U16、U15、U14、U13 为四个单年龄组。

普及体系以校园足球、业余体校、青少年足球俱乐部为主，也是按照年龄段进行分组，普及体系人数较多，主要是为了培养青少年运动员参与体育运动的兴趣，同时为培养足球后备人才打基础。各级教育部门和学校的队伍建设以足球传统校和校园足球特色校为主体，主要围绕全国学生运动会和省市学生运动会展开。教育部学生体育协会联合秘书处组织的全国大学生和中学生足球联赛也已经具备一定的发展基础，虽然总体队伍规模不大，但是部分学校的梯队建设水平已有显著提高。2017 年中国足球协会和全国校足办共同举办的全国首届青少年足球超级联赛就实现了 U 系列和校园足球队伍的同场竞技。

（二）管理体制

1992 年足球职业化改革以后，青少年足球进入新的发展阶段，青少年足球管理体制即我国传统的三级训练体制（基层学校、业余运动队和省市专业队）发生了重大变革，市场和社会力量走向前端，开始发挥主导作用。20 多年来，青少年足球有过短暂的繁荣，也度过了持久的寒冬。2009 年国家体育总局和教育部开展的全国校园足球活动成为足球改革的破冰点，2015 年新一轮足球改革正式拉开大幕，足球发展上升为国家战略。足球体制机制的改革不断深化，中国足球协会与国家体育总局的脱钩以及地方足协的调整改革更是加速了足球行业的自治、自律和市场化、社会化进程，青少年足球方面市场配置资源的主体作用更加凸显，同时政府的政策主导作用更加有力，全国校园足球蓬勃发展，青少年足球普及的规模和质量都快速提升，社会力量举办的青少年足球培训机构如雨后春笋般地涌现，政府向社会青训机构和职业俱乐部梯队购买服务方兴未艾，青少年足球管理模式和运行机制呈现了多种体制协同发展特征，男足、女足各有特点，形成区域差异化发展的格局。由于职业俱乐部一直在青少年培训方面的经费投入有限，中国足球协会正在修订职业俱乐部准入标准，充分利用政策杠杆真正推动职业俱乐部的发展，加强足球队伍的梯队建设。2017 年初中国足协与全国校足办联合实施了中国足球青训体系建设的"165 行动计划"，取得了阶段性成果，成效显著。中国青少年足球正在进入健康发展的快车道。

二 2016年、2017年青少年足球运动开展的基本情况

近两年来中国足协在青少年足球运动的竞赛组织、国字号队伍建设、社会活动、人员培训、赛区管理、技术调研等方面开展了工作。

（一）比赛组织情况

在竞赛组织方面，2016 年中国足协组织主办了 U19、U17、U15、U14、U13 五个年龄段的中国青少年男子足球全国联赛（2016 年五个 U 系列参赛球队共计 133 支，运动员 3360 名，比赛 1207 场），U17、U15 两个年龄段的冠军杯赛以及 2016 年底的 U18、U17 年龄段与 U16 年龄段的锦标赛。

2017 年中国足协组织举办了或将要举办的比赛包括青超联赛、全国锦标赛、U 系列联赛、全国冠军杯赛、青少年国际邀请赛等多项比赛，逐步形成单年龄段 U13/U14/U15/U16/U18 建队比赛。其中主要参赛队伍比赛场次基本达到 30~50 场，优秀队伍全年能参加 50 多场比赛。2017 年 9 月 10 日之前部门共举办各年龄段锦标赛 482 场，举办联赛 983 场，参赛运动员及教练员总计 13612 人次（不包括 U12 足球节比赛及参与人数）。随着 9 月 13

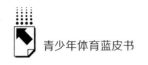

日 U16 联赛第四阶段的开赛，各年龄段第四阶段比赛也将陆续展开，预计还会有 279 场联赛的比赛，以及冠军杯赛三个年龄段的 45 场比赛。

1. 全国联赛

在 2016 年 U19 全国联赛中共有 16 支参赛队，约 460 名运动员，四个阶段共赛 171 场。U19 全国联赛采用循环制的竞赛方法，一、二阶段为第一循环，三、四阶段为第二循环，最终陕西足协夺得 2016 年 U19 全国联赛冠军。U17 全国联赛总计 32 支球队，约 800 名运动员，共进行了 336 场比赛。U17 全国联赛依据锦标赛的成绩分为上下半区分别进行，一、二阶段为第一循环，三、四阶段为第二循环，最终江苏江阴获得 U17 全国联赛的冠军，新疆足协、北京青年、上海上港分列第 2~4 名，这四支队伍获得 11 月上旬在江苏江阴举办的 U17 冠军杯赛的参赛资格。U15 全国联赛总计 38 支球队，约 930 名运动员，300 场比赛。U15 全国联赛分为上下半区分别进行，在第二阶段结束时依据此前成绩在上下半区中各有两支队伍进行上下区的升降，最终获得 U15 全国联赛冠军的是山东鲁能 U15 代表队。U14 全国联赛总计 18 支球队，约 450 名运动员，160 场比赛。单年龄段的全国联赛在 U14 年龄段开始独立出来，在这个年龄段同样采用了分上下半区以及升降区的方式进行，山东鲁能 U14 代表队获得 U14 全国联赛的冠军。U13 全国联赛总计 29 支球队，约 720 名运动员，240 场比赛。U13 全国联赛同样是进行了四个阶段的比赛，多是利用节假日进行比赛，最终夺冠的是来自恒大足球学校的 A 队。

2017 年 U 系列赛事实行赛会制，分级升降，能够保证赛事同质性。赛事逐步形成单年龄段。2017 年青少年联赛包含 U18/U16/U15/U14/U13 五个年龄段。U18（17 支）因全运会因素，举办 2 个阶段的比赛，现在已全部完成。U16（40 支）、U15（22 支）、U14、U13 四个年龄段，每个年龄段举办 4 个阶段的比赛，现已完成 3 个阶段的赛事。截至 2017 年 9 月 18 日，三个阶段，各年龄段共进行了 983 场比赛。

2. 冠军杯赛

2016 年 11 月，U17 冠军杯赛邀请了欧冠球队乌克兰基辅迪纳摩 U17 到江苏江阴参赛，国内参赛队伍为新疆足协 U17、江苏江阴 U17、北京青年

U17、上海上港 U17。同月，U15 冠军杯赛邀请到来自日本的札幌冈萨多 U15 以及韩国的水原三星蓝翼 U15 至湖北武汉参赛，国内参赛队伍为山东鲁能 U15、新疆宋庆龄足校 U15、湖北足协 U15、成都棠中外校 U15。

3. 冠军联赛

赛制沿用赛会制。队伍组成为锦标赛冠军、联赛前三名、邀请两支同龄外国优秀队伍，共 6 支队伍。时间为各年龄段联赛结束后，即 10 ~ 11 月。与国外优秀的队伍间的交流，比赛质量高，效果明显。

4. 全国锦标赛

全国锦标赛在冬训期间队伍集中时进行，提供不同水平队伍的交流平台。2017 年全国青少年男子足球锦标赛 5 个年龄组别为 U13、U14、U15、U16、U18。赛事于 2016 年 11 月 25 日至 2017 年 2 月 20 日完成。2017 年锦标赛共计 51 天，共计 134 支球队 2864 名运动员参加了 482 场比赛。

5. 2017年U12足球节

春季足球节：6 月 1 ~ 10 日在武汉塔子湖基地举办，共有来自全国各地的 25 支球队的 512 名小运动员参加，足球节组织了 8 人制比赛和 11 人制比赛，所有比赛不计成绩，最终进球多和表现优异的队员将获得最佳球员的称号并获颁纪念奖品，以此鼓励孩子。秋季足球节：于 2017 年 9 月 27 日至 10 月 8 日在湖北武汉塔子湖基地再次举办，有来自全国各地的 30 支球队参加。

6. 青超联赛

2017 年青超联赛由中国足球协会和全国校足办联合主办，分为东北、华北、华东、华中、华南、西南 6 个大区，总计 85 支队伍，其中 U16 29 支、U15 16 支、U14 40 支。实行大区主客场联赛、全国总决赛，后备力量选拔赛三个阶段比赛。以 2 ~ 3 小时高铁圈为基础，首次采用周末主客场赛制，每周一赛，每支区域性选拔队中，规定配有一定的校园足球名额，选拔机制新颖。各大区根据各自实际情况排定赛程，截至 9 月 15 日三个年龄组共进行了 460 场比赛。

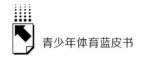

（二）国字号队伍

目前国字号队伍有中国 U19 代表队和 U17、U15、U14 选拔队。2015 年亚青赛预选赛上成功突围的中国 U19 代表队在 2016 年征战了 10 月在巴林举办的亚青赛决赛，共进行了 7 次集训。10 月，中国 U19 代表队出征巴林，参加亚青赛，遗憾的是未能小组出线。2016 年中国 U17 选拔队共进行了 5 期集训，集训期间参加了江阴周庄杯赛、华山杯赛、天山雪豹杯赛、中日韩运动会以及出访印度参加金砖五国邀请赛。U15 国少选拔队，2017 年一共进行了四期集训，8 月，队伍前往中国香港，参加港澳足球赛，以三战全胜的成绩夺冠，之后队伍赴荷兰拉练。9 月，队伍前往山东淄博，参加"起源地杯"比赛获得季军。U14 国少选拔队 2017 年共有三期集训：为备战东亚 U14 足球节，6 月13 日于武汉进行第一期集训。第二期集训于 7 月 16 日开始，此次集训队员前往意大利参加了普利亚足球节。在此前两期集训基础上于 8 月 20 日开始了第三期集训，参加亚足联举办的东亚足球节，两胜一平一负，获得小组第二。

（三）社会活动

2016 年，各个国字号队伍在集训期间完成多项国事访问任务，中国 U17 选拔队出访印度参加金砖五国对抗赛，中国 U19 代表队出访阿联酋、加纳等国，其中加纳使馆在队伍完成外事访问后特地致电表示感谢。

各国字号队伍在国内集训期间参加了足球进校园活动，开展足球普及、推广工作。

（四）人员培训

在培训方面对青少年足球运动员、教练员进行了纪律道德准则、反兴奋剂、运动伤病防护与重返赛场等方面的培训，并对各年龄段的国青、国少教练在训练营期间进行选材方面的专项培训。

（五）国际获奖情况

2016 年中国 U17 选拔队前往新疆乌鲁木齐参加"天山雪豹杯"国际邀

请赛，最终，中国 99 选拔队收获季军。2016 年 8 月 24 日，中国 U17 选拔队参加了在宁波举行的中日韩运动会并收获亚军。

三 全国青少年校园足球运动开展的基本情况

（一）扎实推进校园足球运动，完善领导机制，推进制度建设

2017 年，召开全国青少年校园足球工作领导小组第二次会议，印发《全国青少年校园足球教学训练竞赛体系建设方案》，推动校园足球成为中国特色青训体系的重要组成部分。印发《教育部关于加强普通高校高水平运动队建设的实施意见》，推进高校高水平足球运动队建设。印发《教育部办公厅关于加强全国青少年校园足球改革试验区、试点县（区）工作的指导意见》，规范校园足球改革试验区和试点县（区）建设。召开全国青少年校园足球新闻发布会和 2017 年全国青少年校园足球工作研讨会，全面总结校园足球工作开展两年多来的主要成效和基本经验。

（二）高标准推进校园足球普及

"改革试验区 + 试点县区 + 特色学校" 三位一体的青少年校园足球立体普及格局得到进一步巩固和加强。截至目前，全国青少年校园足球特色学校达到 2 万多所，提前 3 年完成建设 2 万所校园足球特色学校的任务。全国青少年校园足球试点县（区）达到 102 个，全国青少年校园足球改革试验区达到 12 个。2017 年，教育部办公厅印发《关于同意设立全国青少年校园足球改革试验区的函》，正式认定上海、云南、郑州、兰州、武汉、深圳、成都、滨州等 8 个地方为全国青少年校园足球改革试验区。

（三）完善竞赛体系

深化小学、初中、高中、大学校园足球四级联赛机制建设。成功举办2016～2017 年校园足球冬令营。精心组织 2017 年全国青少年校园足球夏令

营，实现从小学到高中全覆盖，并首次邀请德国、西班牙外教执教夏令营总营。完成 2017 年全国青少年校园足球夏令营分营和总营的组织任务。其间，加强对参营校园足球学生运动员的平行考核，德育教育效果显著。把足球作为第十三届全国学生运动会的项目，完成各项赛事组织工作。

（四）推进国际合作交流

组织校园足球教师进行足球技能专项测试，选派 440 名校园足球教师、教练员赴英国和法国留学。选派 24 名校园足球工作骨干赴德国开展为期 20 天的足球专项培训。选派组成校园足球冬令营最佳阵容的 71 名学生赴德国、英国参加训练营和友谊赛。

（五）加快推进校园足球"满天星"训练营建设工作

研制校园足球"满天星"训练营建设方案，坚持试点先行。根据未来校园足球"满天星"训练营的规划和布局，遴选具有较好条件的上海市、青岛市、北京市海淀区等地开展试点工作，提供一定的经费支持，推进校园足球"满天星"训练营的试点工作，并及时总结试点经验，为在全国铺开建设校园足球"满天星"训练营提供准备。

（六）严格督察落实

组织开展深化学校体育改革督察，把完善校园足球改革发展配套政策、场地建设、青训体系建设等作为督察的重要内容，对 7 省（区）的 14 个地级市，28 个县（市、区），140 所学校进行了实地督察。

四　青少年足球运动开展的亮点与特色

两年来中国足协不仅专门成立青少年专项委员会，负责开展青少年工作，正式实施了《中国足球青训体系建设"165"行动计划》，初步构建了青训体系框架，还在校园足球和社会足球不断普及的基础上，以会员协会为主要依托，建立 43 个青训中心。此外，从 2016 年开始在全国青少年联赛中推行单年龄段建队比赛，从机制上避免了以大打小和双年龄段球员缺失现象。2017 年实施的全国青超联赛、中国足球名宿团和 2024 希望之星选拔队等重大创新举措，取得了显著成果，赢得了广泛赞誉。

五　青少年足球运动发展趋势

中国足球协会将以坚持"一张蓝图绘到底"的决心，在不断丰富深化"165"行动计划的基础上，加强对青少年足球的重视和投入，重点建设好职业俱乐部梯队、省市全运会梯队和地市青运会梯队，重点打造欧洲和南美 3 个海外训练基地，切实增强中国青少年足球的总体实力和国际竞争力。随着中国青少年足球体育教育壁垒的突破，青训体系顶层设计的逐步完善，"体育教育深度融合、社会力量良性互通、竞赛训练高效协同、成才通道拓宽顺畅、人才支撑厚实强健"的发展体系层次和水平将得到全面提升，我国将培养出更多适应社会发展需要的高素质足球专业人才和适应现代竞技足球发展需要的优秀青少年足球人才，为开创足球改革发展新局面提供有力的支撑，为中国足球的振兴夯实基础。

B.14
我国青少年篮球运动开展现状与发展趋势

曹燕飞　米靖*

摘　要：　为了推动青少年篮球运动的发展，2010年成立了篮球中心青少部。自成立以来，青少部始终以人才培养为工作核心，以训练工作为根本，以各级各类比赛、集训、训练营为手段，重点强化各年龄段的训练和竞赛工作，选拔了一批有潜质的篮球苗子，调整了青少年竞赛工作重点，狠抓年龄弄虚作假问题，并规范了青少年竞赛工作；同时，完善教练员注册制度、制定并推广大纲、加大对教练员的培训力度、推进高水平后备人才基地的建设，这些措施都促进了我国青少年篮球事业的发展。

关键词：　青少年　篮球　篮球竞赛　学校篮球

一　青少年篮球运动发展概况

2012年以来，篮球中心青少部（简称青少部）以U15、U13两个年龄段为重点，以37家篮球高水平后备人才基地为抓手，兼顾U17年龄段，逐渐扩大对传统项目学校的影响力，初步形成了一个U字比赛体系，并通过系列赛事的开展和对后备人才基地的培育和扶持，使参加全国篮球比赛的青少年人数得以稳定增长，基层篮球项目的影响力增强。通过严格的骨龄

---

* 曹燕飞，中国篮球协会；米靖，北京体育大学竞技体育学院教授。

筛查，体育行政部门打击虚报年龄行为，选拔了一批符合国家需要的国少队、国青队的优秀苗子，通过长期集训，提高了国少队、国青队的成绩，并向上级国字号队伍输送了一批优秀运动员。

（一）青少年注册队数、人数情况

2012年以来，每年参加全国青少年赛事的新注册人数维持在1700余人的水平上，注册单位达到100多家。5年以来，存量注册人数达到8000余人。这还不包含参加教育部门比赛的队伍和各省（区、市）参加本省（区、市）比赛的队伍以及参加传统学校比赛的队伍。因此实际注册的队伍数量还是可观的。

（二）全国青少年篮球训练营和夏令营开展情况

2012年以来，青少部于偶数年举办U11、U13、U15训练营，奇数年举办U12、U14、U16训练营，便于相应年龄段国家少年队进行选材。通过举办类似的夏令营和训练营，国家队从中发现和选拔了一批身体条件好、基本技术较扎实的优秀苗子，并做了备案。

（三）青少年队伍参加篮球竞赛情况

1. 青少年队伍参加国际篮球竞赛及获奖情况

2012年以来，国家U16女篮两获亚洲U16女篮冠军，国家U16男篮2013年获得亚洲U16男篮锦标赛冠军、2015年获亚洲U16男篮锦标赛第三名。国家U17男篮2012年、2014年两获世界U17男篮锦标赛第七名的历史最好成绩，国家U17女篮于2016年获得世界U17女篮锦标赛第四名，为近十年来最好成绩。

2016年6月20日，国家U17男、女篮赴西班牙萨拉戈萨参加第四届世界U17篮球锦标赛，本次比赛男、女篮分别有16支球队参加，共计12天，7场比赛。小组赛中，女篮两胜一负，通过多变的防守，完成了小组第二的既定目标；男篮一胜两负，凭借着对阵澳大利亚18分的优势，在得失分率上占优，排在加拿大队后面，以小组第二名的战绩进入了复赛。淘汰赛阶段，女篮表现出色，击败拉脱维亚队进入八强，四分之一比赛中克服巨大困难，艰难击败东道主西班牙队进入四强，最终取得了第四名的成绩，取得了历史性的突破。男篮方面，在进入八强的交叉赛中对阵韩国队，由于队员思想压力过大，临场技术发挥失常，输掉了比赛，没有进入八强。在排位赛中，中国 U17 男篮队的队员们放下了思想包袱，先后战胜了阿根廷队和芬兰队，最后在跟欧青赛冠军波黑队争夺第九名的比赛中惜败给对手，获得第十名的成绩。2017 年国家 U16 女篮征战 U16 女篮亚青赛。首次参加本次比赛的澳大利亚队和新西兰队，对我国 U16 女篮产生了巨大的威胁。在比赛中国家 U16 女篮发挥正常并战胜韩国队，但最终输给了日本队和澳大利亚队，获得第三名，顺利晋级 2018 年世界 U17 锦标赛。U16 男篮亚青赛还未开始。

由于青少部长期对后备人才培养和选拔的重视，2016 年、2017 年国家 U16、U17 男女篮都取得了较好的比赛成绩，顺利完成了比赛任务。

2. 青少年队伍参加国内篮球竞赛情况

2012 年以来，青少部的比赛体系逐渐形成 U13、U15、U17 的 U 字头比赛系列，重点突出全国高水平后备人才基地的 U15 与 U13 的系列比赛，以及俱乐部三队的比赛需求，兼顾了 U17 运动员的上学出路问题，形成了全国 U17 男女篮比赛、全国 U15 男女篮比赛、男篮俱乐部 U16 比赛、全国篮球高水平后备人才基地 U15 与 U13 预决赛、全国篮校杯 U17 比赛以及 U17 集训赛等各级青少年比赛共 12 项。至 2016 年，赛区 20 个，下拨竞赛经费共计 5628000 元，参赛队 335 支，其中男子参赛队 206 支，参赛人数 2472 人次；女子参赛队伍达 129 支，参赛人数 1548 人次，比 2010 年青少部刚成立时的赛事增加了 6 项，赛区增加了 10 个，参赛队增加了一倍，下拨款项增加超过了一倍。通过开展各级全国青少年篮球比赛，一批基层训练单位的训练积极性被调动起来，通过比赛交流，地方体校的篮球训练、比赛水平提高了，促进了地方体育系统对篮球项目的重视和投入，使基层训练单位的资金和人员得到了保障，对各省市基层青少年篮球训练的恢复工作起到了很大的作用。

2016 年和 2017 年，篮球中心对青少年篮球持续加大投入，以及全运会和青运会篮球比赛青年组的设立和篮球所占奖牌数的增加，促使各省区市提高了对青少年篮球工作的重视程度。让我们看一组数据：2016 年，青少年比赛赛区达到 20 个，下拨竞赛经费共计 5628000 元，参赛队 335 支，其中男子参赛队 206 支，参赛人数 2472 人次；女子参赛队伍达 129 支，参赛人数 1548 人次。2017 年，青少年比赛赛区 20 个，下拨竞赛经费计 714 万元，参赛队 311 支，参赛人数 4976 人次。其中男子参赛队 176 支，参赛人数 2816 人次；女子参赛队伍达 135 支，参赛人数达 2160 人次。

二　促进青少年篮球运动发展的举措

（一）完善运动员、教练员的注册制度

为继续规范全国青少年篮球运动员的注册工作，降低手工操作的错误率，提高工作效率，2014 年 11 月，全国青少年网络注册系统测试版开始上线，并在全国篮校杯比赛前进行了试用，收到了良好的效果，本套系统可以明显提高青少年运动员的注册效率，简化注册程序，同时可对青少年运动员实行数据库管理。尤其对全国高水平后备人才基地运动员的管理大有益处。经过一年的系统运行，有关部门在 2016 年 2 月制定新的《中国篮球协会青少年训练单位、运动员、教练员注册管理办法》并开始实施，对以人才重点培养为主的省份地市级训练单位进行了政策保护，阻止青少年人才的无序流动和落后省份人才向发达省份的流动。同时，根据管理办法的规定，注册运动员应提供的注册身份资料中除了身份证、户口本，还增加了学生学籍证明，堵住了一部分体校、学校临时随意借用队员参赛的管理漏洞，使运动员的代表资格规范化。

青少年教练员于 2016 年 12 月正式开始注册，采用网站和书面资料上交并行的备案制度，未采取必须先培训后执教的硬性规定。由于青少年教练员涉及范围广，人员结构比较复杂，培训量也非常大，所以我们采取了平稳过渡的方式：先注册，再通过办理各类培训班发放等级证书，待几期培训完成后，这批教练员即获得执教资格。除了推行教练员注册制度，为了从根本上提高基层教练员的执教水平，还必须在教练员培训基础上建立长效考核机

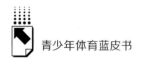

制，青少部于 2016 年 9 月 1 日颁布了《中国篮协青少年教练员等级培训考核管理办法（试行）》，把青少年教练员分为 A、B、C 三个等级，A 级教练可执教 16～18 岁年龄段的青少年队伍，B 级可执教 13～15 岁年龄段的青少年队伍，C 级可执教 12 岁以下年龄段的少儿队伍。

（二）制定并推广《全国篮球青少年训练大纲》

青少部于 2011 年完成了《全国篮球青少年训练大纲》（简称《大纲》）初稿的编写工作；2011 年 7 月在北京昌平召开了《大纲》修订工作会，会上确定了《大纲》内容，编委会人员分工，制定了编写时间表；8 月在秦皇岛完成了初步的编写工作，交专家组讨论后，于 2012 年正式出版。为了推动《大纲》的实施，2012 年举办了三期《大纲》培训班，参与培训人数达 280 多人。

（三）加大教练员培训力度，提高教练员的执教水平

1. 教练员常规培训

青少部成立以来，一直非常重视教练员培训工作，并于 2011 年 12 月 8～11 日在山东济南举行了篮球高水平后备人才基地教练员培训班，本次培训班共有来自全国 37 个篮球高水平后备人才基地和山东省内的 214 名教练员参加，其中基地教练员 144 人，山东省内教练员 70 人。由首都体育学院王守恒教授和阜新篮校校长李明担任讲师，培训的主要内容有：讲解新版《大纲》的测试办法及要求，以及现场演示《大纲》测试项目、讲解青少年篮球运动员的生理特点以及如何进行针对性的青少年篮球训练、青少年篮球运动员体能训练、观摩女篮 U16 亚青赛等。

2012 年 10 月底至 11 月中旬，青少部先后在北京、南京、成都三地举办新《大纲》培训班，来自全国各省、自治区、直辖市的基层青少年教练员共计 300 余人参加了培训。培训期间由王守恒等教授对《大纲》总则、项目发展趋势和规律、青少年身体发育特征与运动损伤恢复、训练阶段划分与训练计划、身体训练以及身体素质测试指标与方法等内容进行了讲解，然

后在现场进行了具体的实施操作和考核，并向考核合格者颁发了结业证书，这次培训是在全国范围内推广新大纲实施的重大举措，必将对我国青少年篮球训练工作和篮球运动的发展起到积极的作用。

2013年11月，青少部与干部培训学院共同在云南象山和青海多巴基地举办了两次《大纲》培训班，参加培训的教练员达200余人。

2016年，青少年教练员培训又迈上了一个新台阶，除了国内频繁的《大纲》培训外，中国篮球协会还与NBA密切合作，从2013年起每年都从基层选择7名青少年教练员和7名青年队的专业教练前往美国学习和考察，让一批没有机会接触NBA的基层篮球教练走出国门、感受篮球王国的魅力。中国篮球协会还为教练员出国培训申请了专项外事经费，每年可有5人次出访澳大利亚、西班牙等国家考察和观摩重要体育赛事，极大地调动了基层教练员的积极性和主动性，并开阔了他们的眼界。通过"走出去、请进来"的方式，教练员水平得到提高。

2. 技评裁判培训

为继续推进《大纲》在全国范围内的实施，2012年4月，青少部在秦皇岛国家体育总局训练基地举办了关于新《大纲》考核内容和评分标准的学习和培训，参加的有来自全国各省、区、市工作在青少年训练第一线的教练员、体育院校的教师和裁判员，经过专家讲解、临场测评和考核，参加培训的学员具备了在今后青少年比赛的基本技术测试中担任技评裁判的能力。之后，青少部每年利用比赛前的时间又连续举行了几期技评培训班。规模比较大的一次是2014年3月2~4日在常州举办的全国青少年篮球比赛技评裁判员培训班，来自全国各省（区、市）的36名年轻的国家级裁判员参加了培训。培训内容主要是《大纲》总则、项目发展趋势与规律、《大纲》考核内容和评分标准。经过专家讲解、临场测评和考核，参加培训的学员具备了在今后青少年比赛的基本技术测试中担任技评裁判的资格。

3. 等级教练员培训

要提高基层运动员的训练水平，必须提高基层教练员的水平。有关部门于2016年9月1日颁布了《中国篮协青少年教练员等级培训考核管理办法

（试行）》。青少年教练员分为 A、B、C 三个等级，A 级教练可执教 16～18 岁年龄段的青少年队伍，B 级可执教 13～15 岁年龄段的青少年队伍，C 级可执教 12 岁以下年龄段的少儿队伍。拿到相应证书才能从事相应级别的教练员工作。经过筹备，首期 C 级教练员培训班于 2017 年 1 月 12 日在上海举行，50 名基层教练员报名参加了学习。学习期满后通过考核并成为首批拥有中国篮球协会 C 级教练员资格证书的教练员共 49 名。

（四）推进篮球高水平后备人才基地的考评和认定工作

根据《篮球后备人才培养计划》中加强篮球高水平后备人才基地建设的要求，2011 年 1 月青少部召开了后备人才基地评估标准工作座谈会，修订了《全国高水平后备人才基地评估标准》，6 月下发了《关于开展全国篮球高水平后备人才基地评估工作的通知》。全国 26 个省份，共有 61 个单位上报了材料。依照该标准，最终确定了 39 个参评单位。

为进一步扶持全国篮球高水平后备人才基地的建设和发展，促进我国篮球高水平后备人才的培养，提高成材率和输送率，2014 年青少部制定了《全国篮球高水平后备人才基地年度考核及奖励办法》。采用累加制的计分方式对人才基地的年度工作进行考核，设置参加比赛、获得名次、参加培训、人才输送、承办比赛及上报材料等六项指标。37 所人才基地根据各项积分累计总积分进行排名，中心依据名次给予经费奖励。另外，2014 年 10～11 月开展人才基地中期检查工作。各人才基地从基地现状、在训数量、人才输送、参赛、经费使用以及存在问题等方面进行总结，并上报。青少部根据所报材料，组织人员对部分单位进行抽检和实地考察。2016 年底，青少部对 37 所后备人才基地进行自评、打分和排位。由于个别基地未及时参加竞赛培训活动或成绩不佳，被取消了称号和奖励。2017 年 3 月，新一批 45 个基地经过各省份初审上报到篮球中心，并最终都被授了牌，正式成为新周期的篮球高水平后备人才基地。

2017 年 4 月，国家体育总局推动了中国篮球协会的实体化改革。中国篮球协会青少年委员会这个一直没有正式成立的机构终于在筹备中有了雏形。成立委员会后，青少年训练竞赛工作就有了依托，有了社会力量的支持，发展将会驶上快车道。

三 青少年篮球运动开展的新动向

（一）体教结合的趋势日益明显

近年来，由于教育系统的篮球竞赛体系逐渐完善，形成了小学、初中、高中、大学等系列联赛，教育系统对篮球后备人才的需求量增大。与体校、体院等专业体育教学机构相比，教育系统的传统学校有明显的优势。这些学校既可以保证学生的文化教育，学生可以上 CUBA 大学，又可以使学生通过中学生联赛、中学生锦标赛以及中运会较轻松地取得一、二级运动员等级证，从而得到不亚于体育系统优惠的降分录取或单招的机会，把体育系统院校远远地甩在了身后。因此学生的家长在两者之间必然会选择教育系统的传统学校，导致体育院校难以招到理想的优秀运动员。因此，为了顺应人才向教育系统不断流入的现实，也为了留住人才，许多体校和体院与教育系统的传统学校进行合作，将学生学籍放在传统学校，训练放在体校或体院，学生既可以代表传统学校参加教育序列的比赛，又可以代表体校参加体育系统的比赛，从而有更多的机会拿到运动员等级证，给自己未来的升学提供筹码。

2010 年以来，为加强后备人才的培养，中国篮球协会将全运会和城运会作为杠杆，增设了城运会 U16 年龄组和全运会 U18 年龄组的金牌。此举调动了各省份对发展青年男女篮的积极性，各省份为保证有队伍参加相应级别的比赛，纷纷增加投入。省体育局的重视也调动了基层体校发现培养相应年龄组优秀苗子的积极性。但在全运会年龄组之间的过渡年龄的人才基本被弃用，这是不尊重人才的成长规律的表现，同时也造成了新的改年龄风在基层兴起。这种极其功利的行为给国家少年队的选材也带来了不利。所以全运会青年组的年龄分组对篮球人才的培养是"双刃剑"。

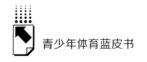
（二）社会青少年篮球俱乐部逐渐兴起

一方面，专业、半专业的篮球后备人才的培训机构因为招不到人在不断地萎缩；另一方面，由于篮球运动在群众和青少年人群中有深厚基础，课余开班学习篮球的各类社会青少年篮球俱乐部的篮球馆里人头攒动，收费不低，家长趋之若鹜。这样冰火两重天的现象应该引发篮球人的思考：篮球项目真正的新鲜血液应来自哪里？青少年不应脱离了教育只专注于练篮球技能，而是要文化学习和篮球爱好齐头并进，不可偏废。体育作为教育体系一个不可或缺的部分，应与教育密切合作，承担起爱国、集体主义、拼搏、挫折教育等精神层面的教育和身体健康层面的教育的责任。教球的同时育人，这是篮球运动的社会功能之一。但这些机构的师资水平参差不齐，缺少必要的培训和监管。

篮球中心青少部始终以人才培养为工作核心，以训练工作为根本，以各级各类比赛、集训、训练营为手段，重点强化各年龄段的训练和竞赛工作，选拔了一批有潜质的篮球苗子，调整了青少年竞赛工作重点，狠抓年龄弄虚作假问题，并规范了青少年竞赛工作。同时，完善教练员注册制度、制定并推广《大纲》、加大对教练员的培训力度、推进高水平后备人才基地的建设，这些措施都促进了我国青少年篮球事业的进一步发展。

综上所述，目前我国青少年篮球运动不断发展，具有较高的普及度，通过完善运动员、教练员注册制度，加强教练员培训，制定并推广《大纲》，推进篮球高水平后备人才基地的考评和认证等措施，促进了篮球项目的开展与提高，期待通过体教结合和俱乐部的兴起，我国青少年篮球项目能有更好的发展。

B.15
我国青少年排球运动开展现状与发展趋势

李国东　连道明*

摘　要：　排球青少年后备人才培养工作是促进我国排球运动可持续发展的基础。近年来，排球项目的后备人才培养工作取得了一定的成绩，但形势尚不容乐观。本文主要阐述了全国青少年排球运动开展现状及其发展趋势，通过总结高水平后备人才培养基地基本情况、全国中学生排球运动的开展状况、全国青少年排球赛事和训练等方面的情况，分析出制约青少年排球运动发展的因素，提出促进青少年排球运动发展相应的对策。

关键词：　青少年　排球　人才培养　排球竞赛

后备人才的培养是中国竞技排球可持续发展的基石，直接关系着国家队的运动成绩。国家女排先后于 2015 年、2016 年获得女排世界杯冠军、奥运冠军，但是国家男排始终在亚洲二流队伍中徘徊。国家女排要想继续保持世界一流水平，国家男排要走出亚洲，就要进一步提高我国青少年排球运动普及水平，完善青少年排球训练、竞赛组织管理体系。十余年来，在国家体育总局青少司、科教司，各省市体育局等的领导和支持下，排球青少年后备人才培养工作取得了一定的成绩，国家女排与国奥、国青、国少男女排在各级国际比赛中获得了较好的成绩。尤其是全运会设立青少年组排球比赛以来，排球项目后备人才储备虽然遇到一些问题，但也得到了一定程度的夯实。

---

* 李国东，国家体育总局排球中心训练部副部长；连道明，集美大学体育学院教授。

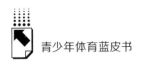
一 全国青少年排球运动开展现状

（一）41所高水平后备人才基地基本情况

现阶段我国后备力量的培养单位主要是排球中心2013年命名的41所高水平后备人才基地，这部分基地为各级国家队和省市专业队输送了超过95%的运动员，而其他学校、单位的输送量不到5%。这些基地在"奥运战略"中发挥着重要作用，也是目前我国青少年竞技排球工作的主要着力点。

为进一步贯彻落实《奥运争光计划纲要》，实施排球后备人才培养精品工程，根据《体育总局排球中心关于开展"全国排球高水平后备人才基地"认定工作的通知》要求，新周期"基地"认定工作于2013年6月启动。经过相关体校自评，有关省市体育局的复评和排球中心的统评，以及相关的调研、考察，于2014年5月30日，排球中心认定北京市朝阳区体育运动学校等41个单位为"全国排球高水平后备人才基地（2014～2017年）"。

41所高水平后备人才基地中，男子运动员1076人，女子运动员1101人。总计198名教练员，其中男性教练员163人，女性教练员35人。69.1%的教练员获得了高级职称和中级职称（见表1、表2、表3、表4、表5）。

表1 运动员性别、人数统计

指标	男	女	总数
数量（人）	1076	1101	2177
占比（%）	49.43	50.57	100

表2 教练员性别、人数统计

指标	男	女	总数
数量（人）	163	35	198
占比（%）	82.3	17.7	100

表3　教练员年龄结构统计

指标	35 岁以下	35～49 岁	50 岁以上
数量（人）	79	71	48
占比（％）	39.9	35.9	24.2

表4　教练员学历结构统计

指标	研究生	本科	大专	中专	合计
数量（人）	7	166	24	1	198
占比（％）	3.5	83.8	12.1	0.5	100

表5　教练员职称结构统计

指标	国家级	高级	中级	初级	其他	合计
数量（人）	2	71	59	49	7	188
占比（％）	1.1	37.8	31.4	26.1	3.7	100

41 所高水平后备人才基地主要采用的是"亦读亦训"的模式，一般是上午文化课学习，下午进行排球训练。寒暑假采取全天训练模式。学生年龄集中在 13～18 岁，每天训练时间大约 3 小时。每支队伍平均每年参加 2～3 项排球赛事，约 25 场比赛，主要参加的比赛是全国 16 岁以下组排球锦标赛，全国 U17 排球锦标赛，各省市适龄段排球锦标赛、排球年度赛。

每年排球中心均会对参加全国高水平后备人才基地训练营的运动员按照教学训练大纲进行身体形态测试和身体素质测验。通过身高、体重、手足间距、指间距测试以及助跑摸高、半米字移动、双摇跳绳、立定跳远和 30 米跑等指标测验得出结论：各基地选拔的优秀运动员在身体形态、身体素质及身体机能方面，都有较强的优势。41 个申报单位整体上表现出以下特点：第一，体教结合工作开展比较好，运动员文化教育回归教育部门；第二，积极探索教练员人事聘任制度改革，努力培养爱岗敬业高素质教练员队伍；第三，办学思路明确、特色鲜明。

从近年的比赛、训练营活动等情况来看，全国各省份高水平后备人才基地存在以下问题：发展状况不均衡，球队水平参差不齐，教练员的专业理论

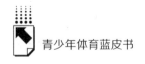

素养较低、执教能力不足，钻研业务的精神不足，训练质量、训练效率还不高，训练手段、方法的科学性、针对性、有效性不够；年轻运动员的基本功不够扎实，基本技术动作还不够规范，战术意识还有欠缺；训练中一些队伍对年轻运动员的基本技术规范要求不到位，致使年轻运动员的一些错误动作不能得到及时、有效的纠正，甚至出现放任自流的现象；选材工作还需加强，有发展潜力的尖子人才还不多、不突出；个别队伍管理较松懈，管理方法简单，教练员以身作则程度不够；等等。

（二）全国中学生排球运动开展现状

中国中学生体育协会排球分会是全国组织管理中学生排球活动的社团组织。截至 2017 年共有 180 所会员校，分布在 28 个省份，其中包括香港和澳门特别行政区。其宗旨主要是普及排球运动，联合全国开展排球运动项目的学校，为有排球专长的学生搭建施展才华的平台。

中体协排球分会和中国排球协会每年共同组织举办四大赛事活动，即全国中学生排球锦标赛、全国中学生排球联赛、全国体育传统项目学校联赛排球比赛以及全国中学生沙滩排球锦标赛。每年均有超过 200 支队伍，超过 2000 人参赛。

（三）全国青少年排球赛事、训练营开展情况

（1）全国 16 岁以下组排球锦标赛。男女分别有 18 支队伍参加。参加主体是各省市三线队伍。

（2）全国 U17 排球锦标赛。男子 24 支、女子 18 支队伍参加。参加主体是全国排球高水平后备人才基地。

（3）全国体育传统项目学校联赛排球比赛。男女分别有 16 支队伍参加，年龄在高中年龄段，参加学校必须为排球项目传统校。

（4）省市青少年排球锦标赛活动。由各省市分别举办，比赛分为初中组和高中组。

（5）全国中学生排球锦标赛暨夏令营活动—初中组。男女总计有超过

100 支队伍参加，年龄在初中年龄段。

（6）全国中学生排球锦标赛暨夏令营活动—高中组。男女总计有超过 100 支队伍参加，年龄在高中年龄段。

（7）全国排球高水平后备人才基地训练营活动。全国排球高水平后备人才基地的省市体校为参与的主体，有男女运动员超过 600 人参加，为期 21 天。

（8）全国排球"希望之星"集训。通过对参加全国排球高水平后备人才基地训练营活动的各队运动员进行推荐，训练组考察、筛选，最终选拔男女运动员各 30 名、年龄 16 周岁以下的优秀苗子参加全国排球"希望之星"集训，主要目的是培养高水平优秀运动员，为国家少年队输送人才。

二 促进全国青少年排球运动发展的措施

（一）进一步加大教练员培训力度，提高基层教练员执教水平

要进一步加大排球基层教练员的培训力度，聘请高校知名专家和教授为教练员讲课，聘请高水平排球教练指导教练员训练，提高教练员的职业素养，促进教练员执教理念与方式的转变、执教方法等的优化。

（二）科学论证、合理规划全运会青少组年龄设置

全运会青少年组的年龄设置，是促进全国青少年排球训练水平提高的指挥棒，是我国排球后备人才梯队设置与建设的风向标。2017 年全运会青少年组年龄设置在 21 岁以上，在实际操作中，业界人士普遍认为运动员年龄设置得偏大，大于世青赛年龄，处于一个不上不下的尴尬位置，需要对下届全运会青少组年龄做进一步的调整，合理规划与设置。

（三）打造青少年比赛一小时车程圈

依靠社会力量，结合青少年运动员的学习、训练特点，打造高铁一小时

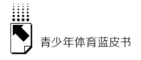
车程圈排球比赛。现阶段青少年排球赛事安排得非常紧张，要在寒暑假中再增加全国性赛事已经非常困难。为此，要挖掘周六日时间，利用现在发达的高铁交通，打造一小时车程竞赛圈，增加比赛场次，锻炼队伍。

综上所述，青少年排球运动不断发展，各个部门高度重视并组织了一系列的竞赛等促进项目。未来，要通过进一步加大教练员的培训力度，提高基层教练员执教水平、科学合理地规划全运会青少年年龄分组设置、打造青少年比赛一小时车程圈等进一步促进青少年排球项目的普及、发展与提高。

B.16
我国青少年乒乓球运动开展
现状与发展趋势

王琛 米靖*

摘 要: 乒乓球一直是中国的传统优势项目之一,其中的重要原因即我国青少年乒乓球运动开展得较好,后备人才储备远远多于其他国家和地区。本文通过总结近五年来国内青少年乒乓球运动后备人才发展状况、青少年乒乓球运动竞赛组织及获奖情况、青少年乒乓球运动训练营开展情况以及其他组织建设情况,提出青少年乒乓球运动开展的亮点以及促进青少年乒乓球运动发展的举措,以期待中国乒乓球运动能够得到更加长远的发展。

关键词: 青少年 乒乓球 后备人才 竞赛

一 近五年国内青少年乒乓球运动后备人才发展状况

青少年乒乓球后备人才培养工作做得较好是我国乒乓球运动长期保持世界领先地位的重要原因。加强青少年乒乓球培养、完善青少年乒乓球公共服务体系、强化竞技体育后备人才建设,对于落实全民健身国家战略、实施奥运战略、建设体育强国,均具有重要意义。

---

* 王琛,国家体育总局乒羽中心干部;米靖,北京体育大学竞技体育学院教授。

为落实《奥运项目竞技体育后备人才培养中长期规划》和《中国乒乓球运动第三次创业计划》，2016年4月国家体育总局乒羽中心对我国青少年乒乓球运动开展现状进行了调查研究，其中包含对各省市后备人才的数量、分布结构及其教练员的数量等情况的调研。

（一）各地区后备人才数量情况

全国共有开展乒乓球项目的各级各类体校337所，运动员23266人，分布在全国31个省份（不包括港澳台地区），详细情况见表1。各级各类体校中运动员分布情况为：东部地区为8318人，占总人数的35.8%；中部地区为6784人，占总人数的29.2%；西部地区为8164人，占总人数的35.1%。

表1　各省份后备人才数量

东部地区	人数	中部地区	人数	西部地区	人数
北　京	884	山　西	546	广　西	651
天　津	207	吉　林	402	内蒙古	576
河　北	646	黑龙江	834	重　庆	839
辽　宁	684	安　徽	670	四　川	3019
上　海	444	江　西	1138	贵　州	10
江　苏	1105	河　南	1107	云　南	233
浙　江	856	湖　北	1292	西　藏	0
福　建	1351	湖　南	795	陕　西	1685
山　东	814			甘　肃	491
广　东	1147			青　海	15
海　南	180			宁　夏	72
				新　疆	573
合　计	8318(35.8%)	合　计	6784(29.2%)	合　计	8164(35.1%)

（二）各省份后备人才的分布结构

从各省份后备人才的分布结构看，数量从高到低依次为业余体校、体育运动学校、体育中学、单项运动学校和竞技体校，详细情况见表2。分布主体是业余体校和体育运动学校，它们是目前乒乓球竞技后备人才训练的主力军，共22284人，占总人数的96%，福建、江西、湖北、四川、陕西等省份竞技成绩一般，但业余体校后备人才数均超过千人。

表2　各省份后备人才数量分布

序号	省市	体育运动学校	竞技体校	单项运动学校	体育中学	业余体校
1	北　京	27	0	0	0	857
2	天　津	23	0	70	0	114
3	河　北	15	0	0	0	643
4	山　西	172	0	0	0	374
5	内蒙古	144	0	0	5	527
6	辽　宁	256	0	0	0	428
7	吉　林	8	0	0	22	372
8	黑龙江	38	0	0	0	796
9	上　海	119	0	0	0	325
10	江　苏	261	0	0	0	844
11	浙　江	0	0	72	121	663
12	安　徽	40	0	0	306	324
13	福　建	68	0	0	0	1284
14	江　西	26	0	0	0	1112
15	山　东	149	181	0	112	372
16	河　南	120	0	0	12	975
17	湖　北	122	0	0	130	1040
18	湖　南	36	0	0	0	759
19	广　东	326	39	46	0	739
20	广　西	97	0	0	0	554
21	海　南	0	0	0	1	179
22	重　庆	259	0	0	0	580
23	四　川	18	0	0	0	3001
24	贵　州	0	0	0	10	0
25	云　南	16	0	0	53	164
26	西　藏	0	0	0	0	164

续表

序号	省市	体育运动学校	竞技体校	单项运动学校	体育中学	业余体校
27	陕　西	29	0	56	0	1600
28	甘　肃	72	0	0	0	419
29	青　海	0	0	0	0	15
30	宁　夏	0	0	0	26	46
31	新　疆	0	0	0	0	573
	合　计	2441	220	244	798	19843

（三）各省份教练员数量情况

全国共有在岗专职乒乓球教练员1017人，分布在全国31个省份，详细情况见表3。各区域在岗专职教练员分布情况为：东部地区为497人，占总人数的48.9%；中部地区为329人，占总人数的32.4%；西部地区为191人，占总人数的18.8%。其中一线教练员210人，二线教练员169人，三线教练员638人。

表3　各省份在岗专职乒乓球教练员数量

东部地区	人数	中部地区	人数	西部地区	人数
北　京	33	山　西	49	广　西	40
天　津	27	吉　林	27	内蒙古	14
河　北	51	黑龙江	56	重　庆	12
辽　宁	55	安　徽	15	四　川	61
上　海	33	江　西	37	贵　州	10
江　苏	68	河　南	54	云　南	12
浙　江	30	湖　北	46	西　藏	0
福　建	57	湖　南	45	陕　西	15
山　东	60			甘　肃	11
广　东	77			青　海	0
海　南	6			宁　夏	1
				新　疆	15
合　计	497(48.9%)	合　计	329(32.4%)	合　计	191(18.8%)

二 青少年乒乓球运动竞赛组织及获奖基本情况

2016 年和 2017 年青少年乒乓球运动竞赛主要包含国内竞赛及国际竞赛。其中，国内竞赛包含计划内传统赛事、俱乐部等级联赛、社会力量筹办的赛事及乒羽中心与教育系统联合举办的比赛等；国际比赛包含世界青年乒乓球锦标赛、亚洲青少年乒乓球锦标赛、国际乒联太仓站和香港站青少年公开赛以及中日韩运动会乒乓球比赛等。

（一）2016年和2017年国内竞赛情况

1. 计划内传统赛事

计划内传统赛事主要包括全国青年乒乓球锦标赛、全国少年乒乓球锦标赛、全国少年乒乓球锦标赛（南方赛区）、全国少年乒乓球锦标赛（北方赛区）、全国后备人才基地总决赛、全国后备人才基地乒乓球比赛（南方赛区）、全国后备人才基地乒乓球比赛（北方赛区）、全国少儿杯赛总决赛，其中全国青年乒乓球锦标赛已被纳入《全国性单项体育协会竞技体育重要赛事名录》。2017 年参加青少年计划内传统赛事的运动员年龄最小的为 10岁，最大的为 18 岁，参赛人员主要来自各省份体育局的专业运动队。全国青少年计划内传统赛事已全部实施了赛前文化课测试制度和骨龄检测制度，坚持执行文化课测试不合格和骨龄检测不合格不能参加比赛的政策规定。2016 年文化课测试不合格率维持在 5% 以下，骨龄检测不合格率维持在 3%以下。此外，全国少年锦标赛单打前 2 名、青年锦标赛单打前 4 名可入选国家队的政策调动了各省队参加比赛的积极性。

2. 俱乐部等级联赛

俱乐部等级联赛主要包括"乙 B—乙 A—甲 D—甲 C—甲 B—甲 A"等六个等级联赛。在参赛主体方面，俱乐部等级联赛的参赛主体主要是学校、企业、个人等社会俱乐部，属于体育系统体制外资源，在竞赛设置方面，俱乐部等级联赛以技术水平进行分级。

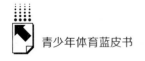
3. 社会力量筹办的比赛

全国少儿杯赛是由社会力量自发组织的全国少年儿童业余比赛，每年举办包括"新星杯""向阳杯""开拓杯""创新杯""幼苗杯""奥星杯""四环杯""娃娃杯"在内的八个杯赛。杯赛举办时间最长的至今已有20多年的历史，参赛运动员年龄主要集中在8~13岁，马龙、张继科、丁宁、刘诗雯等优秀的乒乓球运动员就是从各个杯赛中脱颖而出的佼佼者。现杯赛已发展为后备人才成长的重要平台，每次参赛运动员有500人以上，竞赛组织规范，裁判执法严格，比赛场面激烈。

4. 乒羽中心与教育系统联合举办的比赛

在国家体育总局青少司的支持下，2016年开始，乒羽中心和中学生体育协会联合承办全国体育传统项目学校乒乓球比赛。该比赛是集乒乓文化展示、世界冠军交流与授课、乒乓球传统学校教师培训和研讨、爱国主义教育活动以及正式比赛五大内容于一体的大型青少年活动。2016年，吸引了来自22个省（区、市）的55支代表队参加，对教育系统开展乒乓球活动起到了积极的推动作用。

（二）2016年和2017年参赛并获取国际奖项的情况

2016年11月30日至12月7日世界青年乒乓球锦标赛在南非开普敦举行，年仅15岁的江苏运动员石洵瑶获得女子单打冠军。

在2016年及2017年的两届亚洲青少年乒乓球锦标赛上，中国运动员在U18和U15组别的比赛中共获得15枚金牌，其中2017年在U18组男团、女团、男单、女单、女双、混双项目上获得6枚金牌，在U15组男团、女团、男单项目上获得3枚金牌，共占本届亚洲青少年乒乓球锦标赛金牌设置总数的81.8%。

在2016年及2017年的两届国际乒联太仓站和香港站青少年公开赛上，中国运动员在U18组别的比赛中共获得17枚金牌，占金牌总数的85%。

在2016年及2017年的两届中日韩运动会乒乓球比赛上，我国青少年乒乓球运动员连续两届包揽团体金牌。

三　2016年和2017年青少年乒乓球训练营活动情况

（一）全国青少年乒乓球训练营

全国青少年乒乓球训练营每年举办两期，是在原有"苗子集训"的基础上实施的乒乓球训练营项目，每年夏季7～8月和冬季11～12月组织实施，每期30天左右，地点主要安排在国家乒乓球单项体育训练基地和中国乒协训练基地，如中国乒协乒乓球运动学校（江苏南通）、中国乒协濮阳训练基地（河南濮阳）、中国乒协黄石训练基地（湖北黄石）等地。

训练营每期约有男女教练员20人，运动员150人，教练员主要包括省市队一线教练员和部分有培养潜力的年轻教练员，运动员主要由获得全国少年乒乓球锦标赛男女单打前16名、全国少年乒乓球锦标赛（南北方赛区）男女单打前8名、全国少儿杯赛总决赛单打前4名以及部分省市队推荐的优秀运动员组成。训练营举办期间，国家队男女二队主教练，北京体育大学教授等专家多次前往训练营承办地，通过召开讲座、观看训练、交流探讨等方式对训练营教练员进行指导，确保教练员掌握最前沿的乒乓球训练理论与实践技术。

训练营举办期间，教练组会根据集训队员的实际水平制订切实可行的训练和比赛计划。运动员一般分三组进行训练：全国比赛获得较好名次的运动员为第一组，他们的主要目标是获得集训总成绩前4名，争取到国家队训练的机会；在省市获得较好名次的运动员为第二组，他们的主要目标是尽快提高技术水平，缩小与第一组运动员技术上的差距，在全国比赛中获得较好名次；年龄偏小，潜力较大的运动员为第三组，他们的主要目标是夯实基本功，打牢基础，为今后冲金夺银奠定基础。对于前两组的运动员教练员侧重于训练与实战相结合，加强前三板的处理能力、攻防转换能力以及节奏变化能力，如发球抢攻、接发球抢攻、拧拉和挑打技术等；对于第三组的运动员教练员侧重于提高基本的技术和加强步伐训练，如两面攻和摆速等。此外，

为调动训练积极性，提高效益，教练员设计了组别间的交流比赛，比赛名次靠前的运动员升入上一组，名次靠后的运动员则降到下一组，大大促进了运动员之间的竞争，激发了他们的训练热情。

（二）全国乒乓球后备人才基地夏令营

全国乒乓球后备人才基地夏令营每年举办一期。2017年夏令营在大连大学乒乓球运动中等职业技术学校举办，主要针对全国乒乓球后备人才基地的教练员和运动员。运动员最小的为9岁，最大的为12岁。训练以基本功为主，涵盖步伐、发抢、相持、接发、对攻、对拉、对搓、多球等多项训练，以完善运动员技术环节，提升运动员的技战术水平为主要目标。夏令营期间教练员与运动员还将参观爱国主义教育基地，激发运动员的爱国热情。

四 2016年和2017年青少年乒乓球项目组织建设情况

截止到2017年9月，共有48所全国乒乓球后备人才基地，1100多个青少年乒乓球俱乐部，各级各类乒乓球传统学校650多所。

（一）全国乒乓球后备人才基地建设

2016年4月21~22日，乒羽中心召开了全国乒羽项目青少年训练工作会议，此次会议以乒羽项目青少年训练为主题，是乒羽中心成立以来第一次召开的以青少年后备人才培养为主题的会议，会上对优秀的全国乒乓球后备人才基地进行了资助。

48所全国乒乓球后备人才基地从行政隶属关系看，体育系统管理的基地共有38所，包含基层训练单位、业余体校、体育中专、体育高职、单项体校和竞技体校六类单位，主体是业余体校和体育中专，它们是目前乒乓球竞技后备人才训练的主力军，占总数的79.2%。教育系统管理的各级各类学校共有7所，其主要任务是培养学生兴趣，发现苗子，并向体校输送人才，占总数的14.5%。民办非企业单位共3所，包含2所学校和1所俱乐部，这3所民办非企业单位已成为我国竞技乒乓球后备人才培养的重要组成部分，培养了许昕、尚坤、周雨、车晓曦等优秀运动员，占训练总数的6.3%。

（二）全国青少年乒乓球俱乐部建设

全国共有青少年乒乓球俱乐部1100多个，在俱乐部参加乒乓球训练的学生人数为8000多人，其中参加中国乒乓球俱乐部甲A至乙B六个级别比赛的俱乐部有400多个。

（三）全国乒乓球项目体育传统学校建设

全国共有各级各类乒乓球传统学校650所，包含48所国家级体育传统学校，负责乒乓球训练的体育教师约144人，接受乒乓球训练的人数约3984人，剩余的各级各类乒乓球传统学校中接受乒乓球训练的人数共有约53950人，北京、河北、辽宁、黑龙江、上海、浙江、安徽、福建、江西、山东、河南、湖北、广东、广西、青海等15个省份组织了本省内的乒乓球传统学校比赛。

五　青少年乒乓球运动开展的亮点

（一）体教结合深入推进

中国乒乓球学院和中国乒协乒乓球运动学校是乒乓球项目体教结合的"试验田"。中国乒乓球学院于2010年由国家体育总局和上海市人民政府共建，位于上海体育学院内，是目前世界上唯一以乒乓球项目为主的体育高等院校，而中国乒协乒乓球运动学校是由国家体育总局乒羽中心与江苏省南通市通州区人民政府共同兴建和管理的一所全日制公办学校，位于江苏省南通市通州区开沙岛。

目前，两所学校在青少年文化教育、后备人才培养、文化交流等方面取得了很大成绩。由中国乒乓球学院培养的青少年运动员宋卓恒获得了2016

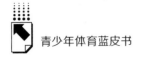

年亚洲青少年乒乓球锦标赛男单第五名的好成绩，而中国乒协乒乓球运动学校培养的青少年运动员王艺迪更胜一筹，获得了第十三届全运会乒乓球女单第四名。

两所学校将在青少年训练、科研、教育等领域开展广泛合作，发挥各自优势，办出特色，逐渐成为国内外运动员、教练员、裁判员、乒乓球运动管理人员的培养基地，成为传播"国球"文化的教育基地和文化交流基地，成为我国"体教结合"的示范基地。

（二）国际推广扎实有效

为落实《中国乒乓球运动第三次创业计划纲要》，中国乒协和国际乒联携手每年组织一次"筑梦行动"，该行动的目的是要进一步扩大乒乓球运动在世界范围内的影响力。继"走进非洲""走进拉美""走进大洋洲"之后，2017年中国乒协与国际乒联再次发起了"走进北美"推广活动，国家队教练员和青少年运动员将参与其中，通过现场讲解、示范、指导、研讨会等形式来帮助国外的青少年教练员和运动员提高技术水平。

此外，中国乒协还派遣多名高水平青少年运动员分赴卡塔尔、埃及、瑞典等国打球，派遣青少年教练员赴巴基斯坦执教，同时接待上千人次的外籍青少年运动员来到我国成都、正定、江苏通州等国家乒乓球单项体育训练基地集训或比赛，为我国乒乓球对外推广和体育外交事业做出了积极的贡献。

（三）传统校比赛有声有色

在国家体育总局青少司的支持下，中国乒协与中学生体育协会每年组织一次全国体育传统项目学校乒乓球比赛，目的是要进一步推进体教结合，发挥全国体育传统项目学校在增强青少年体质和发掘培养乒乓球后备人才方面的示范引领作用。两年来，全国体育传统项目学校乒乓球比赛已成为集乒乓文化展示、世界冠军交流与授课、乒乓球传统学校教师培训和研讨、爱国主义教育活动以及正式比赛五大内容于一体的大型青少年活动，每年的比赛有600余名教练员和运动参与其中，对教育系统开展青少年乒乓球运动起到了积极的推动作用。

（四）文化巡展亮点频出

青少年乒乓球赛事不仅是青少年竞技实力的展示平台，也是向他们宣传乒乓文化的重要推广平台。中国乒协注重在赛事中向青少年宣传乒乓文化，以提升青少年乒乓文化内涵为目标，使乒乓球更加具有生命力和持久力。

全国乒乓球文化巡展活动与青少年赛事紧密结合。2016 年全国乒乓球文化巡展在上海、北京、宜昌、鞍山四地分别举行，在上海的启动仪式上还进行了奥运冠军风采诗词展示活动，吸引了乒坛名将、乒乓企业（家）、乒乓爱好者和广大中小学生近千人参与其中。2017 年全国乒乓球文化巡展以"文化自信国球展示"为主题，启动仪式在无锡花园实验小学举行，国家乒乓球队运动员马龙、张继科、丁宁、刘诗雯出席启动仪式。2017 年巡展在无锡、上海、厦门、广州、九江等城市举办，开展线上和线下互动，共吸引超过 10 万人次的参与。通过在青少年赛事中进行展板展览、藏品展示、历史宣讲、知识科普、互动体验等，让青少年探寻乒乓球运动的真谛，发现乒乓球运动的魅力。

六 促进青少年乒乓球运动发展的举措

（一）强化竞技后备人才培养

积极落实《奥运项目竞技体育后备人才培养中长期规划（2014～2024）》，鼓励各地加强青少年梯队建设，大力建设全国乒乓球后备人才基地，动员各省份加快乒乓球后备人才基地创建工作。完善青少年竞赛体系，逐步建立形式多样、覆盖面广、满足不同青少年群体需求的多元化乒乓球竞赛体系。强化青少年训练网络建设，按照扩大初级训练层次，创新发展中级训练层次，着重加强高级训练层次的要求，扩大参训人数，提高输送率和成材率。加大青少年教练员培训力度，提升他们的能力和水平。

（二）促进全国青少年乒乓球教练员培训工作的开展

乒羽中心每年都开展全国青少年乒乓球教练员培训工作，2016～2017年该中心共开展全国青少年乒乓球教练员培训班 11 期次，共培训教练员 650 余人次，总计 624 学时。举办全国青少年乒乓球教练员培训班的目的就是让广大教练员将理论与实践结合起来，为今后的工作打下扎实的基础，并进一步开阔视野，拓展思路，不断提高教练员的素质和执教能力，更好地促进乒乓球项目的可持续发展。

（三）继续推进体教结合工作

遵循体育和教育发展规律，推进体教结合工作。完善国家二队运动员入队文化测试制度和全国青少年赛前文化课测试制度。整合资源，建设好中国乒乓球学院和中国乒协乒乓球运动学校，使得文化水平高、技术水平好的运动员脱颖而出。与教育系统密切合作，办好各类青少年乒乓球竞赛、训练等活动。

（四）鼓励社会力量参与

充分发挥社会力量在技术、信息、资源等方面的优势，努力实现青少年注册互认、信息互通、资源共享，在青少年注册、教练员培训、组队参赛等方面给予社会力量同等待遇。通过委托授权、购买服务等方式，将乒乓球青少年赛事交由社会组织承担，鼓励企业通过冠名、合作、赞助、广告、特许经营等形式，参与乒乓球项目青少年品牌赛事和优秀人才等无形资产开发。

（五）努力健全保障机制，提高保障水平

加强乒乓球项目青少年培养法治建设，提高青少年管理领域的依法行政与依法治理水平。提升青少年信息化管理水平，在乒乓球竞赛、训练等领域形成更为公正、透明的法治环境。加大对后备人才培养的支持力度，探索建立政府主导、市场参与、社会支持的后备人才培养经费投入机制。

综上所述，目前我国青少年乒乓球运动的普及性较好，举办的各级各类竞赛较多，青少年乒乓球后备人才基地建设、俱乐部建设及传统学校建设情况也较好。今后，应通过进一步强化竞技后备人才培养、促进教练员培训工作开展、推进体教结合工作、促进社会力量参与、健全保障机制等举措，使青少年乒乓球运动能够得到更加长远的发展。

B.17
我国青少年羽毛球运动的开展现状及发展趋势

鲁钢 诸葛睿涵 肖杰 邰杨军 高腾 米靖*

摘　要：　羽毛球"谓球而非球体"，运动场地简单，器材轻便，该项运动老少皆宜，可正规比赛，亦可娱乐健身，运动量可大可小，集竞技和娱乐于一身，具有独特风格和魅力。作为国际重大体育运动项目，羽毛球运动是我国球类运动项目中的传统强项，它具有不确定性、比赛无限时、快速爆发力量、瞬息万变、全方位运动等特点，深受人们的喜爱。青少年进行羽毛球运动，能培养其对体育的兴趣爱好，养成健康的生活方式和终身体育锻炼习惯。随着我国经济实力增长和向体育强国目标迈进，青少年羽毛球运动呈现快速发展势头，这为发现和培养羽毛球后备人才奠定了良好基础。羽毛球后备人才的培养直接关系到我国羽毛球运动的可持续发展和我国羽毛球运动强国地位的稳固。本文通过梳理目前青少年羽毛球运动竞赛参与及获奖、训练营开展等羽毛球运动发展的基本情况，提出促进青少年羽毛球运动开展的措施。其具体措施包含整合社会资源，开展"高参高"和"高参小"项目，国家队指导基层队，推进羽毛球的社会指导员工作，加强师资队伍建设，完善运动

---

* 鲁钢、诸葛睿涵，国家体育总局乒羽中心；肖杰，首都体育学院教授；邰杨军、高腾，首都体育学院研究生；米靖，北京体育大学教授。

员制度等。

关键词： 青少年　羽毛球　后备人才培养　羽毛球竞赛

一　青少年羽毛球运动发展的基本情况

2017 年 2 月 24 日，习近平总书记在北京考察冬奥会场馆和观摩运动员训练时强调了中国今后要变成一个强国，在各方面都要强，少年强则中国强，体育强则中国强，推动我国体育事业不断发展是中华民族伟大复兴事业的重要组成部分。若要少年强，必须体育强，而一项体育运动要保持长盛不衰的基础和前提是后备人才供给充足。中国羽毛球运动能否更好地发展，取决于羽毛球后备人才的培养、训练、竞赛等因素。

（一）青少年羽毛球运动员培养体系与训练管理形式

目前，我国青少年羽毛球运动员培养体系分为：国家队、省级优秀运动队以及各级各类以体校为主的青少年训练体系。其中，国家队、省级优秀运动队是青少年训练的骨干力量；青少年训练体系又分为：体育运动学校、体育院校附属的竞技体校、各级各类少儿体校、传统体育项目学校和青少年体育俱乐部等。我国目前青少年运动员培养模式主要是：由国家与社会共同兴办，以政府投入为主，社会赞助为辅。其训练管理形式主要有三种：第一种是体育行政部门主管的，以各级各类体校为单位的训练形式，这也是目前青少年羽毛球训练的主力军。这种形式的训练管理存在三种方式：①三集中的体校，即运动员训练、学习、食宿均集中在体校；②二集中的体校，即训练、食宿集中在体校，文化教育在普通中小学进行；③一集中的体校，即只有训练在体校进行。第二种是在普通中小学中进行的青少年羽毛球训练形式，主要是在青少年体育俱乐部、传统体育项目学校或与体育部门共建的学校中进行；其主要任务是培养青少年对羽毛

球的运动兴趣，发现优秀运动员苗子，并向体校输送。第三种是在由社会力量主办的各类体校，例如，单项体育运动学校、青少年体育俱乐部等训练机构，进行的青少年羽毛球训练形式，这类训练形式也发挥了培养苗子、输送人才的作用。

（二）青少年羽毛球国内赛事举办的情况

随着我国经济社会的巨大发展进步，公众对体育比赛价值的观念发生了变化，对体育比赛的认识也更深入全面，公众认识到体育比赛，不仅在于育体，而且也在于育心。体育比赛作为教育方法和手段，对促进青少年身心健康和成长、培养道德情操和合作精神都起着十分重要的作用；体育比赛也在作为一种多功能的文化形式深入人们的生活。体育竞赛是推动青少年训练工作的重要杠杆，它既可调动青少年参与锻炼的积极性，又能发现和培养人才，提高青少年竞技运动水平；同时，竞赛还是检验训练水平的最好手段和方法。

为了更好地选拔、培养羽毛球后备人才，国家体育总局乒羽中心将全国羽毛球后备人才基地羽毛球比赛划分成东北赛区、华东赛区、西南赛区、中南赛区四站分区赛及总决赛共五个比赛。竞赛项目分为少年 10 岁、12 岁和 13 岁三个组别，设置男子单打、女子单打、男子双打、女子双打等项目。与常规比赛相比较，后备人才基地羽毛球比赛项目多、要求高、条件严格，参赛选手需要参加文化测试、技术水平测试和身体素质测验。例如，参加 2017 年全国羽毛球后备人才基地羽毛球比赛的选手必须参加 2016 年全国少年羽毛球夏令营举行期间国家体育总局乒羽中心统一组织的文化课测试且成绩达到规定要求。通过这样层层选拔，最终能够参加比赛的选手都是各个赛区的佼佼者。参加 2017 年全国羽毛球后备人才基地羽毛球比赛的总人数达到 700 人。

另外，每年还有由中国羽毛球协会、国家体育总局乒羽中心主办，地方体育局协办举行的全国少年羽毛球比赛、全国青少年羽毛球比赛、全国青年羽毛球比赛等多项赛事。全国少年羽毛球比赛分设甲组和乙组，甲组参赛选手为 14～15 岁，乙组参赛选手为 12～13 岁，赛事一般为期 6 天，比赛项目分设男子团体赛、女子团体赛、男女单打、男女双打。甲组还增设男女混合双打。全国少年乙组羽毛球比赛期间，羽毛球小选手需要通过"技术测评和身体素质测试""各年龄组团体赛接棒""各年龄组单项赛终极对决"三个大关；乙组团体赛成绩取前三名，通过技术测评、身体素质测试和比赛成绩综合产生个人前八名。特别需要指出的是，根据国家体育总局乒羽中心后备人才培养长远计划，全国少年乙组比赛运动员成绩的评定不是以羽毛球比赛成绩为主要依据，而是需要进行综合评定确定最后成绩，其中运动员羽毛球技术测评只占40%，运动员身体素质测评占40%，运动员比赛成绩占20%。这对传统的训练观念提出了新挑战，同时对各省份羽毛球管理和训练方法的综合性和系统性调整及改进提供了指导性意见。

国家体育总局乒羽中心和中国羽毛球协会主办的2017年全国青少年羽毛球分站赛（淮北站），有来自北京、天津、辽宁、上海、江苏、湖北、江西等22个省份的300多名运动员参赛。该赛事分为乙组（15~16岁）和甲组（17~18岁），共设有男单、女单、男双、女双、混双五大项目。这次赛事是对中国羽毛球运动后备力量的一次大检阅，参赛选手全是各份代表队的主力，不少省份的国家青年队队员悉数参赛。这种一年一度全国最高级别的青少年羽毛球赛事有利于发现和锻炼培养中国羽毛球运动人才。该赛事已经成为国家青年队、国家队考察选拔队员的重要平台。

上述各类比赛的成功举办，丰富了广大学生的假期体育文化生活，增强了身体素质，储备了羽毛球运动人才，也为全面发展青少年羽毛球运动项目奠定了良好基础。

（三）国际比赛及获奖情况

1. 世界青年羽毛球锦标赛

世界青年羽毛球锦标赛是世界羽毛球联合会创办的正式赛事，是世界羽毛球青年比赛中的最高赛事。从1992年开始，每两年举办一届，参赛选手规定年龄在19岁以下，2000年增设混合团体赛。从2006年开始每年举办一届，截至2016年已举办了17届。在2016年第17届世界青年羽毛球锦标

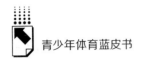

赛中，中国小将表现突出，获得了包括混合团体赛在内的 5 枚金牌。在率先进行的混合团体赛中，中国队在决赛中击败马来西亚队，第 11 次夺冠；在随后展开的单项角逐中，中国小将有持续良好的表现，其中，何济霆/杜玥、周昊东/胡羽翔分别取得了混双的前两名；孙飞翔战胜印度尼西亚选手取得男单冠军；陈雨菲获得女单冠军；韩呈恺/周昊东获取男双冠军。

2. 亚洲青年羽毛球锦标赛

亚洲青年羽毛球锦标赛是由亚洲羽毛球联合会（BAC）组织的羽毛球单项锦标赛事。2017 年亚洲青年羽毛球锦标赛在印度尼西亚雅加达揭幕，本次比赛包括团体赛和个人赛争夺，中国队与印度、韩国和乌兹别克斯坦队同处 A 组。B 组包括：马来西亚、新加坡、越南、中国澳门和缅甸队。而泰国、日本、哈萨克斯坦、蒙古和菲律宾队同处 C 组。印度尼西亚、中国台北、中国香港和尼泊尔同处 D 组。小组赛结束后，每个小组前两名出线，参加 1/4 决赛争夺。最终，中国队取得了 3 金 1 银的优异成绩。其中，韩悦获得女单冠军、邸子健/王昶获得男双冠军、白玉鹏获得男单冠军、刘玄炫/夏玉婷获得女双亚军。

（四）青少年羽毛球训练营活动的开展情况

为进一步加强羽毛球项目后备人才的培养，提升青少年羽毛球训练的质量，2011～2017 年国家体育总局乒羽中心每年都定期举办全国羽毛球少年训练营。从 2011 年开始，全国羽毛球少年训练营都安排在每年的农历春节后举办，时长 22 天左右。自 2013 年后训练基地固定在四川省成都市双流羽毛球训练基地，该基地食宿条件好、训练器材完善、训练场地充足，且训练基地远离市区，相对封闭，便于管理。2017 年 2 月 20 日至 3 月 15 日，在四川省成都市双流羽毛球训练基地举办的第七期全国羽毛球少年训练营取得理想的效果。

全国羽毛球少年训练营的优势在于参加人数多、活动针对性强。每年的训练营活动都有来自全国的数百名选手和各级专业教练员和专家参加。训练营活动将运动员分成甲、乙两个组，甲组参加者年龄为 14～15 周岁；乙组参加者年龄为 12～13 周岁。除按年龄分组外，还按性别分为男队和女队。同时，邀请国家队教练员指导训练和各领域专家学者进行授课交流活动。除了国家队教练，其他教练均来自各省区市专业队，每年参与执教的教练员在 50 人左右。他们当中既有经验丰富的老教练，也有从事教练工作时间不长的年轻教练。国家队教练员言传身教、悉心指导，既保证了训练水平，又对地方队的训练起到了很好的指导作用。训练营的训练计划在训练营开始之前由国家体育总局乒羽中心交由国家队教练组对内容提出修改意见和建议，形成最终计划，以确保训练营的训练更符合国家队的训练方向和国际羽毛球运动的发展趋势。

训练营的活动内容丰富，主要包括：①骨龄检测。训练营开展的第一项活动就是组织 12～15 岁的注册运动员进行骨龄测试，验证骨骼年龄，依据结果确定少年运动员的参赛资格。②分组教学训练。为了给各运动队之间的交流搭建平台，乒羽中心对来自各个运动队的运动员和教练员进行重新分组，且由国家队教练全程进行监督和指导。③交流比赛。为更好地促进交流，检验训练成果，提高运动员竞技水平，丰富比赛经验，训练营在每次结束之际，都安排交流比赛。④培训和学习。考虑到运动员来自不同地区，受教育的程度不同，年龄也有差别，为了让运动员确实有所收获，以讲座的形式组织集中学习。

在国家体育总局乒羽中心领导下，几年来全国羽毛球少年训练营工作取得了显著的效果，对我国青少年羽毛球后备人才的发现和培养起到了积极的推动和促进作用，受到全国各基层训练单位的高度关注和积极评价。但经过不断摸索和总结，也发现一些问题和不足：一是训练营的时间尽管较长，但还略显仓促；二是训练内容过多，重点不突出；三是训练方法和手段虽然可以在一定程度上促进年轻选手的全面提高，但是由于针对年轻队员的侧重点不够强，有时会影响到训练效果；四是训练营的长远规划不够。因此，应当坚持以培养奥运会参赛选手为目标的发展战略，坚持从年轻选手的精神风貌、技战术水平、心态调节、责任心培养等多方面下功夫，做出针对性训练。

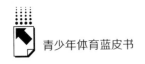

二 促进青少年羽毛球运动发展的措施

（一）整合社会资源，开展"高参高"和"高参小"项目

"高参高"和"高参小"项目是由北京市政府支持，合理利用人才资源以促进中小学生体育美育发展的举措。其具体操作方法是由高校选派具有丰富教学经验的一线教授和体育教育训练学专业的研究生担任中小学选修网球、足球、篮球、羽毛球和高尔夫球等体育项目的教学训练工作负责人，将高校教学资源融入中小学，对提高学生体育素养，拓宽学生的体育视野，培养学生团结协作、勇于拼搏和吃苦耐劳的精神，发展学生的创新能力，最终对实现青少年综合素质的全面提升起到重要作用。

首都体育学院在办学规模、办学层次、专业设置、师资队伍、教学质量、科研成果、场馆设施等综合办学实力方面跻身于全国同类院校前列。清华附中（奥森校区）始终坚持"以育人为中心，以学生为主体"的教育思想和办学传统，努力构建教书、管理、服务、环境四位一体的育人体系，不断强化素质教育，为学生的个性发展提供广阔空间，形成了鲜明开放的办学特色，办学质量和教育水平不断提高。双方联合开设的羽毛球特色课，努力向"人人有专项，人人有团队，人人能比赛"的素质教育目标迈进。首都体育学院教授和研究生对中小学生进行专业辅导，让中小学生享受首都体育学院的办学资源。合作项目按照清华附中（奥森分校）的课程计划，每周一和周三下午安排90分钟的羽毛球特色课，周五进行一次羽毛球校队的训练课。参与课程的学生通过学习，掌握了一定的羽毛球基本理论和技术动作。通过参加比赛，学员体会了羽毛球竞赛组织的基本方式，且学期考核达到了80%以上的合格率。目前，该项目已实施三年，取得较好效果，课程深受学生和家长的喜爱。

（二）老教练带年轻教练，国家队指导基层队训练

全国羽毛球少年训练营在国家体育总局乒羽中心的指导和支持下，

已圆满举行七届，取得显著效果。总结训练营工作，发现突出亮点是：①各级领导高度重视。国家体育总局青少司和乒羽中心领导的重视和支持，为训练营的举办奠定了坚实的基础。②国家队教练的支持。国家队教练员加入训练营工作，使训练营无论是训练内容安排还是方法手段的使用，都更能与国际接轨，跟上当前世界羽毛球运动的发展趋势，切实做到与时俱进。③管理注重细节。在生活上，训练营给运动员们提出了"苛刻"的要求，规定每天上交手机的时间；因为训练营没有配备穿线师，要求队员球拍线断了，必须自己去穿线；规定住在低楼层的运动员上下楼只能走楼梯，禁止在驻地打闹、喧哗；等等。这些严格而细致的规定，都是训练营管理的好方法，对培养和塑造青少年良好的品行习惯起到了积极的促进作用。

（三）推进羽毛球社会体育指导员工作，为我国青少年后备人才培养奠定基础

羽毛球是我国大众最为喜爱的健身运动项目之一，2016年国家体育总局职业技能鉴定指导中心与中国羽毛球协会一起在全国范围内开展羽毛球职业技能鉴定，推行体育行业国家职业资格证书的培训和考核鉴定工作，以满足羽毛球爱好者健身指导的需求，促进群众羽毛球健身运动的发展。

"羽毛球社会体育指导员"职业资格鉴定工作在全国范围内开展，首次统一从业人员专业水平标准，规定从业人员职业标准，使行业服务统一化、标准化。工作开展以来，社会上从事羽毛球健身指导的人员，先后有近3000人，从羽毛球专业理论知识和实操技能等方面接受规范、专业的培训，取得了"羽毛球社会体育指导员"职业资格证书。随着全国羽毛球社会体育指导员培训和考核鉴定工作的推广，基层业余教练员的羽毛球执教水平得到了全方位的提升，为我国青少年羽毛球社会教学指导和训练工作提供了大量师资，为羽毛球后备人才培养提供了坚实的人才保障。

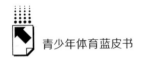

（四）加强师资队伍的建设，改进相关培训制度

1. 增加培训机会，改进培训内容

国内现有的培训内容与基层训练的实际情况存在一定的偏差，主要表现为过于偏重基础理论，实际操作能力培养不够；同时，基层羽毛球训练工作者期望深入了解和接受国家队教练员先进科学的训练理念，以帮助自己在训练观念、理论上与时俱进，跟上当今世界羽毛球运动发展趋势。

2. 组织少儿教学训练专家组，对有需要的地方给予针对性辅导

目前，基层体校新上任年轻教练员多，绝大部分地方迫切希望总局乒羽中心能选拔一批常年在基层一线主持训练工作，并富有经验，工作实绩优异的教练员和国家队、国家青年队的教练员，以及相关学科和研究领域的专家，共同组成羽毛球后备人才培养工作专家指导组，对各省份青少年羽毛球训练工作进行针对性指导。

3. 尽快组织编写、出版教材和教法指导书

国家《青少年羽毛球训练教学大纲》已颁发实施多年，基层教练员均热切希望能尽早得到与之配套的新版教材和教法指导书。编写虽然不容易，但如能早日完成，对促进基层教练员执教能力的提高将十分有益。

（五）完善运动员相关制度，形成竞争机制

1. 加大查处"假年龄"力度，公平竞争

"假年龄"严重影响竞赛的公平性，在相当大的程度上伤害了教练员和运动员训练的积极性，导致一些具有培养潜能的优秀苗子过早流失。目前存在的"假年龄"问题不但严重影响公平竞赛环境，也极大地损害了优秀运动员后备人才选拔的公平竞争。

2. 对现行的"必须注册"规定的修改

根据部分省区市调查结果，基层训练单位和教练员对现行的关于"必须在10岁注册，否则就不能参加15岁以前的少年比赛"的规定表示难以认同，并普遍认为该规定增加了年轻选手参赛的障碍，将大量少年儿童挡在门外，失去了

在少年阶段宝贵的参赛锻炼机会，不利于青少年对羽毛球运动的参与。事实也证明，近几年全国少年羽毛球比赛基层参赛队伍和人数均呈现萎缩趋势。

因此，在各部门的努力推进下，通过整合社会资源，要开展"高参高""高参小"项目、老教练带新教练、国家队指导基层队，以及推进社会体育指导员工作、加强师资队伍建设等，促进我国青少年羽毛球项目的发展。同时，要真正实现普及青少年羽毛球运动的目标，还任重道远，需要国家、社会和个人的共同努力。

B.18
我国青少年户外运动开展现状与发展趋势

赵佳明　武文强*

摘　要：　户外运动对于培养青少年坚强的意志品质、陶冶情操、完善
人格等都具有十分重要的意义。近些年，我国户外运动发展
迅猛，户外相关产业节节高升，各种形式的青少年户外运动
在全国范围内广泛开展，同时，政府也出台一系列政策以推
动青少年户外运动的进一步发展。为更好地扩大户外运动对
青少年的影响，今后，仍需进一步完善相应的法律法规及基
础设施建设，为青少年户外运动的开展提供保障，同时，各
级部门应整合资源、因地制宜积极开展符合青少年身心发展
规律的多种形式的活动。

关键词：　青少年　户外运动　登山　攀岩　户外营地

一　青少年户外运动发展概况

（一）青少年户外运动工作组织机构

2017 年是我国实施"十三五"规划的第二年，为贯彻落实《青少年体育
"十三五"规划》文件精神，登山中心着重加强青少年工作团队的培养和建设，
扩大社会技术力量和管理人才的培养，广泛联合社会力量，在国家体育总局青少

---

* 赵佳明，国家体育总局登山中心；武文强，北京体育大学中国田径学院院长，副教授。

司的指导下，中国登山协会协调各部门和各地登山协会及社会力量成立"中国登山协会青少年委员会"，负责对所有青少年户外运动工作进行管理、推进、落实。

（二）有关青少年户外运动的主要法规及政策

目前，国家虽然没有出台青少年户外运动专项政策法规，但青少年户外运动与户外运动、体育行业、旅游业、互联网、教育等领域密不可分。为了使青少年户外运动得到更好的发展，国家和政府先后出台了多项相关的政策文件，主要包括以下几方面。

2014年10月《国务院关于加快发展体育产业促进体育消费的若干意见》（国发〔2014〕46号）提出要解放思想、开拓创新、激发活力，积极扩大体育产品和服务供给，推动体育产业成为经济转型的重要力量。创造条件，以户外、冰雪等特色项目为突破口，促进健身休闲项目的普及和提高。在有条件的地方制定专项规划，引导发展户外营地、徒步骑行服务站、汽车露营营地、航空飞行营地、船艇码头等设施。营造健身氛围，政府机关、企事业单位、社会团体、学校等都应实行工间、课间健身制度等，倡导每天健身一小时。切实保障中小学体育课课时，鼓励实施学生课外体育活动计划，促进青少年培育体育爱好，掌握一项以上体育运动技能，确保学生校内每天体育活动时间不少于一小时。

2016年9月《青少年体育"十三五"规划》提出应积极鼓励青少年广泛深入开展体育活动，同时，全面实施"青少年体育活动促进计划"，构建学校、家庭、社区相结合的青少年体育活动网络系统，更加丰富和完善青少年体育活动体系，不断创新青少年体育活动内容、方式和载体，增强活动趣味性和吸引力，打造"全国青少年户外营地夏（冬）令营"国家级青少年体育品牌活动。

2016年10月《国务院办公厅关于加快发展健身休闲产业的指导意见》（国办发〔2016〕77号），提出发展户外运动。以户外运动为重点，研究制定系列规划，支持诸如家庭露营、青少年营地等具有消费引领性的健身休闲项目发展，并不断完善各赛事活动组织体系。积极推动体育部门、体育社会组织、专业体育培训机构等与各类学校合作，提供专业支持，培养青少年体育爱好和运动技能。

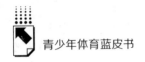
2016 年 12 月，教育部等 11 部委发布的《关于推进中小学生研学旅行的意见》指出，目前中小学生的旅游是以集体旅游和集中食宿为主要途径开展，以研究性学习和旅游体验相结合为主要形式，中小学生的研学旅游分别由教育部门和学校有计划地组织安排。

二　青少年户外运动开展的基本情况

（一）全国青少年户外营地夏令营活动

2014 年暑假，登山中心首次承办全国青少年户外营地夏令营，夏令营为期 4 天，共有来自 22 个省区市的 265 名 8~16 岁的青少年参加；2015 年暑假，登山中心再次承办，并尝试将营员分成两批，时间延长至 8 天，25 个省区市 65 支代表队，410 名 8~18 岁的青少年参加；2016 年全国青少年户外营地夏令营吸引了全国各地 296 支队伍约 2300 名 6~17 岁青少年的热情参与。2017 年全国青少年户外营地夏令营根据地域分布以及区域特色选择北京、内蒙古、上海、福建、山东、河南、四川、甘肃作为活动的承办地。营地环境涵盖了丘陵、草原、海洋、峡谷、山地、湖泊、雪山、沙漠等多种自然地貌形态以及葡萄园、蒙古包、帆船、少林寺等人文景色。夏令营共吸引了全国各地 31 个省、自治区、直辖市和新疆生产建设兵团以及国外友人的 3000 多名小朋友、领队和教练参加，受到了中央电视台、新华社、中新社、人民网等国内各大媒体跟踪报道，引起社会各界人士的广泛关注。

从 2016 年开始，每个寒暑假，登山中心都联合地方登协和户外运动俱乐部因地制宜在全国范围组织开展有特色的登山冬夏令营、攀岩冬夏令营和户外营地冬夏令营，凸显公益性、示范性与社会化相结合。

（二）攀岩希望之星推广活动

攀岩希望之星推广活动经过 2009~2012 年 4 年的尝试，初见成效。从 2013 年开始，全年全国全覆盖，逐步实现了常态化、品牌化、市场化、体系化，取得了良好效果：活动发挥了体育育人的功能，促进青少年身心健康、体魄强健，使得青少年喜欢攀爬；推广了攀岩运动，发展攀岩人口从几千人到十几万人，推动国内攀岩产业的发展；为竞技攀岩培养了后备人才。

（三）攀岩项目进校园活动

截止到2014年，全国有48家中小学新开设攀岩课程，其中北京市十一学校、中山纪念中学、松阳民族中学、成都菱窠路小学等四所学校因攀岩活动开展最好，达到了中小学生示范性攀岩课程的要求，而被授予"全国攀岩特色学校"。随着"攀岩进校园"计划实施以来，越来越多的中小学以各种形式开展攀岩运动，2017年被授予"全国攀岩特色学校"的有北京市海淀外国语实验学校（小学部）、北京市怀柔区第六小学、广东省中山市菊城小学、南京市玄武高级中学、郑州市第三十一中学、九龙坡第二实验小学等26所中小学。

（四）青少年户外营地活动

青少年学生在露营的过程中能够感受自然并且了解一定的户外知识，提高户外生存能力以及加强与同学朋友之间的交流。全国青少年户外营地体系构建工作从2016年开始，2017年推行的《全国青少年户外营地建设规范》和《全国青少年户外营地等级评定办法》为青少年户外营地建设提供规范性文件，有利于公平、公正、公开地开展青少年户外营地等级评定工作，保障青少年安全地参加各类营地活动。

三 青少年户外运动开展的意义

当前，我国青少年学生出现体重超标、近视率上升、身体素质下降较为严重等情况，同时青少年群体喜欢刺激运动，户外运动正好符合青少年身心发展的特征和需要。所以在青少年群体中开展户外运动，可以从以下几个方面促进青少年的发展。

（1）性格上，户外运动大多是团队活动，见到的人多，青少年的性格会倾

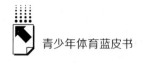
向于开朗，随着年龄的增长，青少年会很自然地融入自己想加入的活动群体。

（2）视力上，户外运动活动场地视野开阔，青少年在户外运动过程中，眼睛会充分地远看近看，视力会得到良好的发展。另外，参加户外运动减少了青少年待在家看电脑和电视的时间，更有利于视力发育。

（3）体质上，户外运动会使青少年身体各部分都得到充分的活动，例如，徒步是一项全身性的运动，攀岩也需要全身动起来，划皮划艇也是同样。同时，由于各种户外运动都具有刺激性，可以转移青少年参加活动的疲劳，登几个小时山都不叫累，羽毛球一口气打 1 小时以上不厌倦，会使青少年的身体协调性会非常好，怎么看都长得匀称、健康。

（4）耐力上，参加户外运动会加强青少年的耐力和注意力，动物园走一天也没问题，挖沙子 6 小时以上也没问题。青少年一旦接触户外运动就能持续玩很长时间，不叫累，精力充沛。

（5）食欲上，由于参加户外运动消耗了体能，因此直接增加了青少年食欲，青少年吃得好，吃得多，身体就能发育得好。

（6）睡眠上，由于长时间的运动，到了晚上青少年玩累了，睡觉自然安静，睡眠质量好，自然身体发育好。

（7）规则上，在不断地参加各种活动、各种游戏的过程中，青少年游戏规则的意识得到很好的加强，规矩、法律意识可以得到很好的灌输。

（8）见识上，不断带青少年参加户外运动，青少年开阔了视野，增长了见识，对社会有了更多的了解，再加上书本上的内容与现实结合，互相促进，可谓读万卷书，行万里路，这样青少年才能不断成长。

因此，虽然很多人觉得带着青少年出去玩很累，很浪费时间，但是，让他们养成终身锻炼的良好习惯，身体好，才是大业之本。

四　促进青少年户外运动发展的举措

（一）正确认识青少年户外运动的重要性

青少年户外运动重点强调实践和参与，突出寓教于乐、互动自然，能够以更为有趣、更加生动和更加直接的方式使诚实、勇敢、正义、互助、友爱等青少年思想教育中的道德准则和行为规范呈现在青少年面前。通过户外运动的参与，他们可以通过自身的实践和游戏去体味和感悟这些道德准则和行为规范，摆脱了以往灌输和说教的窠臼，使思想教育变得富有感染力和吸引力，变得更加贴近和符合青少年成长的规律和认知方式，能取得较好的效果。因此，当我们大力开展青少年户外运动时，必须认识到要突出户外运动中所蕴含的青少年教育理念，让它成为对青少年进行思想、行为、规范教育的重要途径。

（二）使青少年户外运动成为新时期的重要工作内容

青少年是参与户外运动的主要人群，要使青少年户外运动得到较好的发展，必须重视青少年组织建设。全国有大量的青少年组织，具有代表性的如共青团，具有政治优势（党的助手和后备军）、组织优势（遍布全国各地各行各业）和资源优势（有全国各地的青少年社会教育机构）。因此，应通过各级团组织的宣传和组织，有效地开展青少年户外运动，使青少年户外运动逐渐成为新时期的重要工作内容，促进青少年户外运动在全国范围迅速普及和推广。

（三）构建青少年户外运动的政策体系

在青少年户外运动开展火热的同时，为了给活动的开展提供政策保障并保证其正常地运行，有关青少年户外运动的法律法规需要不断地完善。此外，还需要设计与法律法规相配套的符合青少年户外运动发展规律的各种政策制度，逐步构建我国完备的青少年户外运动体系。只有推动相关政策的支持，才能够有效地构建青少年户外运动体系。

（四）培养青少年户外运动专业教练员人才

随着青少年户外运动不断开展，近年来，我国各地已经拥有了一批经验丰富的教学和指导人员，专业人才培训建设方面取得较好的成绩。但为了满

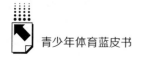

足和适应青少年户外运动开展的新要求，促进各地相关人员在专业知识、理论素养、活动程序和目标途径等方面的迅速提高，除了通过国内外之间相互的参观交流、培训和研讨，还可以面向社会，在高校招募青年志愿者辅助专业培训人员指导青少年开展户外运动，采取培养和聘用专职户外运动人员与招募青年志愿者承担辅助工作相结合的方法，借鉴国外开展户外运动中的成功经验。

（五）建设青少年户外运动场地设施

在我国青少年户外活动的网络和场地设施建设方面，应以全国各青少年户外营地等青少年社会教育机构为基本单元，并出台会员单位准入制度，做到三个统一，即统一标准、统一品牌、统一形象，以建立全国性的组织网络。国家层面应逐步加大国家财政投资力度，力争使全国每个城市都有与中小学校相配套的能够开展户外运动的场所。

（六）加强青少年户外运动的安全性与科学性

青少年的安全保障因素是建立和完善科学的户外运动的基本要求。因此，应慎重地选择户外活动地点，排除参与活动中可能存在的隐患，应当确立安全为首和就近就便的原则，方便参与者参加。在活动项目的设计和安排上，除了需要充分考虑青少年的身心特点和身体素质特点，更要强化安全保障措施，以确保参与活动的青少年的人身安全。

B.19

我国青少年赛艇运动开展
现状与发展趋势

国家体育总局水上运动管理中心

摘　要： 近年来，我国赛艇项目在参与训练人数、活动开展和比赛情况等方面都发展势头较好，竞技水平也在日渐上升。赛艇运动在组织建设和开展的过程中，得到了社会各界的大力支持，开展赛艇运动的区域和组织越来越多，国内和国际的交流也越来越密切。

关键词： 赛艇　青少年　开展情况

一　青少年赛艇运动后备人才发展的基本情况

（一）人数和分布情况

全国共有 20 个省（市）有业余赛艇训练，业余训练人数达 5024 人（见表1）。

表1　各省市青少年赛艇运动员人数

省份	山东	河南	湖南	四川	广东	陕西	浙江	河北	北京	江苏
人数	370	357	180	317	407	292	602	283	92	345
省份	上海	福建	辽宁	湖北	江西	贵州	安徽	甘肃	山西	天津
人数	250	262	433	203	161	78	341	23	13	15

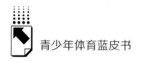

表2　20省市赛艇后备梯队布局情况

单位：个

省市	山东	河南	湖南	四川	广东	陕西	浙江	河北	北京	江苏
数量	15	10	12	12	7	10	10	8	6	11
省市	上海	福建	辽宁	湖北	江西	贵州	安徽	甘肃	山西	天津
数量	6	10	9	5	7	2	10	1	1	1

（二）高水平后备人才基地建设情况

目前，我国赛艇项目高水平后备人才基地及获得总局经费支持的具体情况如表3所示。

表3　2013～2016年国家级赛艇项目高水平后备人才基地名称

省份	单位名称	总局是否给予经费支持
辽宁	辽宁省阜新市军事体育运动学校	是
	辽宁省抚顺市业余水上运动学校	是
	辽宁省丹东市航海运动学校	是
	辽宁省锦州市体育运动学校水上训练大队	是
河南	河南省南阳市体育运动学校	是
	河南省平顶山市体育运动学校	是
	河南省焦作市业余水上运动学校	是
江西	江西省余干县少年儿童体育学校	是
	江西省宜春市水上运动基地	是
山东	山东省烟台市赛艇皮划艇训练基地	是
	山东省淄博市体育局萌山湖水上运动训练基地	是
湖北	湖北省武汉市水上运动学校	是
	武汉体育学院附属竞技体育学校	是
	湖北省襄阳市体育运动学校	是
浙江	浙江省嘉善县汾湖水上运动中心	否
广东	广东省肇庆市划船队	否
江苏	江苏省苏州市体育运动学校	否
湖南	湖南省长沙市体育训练竞赛管理中心水上运动训练基地	是
上海	上海市青浦区少年业余体育学校	是
陕西	陕西省宝鸡市体育运动学校	是

二 青少年赛艇运动开展的基本情况

（一）2016年和2017年举办的比赛情况

赛艇项目全国青少年比赛主要由全国青年赛艇锦标赛 U18 和全国青年赛艇锦标赛 U16 组成，同时每 4 年还有一次全国青年运动会。

1. 2016年

2016 年全国青年赛艇锦标赛 U18 于 7 月 14～20 日在北京顺义奥林匹克水上公园举行，共有来自各省市的 18 支队伍 349 人参加了比赛。

2016 年全国青年赛艇锦标赛 U16 于 7 月 28 日至 8 月 3 日在浙江省飞云湖水上训练基地举行，共有来自全国的 23 支队伍 300 余人参加了比赛。

2. 2017年

2017 年全国青年赛艇锦标赛于 7 月 28 日至 8 月 3 日在浙江省飞云湖水上训练基地举行，共有来自全国的 36 支队伍 387 名运动员参加了 U16 的比赛；25 支队伍 295 名运动员参加了 U18 的比赛。

本次比赛的亮点是社会俱乐部第一次参加比赛，且取得了不错的成绩。

（二）2016年和2017年举办的活动情况

1. 训练营

2016 年：运动员 122 人，教练员 21 人

2017 年：计划于 11 月举办。

2. 夏令营

2016 年的全国水上运动夏令营在北京、信阳、南阳、郑州、苏州、杭州 6 个地方举办（见表4）。

2017 年的全国水上运动夏令营在信阳、西安、南京、南阳、杭州、郑州、温州 7 个地方举办（见表5）。

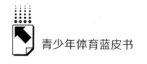

表4　2016年全国水上运动夏令营组织情况

单位	北京	信阳	南阳	郑州	苏州	杭州
参加人数	70	90	110	96	59	81

表5　2017年全国水上运动夏令营组织情况

单位	信阳	西安	南京	南阳	杭州	郑州	温州
参加人数	60	60	50	120	40	80	50

3. 户外营地夏令营

2016年、2017年的全国青少年水上户外营地夏令营均于8月1日至5日在上海市青浦区青少年校外营地举行，分别有208名、238名学生参加互动。

（三）组织建设情况

（1）成立了《赛艇项目竞技体育后备人才中长期规划》《中国赛艇协会中长期发展规划》领导和实施小组，成员有协会、相关委员会、后备人才基地、俱乐部、学校、各省市水上中心等各有关单位，具体指导和实施中长期规划的推进和落实工作。

（2）搭建了赛艇青少年后备人才发展体系，实施启动两大计划：《世界级人才培养和潜力挖掘计划》和《后备人才完美计划》。

（3）围绕两大计划，进行了一系列青少年训练体系、竞赛体系、后备基地建设和管理体系以及体教结合模式体系改革，使赛艇项目探索出一条普及、推广、选材、培养、学习的新模式，使赛艇项目基础扎实深厚，储备了一批优秀的苗子和教练员。

（4）建立健全了运动员合理流动相关政策，促进了双轨赛制的尽快形成。

（5）在青少年后备人才基地（含俱乐部、传统学校）建设方面，实施国家高水平后备人才基地命名和评估管理工作，进行全国布局和人才培养引导，同时积极鼓励和推动学校社团和社会俱乐部的设立，逐步扩大社会参与基础；此外，系统促进省区市和国际青少年体育交流与合作。

（四）国际获奖情况

近5年青少年赛艇运动国际获奖情况如表6所示。

表6　近5年青少年国际获奖情况

年份	世青赛	青奥会	年份	世青赛	青奥会
2013	1 铜		2016	1 金	
2014	2 金	1 银	2017		
2015					

三　促进青少年赛艇项目发展的措施

（一）使活动内容丰富，形式多样

水上运动管理中心主抓"全国户外营地夏令营""全国水上运动夏令营""全国训练营"等各项活动，不仅要强壮青少年的体魄，还在内容设计上兼具教育意义。例如，在上海市青浦区举行的户外营地夏令营，承办方就设计了参观智慧大道区、国防教育区、科学探索区等活动，不仅可以培养青少年不畏艰险、勇于进取、坚韧不拔的意志品质，增强团队意识，激发和提高青少年的创造力和主动适应能力，同时能让营员了解国防知识，见识航空母舰、军用机、战斗机等国防设施设备，开阔眼界。

（二）灵活调控活动内容，安全第一

在各个活动策划期间，充分考虑各个部分的预案，根据天气和实际情况，灵活调整活动内容，在围绕"赛艇""教育"这条主线的同时，也充分考虑和突出安全工作的重要性。

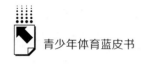

（三）加大宣传力度，扩大影响

所有的青少年活动积极与当地的教育局、体育局结合，并采取多种多样的报道形式、方法和手段，把握好有关宣传报道的节奏，并且委派摄影师全程跟踪拍摄，全面、系统、客观地报道活动的进展。

四 青少年赛艇运动发展趋势

（一）赛艇运动发展由被动引导向主动开展转变

目前各地的青少年赛艇运动还处在被动引导的阶段，但是随着近几年的推广，人们对赛艇运动的内涵有了更充分的认识，这个项目的发展渐渐由被动转向主动。

（二）青少年赛艇运动的国际、国内交往更频繁

以比赛为媒介，国家体育总局水上运动管理中心举办了诸如国际中学名校赛艇邀请赛、国际名校赛艇对抗赛等赛事，还组织学校赴英国、加拿大、澳大利亚、美国参加世界顶级的百年赛事，对丰富学校的国际交流、开阔视野起到了积极的作用。很多学校也充分认识到赛艇的国际交流功能，并提出了如"无名校、不赛艇"等一系列口号，国内学校之间以及国内和国际学校之间的赛艇交往活动也愈加频繁。

（三）赛艇运动向校园继续渗透

目前，学校体育以文化教育为主，培养竞技体育后备人才的功能在学校教育中被弱化，而承担训练任务的专门体育运动学校又侧重于竞技运动，忽视了运动员的文化教育，因此，要高度重视每年度的青少年赛艇工作，提前规划和布局好"全国青年赛艇锦标赛""全国户外营地夏令营""全国水上

运动夏令营""全国训练营"等几大板块的工作，进一步促进赛艇项目向校园继续渗透。

（四）青少年体育俱乐部、区域性学校赛艇联盟不断成立

青少年体育俱乐部是发展青少年体育的重要方式和途径。早在 21 世纪初，我国就已经认识到青少年体育俱乐部的作用，根据教育部和国家体育总局的要求，社会上已经成立了一批青少年体育俱乐部。由于赛艇运动近几年才开始走入学校、走向群众，并且鉴于赛艇运动场地受限、器材昂贵的特点，赛艇运动在学校的普及发展必须依靠社会力量、必须抱团共享资源。近几年，开展赛艇运动的区域性联盟越来越多，例如宁波、上海、上海青浦、北京、南阳等地都成立了中学赛艇联盟，而深圳、北京、上海、杭州等地的青少年赛艇俱乐部也如雨后春笋般涌现。

B.20
我国青少年皮划艇（静水）运动
开展现状与发展趋势

国家体育总局水上运动管理中心

摘　要：　长期以来，青少年皮划艇项目一直是我国重要的水上项目，其中青少年运动员的发展更是其工作重点。本文总结了皮划艇（静水）项目后备人才发展基本情况、竞赛开展情况以及为促进高水平运动队发展而采取的一系列措施、其他发达国家后备人才培养的特点以及对我国的启示，以期能够促进我国皮划艇项目的发展。

关键词：　皮划艇　青少年　后备人才　基地建设

一　青少年皮划艇运动[①]后备人才发展的基本情况

皮划艇青少年运动员的发展一直是皮划艇项目工作的重点之一。通过多年的不懈努力，近几年青少年运动员注册人数出现明显上升。据不完全统计，目前我国各级各类开展皮划艇项目训练的业余体校数量约 80 个，业余训练运动员总人数达 3000 余人，教练员达 100 余人。近五年青少年运动员（U18）的注册人数逐年上升：2013 年 18 岁以下运动员的注册人数仅 634 人（男 442 人、女 192 人），到 2016 年，注册人数达 1078 人（男 706 人、女

---

① 本文中皮划艇运动项目均是指皮划艇静水项目。

372人），2017年注册人数达1620人（男1062人、女558人）。与2013年相比，2017年注册总人数增加155.5%（男140.3%、女190.6%），反映出我国皮划艇青少年运动员人数发展规模近期增长较为明显（见图1）。

目前我国开展皮划艇项目的省（区、市）共21个，分别为北京、上海、浙江、安徽、福建、广东、贵州、河北、河南、湖北、湖南、江苏、江西、辽宁、山东、山西、宁夏、陕西、四川、云南、甘肃等。另外还有海军、武汉体育学院两个单位开展皮划艇项目训练。目前暂未开展皮划艇项目的省（区、市）为：内蒙古、天津、吉林、黑龙江、广西、青海、西藏、新疆、海南等9个省区市。

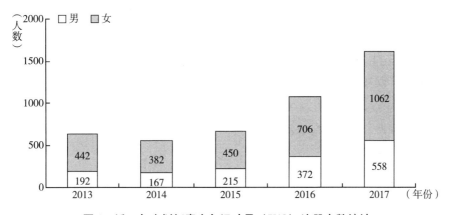

图1　近五年皮划艇青少年运动员（U18）注册人数统计

二　青少年皮划艇运动竞赛开展的基本情况

（一）国内举办的运动竞赛情况

2016~2017年，在国内共举办皮划艇青少年比赛4次（见表1），分别为各年度的U23、U18锦标赛和U16锦标赛。2016年的全国皮划艇青年（U23、U18）锦标赛于5月31日至6月3日在上海举行；2016年的全国皮划艇青年（U16）锦标赛在武汉体育学院举行；2017年的全国皮划艇青年

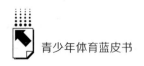

（U23、U18）锦标赛于 5 月 31 日至 6 月 3 日在天津举行；2017 年的全国皮划艇青年（U16）锦标赛于 7 月 10 ~ 12 日在合肥举行。

表 1　近两年办赛情况

年份	比赛名称	举办时间	举办地
2016	2016 年全国皮划艇青年(U23、U18)锦标赛	5 月 31 日至 6 月 3 日	上海
2016	2016 年全国皮划艇青年(U16)锦标赛	10 月 20 ~ 22 日	武汉体院
2017	2017 年全国皮划艇青年(U23、U18)锦标赛	5 月 31 日至 6 月 3 日	天津
2017	2017 年全国皮划艇青年(U16)锦标赛	7 月 10 ~ 12 日	合肥

（二）参加国际竞赛及获奖情况

2016 ~ 2017 年我国共组织优秀青少年运动员参加国际赛事 8 次（见表 2）。2016 年我国青少年运动员参加了女子划艇世界杯赛（U18、U23）和世界青年皮划艇暨 U23 锦标赛两项比赛，在世界青年皮划艇暨 U23 锦标赛上取得了第 4 名和第 6 名的最好成绩；2017 年共参加了 6 次国际比赛，共取得 7 枚金牌、3 枚银牌和 1 枚铜牌，分别为女子划艇世界杯赛（U18、U23）取得 3 金 3 银 1 铜，世界青年皮划艇暨 U23 锦标赛取得 4 枚金牌。

表 2　2016 ~ 2017 年我国青少年参加国际比赛情况

年份	比赛名称	举办时间	举办国	参赛运动员人数
2016	2016 年女子划艇世界杯赛(U18、U23)	6 月 11 ~ 12 日	法国	3
2016	2016 年世界青年皮划艇暨 U23 锦标赛	7 月 27 ~ 30 日	白俄罗斯	27
2017	2017 年皮划艇世界杯赛第 2 站	5 月 26 ~ 28 日	匈牙利	15
2017	2017 年皮划艇世界杯赛第 3 站	6 月 2 ~ 4 日	塞尔维亚	15
2017	2017 年女子划艇世界杯赛(U18、U23)	6 月 6 ~ 7 日	匈牙利	11
2017	2017 年世界青年皮划艇暨 U23 锦标赛	7 月 27 ~ 30 日	罗马尼亚	28
2017	2017 年世界皮划艇锦标赛	8 月 24 ~ 27 日	捷克	13
2017	2017 年亚洲皮划艇静水锦标赛(青年组)	10 月 15 ~ 18 日	中国	—

三　促进青少年皮划艇项目高水平运动队发展的措施

（一）组建国家级青少年运动队

长期以来，水上运动管理中心一直将青少年皮划艇项目的发展作为一项战略性发展的重要工作来抓，并投入大量的人力、物力等，为我国皮划艇青少年项目的发展做了大量工作。特别需要指出的是，2016 年，为了提高我国皮划艇青少年的训练水平、完善国家队优秀运动员培养的梯队化建设，同时也为 2020 年和 2024 年奥运会储备优秀运动员，水上运动管理中心组建了"国家皮划艇二队"。该运动队是由国家体育总局竞技体育司批准成立的，是以青少年精英化培养为目标的国家级青年运动队，队伍的建设方式为由水上运动管理中心与武汉体育学院共建。

在国家皮划艇二队于 2016 年 4 月 5 日正式开启训练。队伍下设 2 个大组：划艇组和皮艇组，每个大组又分设男子和女子两个小组；运动员规模保持在 30 人左右，年龄以 15～20 岁为主；教练组由中、外籍教练共同组成，基本保持在 6～8 人，并专门聘请了塞尔维亚籍教练员亚力克桑达作为划艇组主教练。

在国家皮划艇二队组建至今不到两年的时间里（16 个月），取得了骄人的成绩：2016 年在刚建队 4 个月的情况下参加世界青年皮划艇暨 U23 锦标赛便取得了第 4 名和第 6 名的优异成绩；2017 年 7 月第 2 次参加世界青年皮划艇暨 U23 锦标赛，一举夺得 4 枚金牌，位居奖牌榜第三名，创造了我国该项目青年比赛的最好成绩（见表 3）。

表 3　2016～2017 年国家皮划艇二队国际比赛成绩

年份	比赛名称	最好成绩
2016	2016 年女子划艇世界杯赛(U18、U23)	第 6 名、第 7 名
2016	2016 年世界青年皮划艇暨 U23 锦标赛	第 4 名、第 6 名
2017	2017 年皮划艇世界杯赛第 2 站	第 9 名
2017	2017 年皮划艇世界杯赛第 3 站	第 4 名、第 6 名、第 8 名

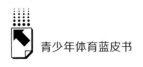
续表

年份	比赛名称	最好成绩
2017	2017 年女子划艇世界杯(U18、U23)	3 金 3 银、1 铜
2017	2017 年世界青年皮划艇暨 U23 锦标赛	4 枚金牌,9 个项目进决赛 A
2017	2017 年世界皮划艇锦标赛	第 17 名
2017	2017 年亚洲皮划艇静水锦标赛(青年组)	—

（二）加强高水平后备人才基地建设

为了提高青少年后备人才的培养质量，促进项目的系统持续发展，2013年水上运动管理中心共批准建立了16所"中国皮划艇协会（静水）高水平后备人才基地"（见表4）。16所高水平后备人才基地共有运动员600余人，教练70余人。

表 4　中国皮划艇协会（静水）高水平后备人才基地

序号	省市	单位
1	辽宁省	阜新市军事体育学校
2	辽宁省	营口市水上运动学校
3	辽宁省	大连市航海学校
4	广东省	广州市水上运动管理中心
5	广东省	珠海市斗门区少年业余体校
6	福建省	厦门市水上运动中心
7	福建省	泉州市体育运动学校
8	江西省	宜春市水上运动基地
9	江西省	余干县少年儿童体育学校
10	山东省	烟台市游泳训练中心
11	山东省	青岛市水上训练基地
12	浙江省	杭州市水上运动中心
13	浙江省	绍兴市水上运动中心
14	湖南省	张家界市业余体育学校
15	湖南省	常德市体育运动学校
16	安徽省	马鞍山市体育运动学校

（三）加强国际交流，开放思想和视野、紧跟国际趋势

近年来，我国密切加强与国际划联的联系和沟通，及时掌握皮划艇项目的发展动向，积极吸收国际皮划艇训练与发展的先进理念和积极思想等。例如：专门邀请国际划联技术发展委员会主席桑托先生先后 4 次到我国举办讲座、授课、指导训练等，并且在 2015 年通过信息渠道了解女子划艇项目极有可能进入 2020 年奥运会正式比赛项目，我国便开始迅速组织女子划艇的相关训练工作，2017 年便获得 2 项女子划艇的世青赛冠军等。

（四）扩大比赛项目设置，提高发展积极性

比赛是项目发展的导向和"杠杆"，为了提高青少年训练发展的积极性，推动人才规模的扩大，近年来我国通过适当扩大比赛项目设置和增加运动员参赛机会等来调动各个省市开展青少年训练的积极性。例如在全国青年锦标赛的项目上，2010 年左右的比赛规程中，比赛距离仅有 500 米和 2000 米，项目设置共计 19 项（男 12 项、女 7 项），但近两年对比赛项目设置进行了大幅度的改革，比赛距离增加为 200 米、500 米、1000 米、2000 米、5000 米 5 种，项目设置增加到 34 项（男 20 项、女 14 项），项目增加幅度较为明显（见表 5）。通过这些措施，各省市参赛的积极性明显提高了，青少年运动员参赛的机会增加了，提高与丰富了他们的热情及比赛经验，进而也调动了各地开展青少年项目的积极性。

表 5　全国青年锦标赛项目设置情况对比

		2010 年	2017 年
比赛距离		500 米、2000 米	200 米、500 米、1000 米、2000 米、5000 米
项目数（项）	男	12	20
	女	7	14
	合计	19	34

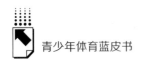

（五）举办、参加国内外训练营，更新训练理念，提高训练水平

1. 国内青少年皮划艇训练营开展情况

自 2014 年开始，在水上运动管理中心的组织下，每年进行一次全国青少年皮划艇训练营的培训活动。2016～2017 年共开展全国青少皮划艇年训练营 2 次：2016 年举办第三届全国皮划艇青少年训练营，举办地为湖北省体育局红莲湖水上训练基地，参加单位 15 个，参加青少年运动员 85 名，教练员 22 名；2017 年举办第四届全国皮划艇青少年训练营，举办地为安徽省水上运动管理中心紫澎湖训练基地，参加单位 12 个，参加青少年运动员 55 人，教练员 12 名。

2. 国际皮划艇训练营活动参与情况

2016～2017 年我国运动员共参加青少年训练国际活动 2 次，分别为 2016 年在法国举办的世界女子划艇青少年训练营和 2017 年在捷克举办的世界皮划艇青少年训练营，运动员人数分别为 3 人和 11 人。

四 青少年皮划艇运动发展趋势

青少年后备人才的培养情况是各国皮划艇项目发展综合实力比拼中极为重要的一环，关系着本项目发展的可持续性和高水平运动员的发源根基。因此当前世界皮划艇（静水）项目强国，乃至该项目的发展中国家都十分重视青少年后备人才的培养。目前，皮划艇项目开展较好的国家包括德国、俄罗斯、澳大利亚、法国、意大利等。虽然，世界皮划艇（静水）项目强国在后备人才的培养模式上有着区别，但是每个国家都各具特色，都能为我国皮划艇（静水）项目的发展提供一些参考和借鉴，都能帮助促进我国皮划艇项目的发展。

总结各个国家皮划艇项目的发展经验，其突出的特点包含：①在奥林匹克训练基地建立"运动员之家"，为青少年运动员提供食宿，提高运动员短期集中训练的积极性；②举行选拔赛，发现和选拔具有运动天赋的青少年，且对有突出贡献的教练员和运动员给予奖励；③重视对教练员的培养，提高教练员的执教能力；④很好地解决各个层次运动员的衔接问题；⑤为运动员提供事业发展咨询服务等，以促进运动员的长足发展。总体而言，目前各国青少年后备人才培养体制改革的总趋势是：重视体教结合，注意科学培养，调动有关各方的积极性，政府与社会相结合的管理模式逐渐成为世界各国体育后备人才体制改革的基本取向。所以，中国应在自身条件的基础之上，借鉴各国发展的措施，促进我国青少年皮划艇运动项目的长足发展。

B.21
我国青少年皮划艇激流回旋运动
开展现状与发展趋势

国家体育总局水上运动管理中心

摘　要：　近年来，在全国范围内举行的青少年训练营、锦标赛和研讨
会等极大地推动了我国皮划艇激流回旋项目的发展。同时，
皮划艇激流回旋大众推广活动开展得如火如荼，吸引了广大
青少年的关注并深受其喜爱。青少年运动员作为国家队的主要
后备力量，在皮划艇激流回旋项目中起到了十分重要的作用。

关键词：　皮划艇激流回旋　青少年

一　青少年皮划艇激流回旋运动开展概况

近年来，根据皮划艇激流回旋项目青少年发展规划，主要开展了青少年
训练营、青少年锦标赛、青少年皮划艇激流回旋教学训练大纲制定与培训、
皮划艇激流回旋大众推广等活动。

1.全国皮划艇激流回旋项目青少年训练营开展情况

2013 年 7 月在贵州下司、2014 年在湖南张家界、2015 年在河南宜阳、
2016 年在贵州下司（各小项参营共 80 人：男子皮艇 15 人，男子单人划艇
15 人，女子皮艇 15 人，男子双人划艇 20 人，女子划艇 15 人）举办皮划艇
激流回旋项目青少年训练营，2017 年在贵州下司（各小项参营共 95 人：男
子皮艇 15 人、男子单人划艇 15 人、女子皮艇 15 人、女子划艇各 16 人、青

奥会组男子皮艇、男子单人划艇、女子皮艇各 6 人）举行了青少年训练营。

2. 全国青年皮划艇激流回旋锦标赛暨夏季冠军赛的举行

2013～2015 年分别在贵州下司、湖南张家界、辽宁大连举行全国皮划艇激流回旋青少年锦标赛。自 2016 年起，该项比赛更名为全国青年皮划艇激流回旋锦标赛暨夏季冠军赛。

3. 成立"青少年激流回旋运动员训练大纲"编写组

根据青少司的《青少年训练大纲》修订工作的总体指导意见，重新调整了原大纲的结构和部分内容，完成了《全国激流回旋青少年教学训练大纲》。

4. 不定期举办皮划艇激流回旋项目教练员、裁判员培训班

2017 年，一人获准晋升国家级裁判员 2015 年 10 月在广州组织全国皮划艇激流回旋教练员学习《全国激流回旋青少年教学训练大纲》。2013 年 3 月在四川米易举办 2013 年皮划艇激流回旋项目中、高级教练员岗位培训班；2014 年 10 月在广州举行 2014 年全国皮划艇激流回旋裁判员培训及考试。

5. 皮划艇激流回旋大众推广

2015 年组织首届全国业余皮划艇激流回旋精英赛（宜阳），2016 年组织中国激流花式皮艇竞速绕标锦标赛（郑州），2016～2017 年四次组织中国全民皮划艇激流及漂流推广季（广州、常熟、贵州遵义）活动。皮划艇激流回旋大众推广活动吸引了更多青少年关注和喜爱这项运动。

二 青少年皮划艇激流回旋运动训练营及竞赛推广的特色与亮点

近五年来青少年皮划艇激流回旋运动开展得比较有特色的是一年一度的全国青少年皮划艇激流回旋运动训练营以及大众青少年参与的激流漂流推广赛。

为推动我国皮划艇激流回旋项目青少年后备人才队伍的储备和建设，在国家体育总局青少司的大力支持下，2013～2016 年，由水上运动管理中心主办、相关省体育局承办，共举行了四期全国青少年皮划艇激流回旋运动训练营，时间和地点分别为 2013 年 7 月贵州下司、2014 年湖南张家界、2015

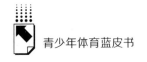
年河南宜阳、2016～2017 年贵州下司。总结历次训练营的情况，发现它们具有以下特点。

（一）训练营目标明确

其总体目标分别为：推动我国皮划艇激流回旋运动项目的发展、提高皮划艇激流回旋运动项目青少年运动员的训练水平，发掘优秀青少年运动员、夯实皮划艇激流回旋项目后备人才储备基础和梯队建设以及促进国家皮划艇激流回旋项目快速、可持续发展。

（二）训练、测试、比赛、教育相结合的模式

以"理论促实践，学训、练赛结合"的方式，合理安排陆上、静水以及激流的训练，同时结合青少年训练大纲的要求对运动员进行了心智、体能的训练与测试。并利用晚上时间进行心理、生理生化、专项外教的授课，由裁判讲解竞赛规则、文明礼仪以及进行爱国主义教育等，内容丰富，使运动员在训练营期间"德、智、体以及行为规范"都得到了提高和锻炼，收效显著。

特别是对于那些稚嫩的小运动员来说，训练营使他们对教学培训工作充满了好奇和期待，他们对激流回旋的科学化训练充满了渴望，他们对优秀冠军运动员充满了尊敬和崇拜。运动员全身心地投入了青少年训练营的教学培训活动。

青少年运动员通过训练营的训练、学习、生活、比赛，既提高了各项训练水平，又提高了理论水平，并积累了比赛经验。训练营为宣传、推广、普及激流回旋项目做了应有的贡献，同时为国家队培养人才、发现人才，促进了激流回旋项目的可持续发展。

（三）组织管理有效

历次训练营开营前，在国家体育总局和水上运动管理中心的高度重视下，组成训练营工作领导小组。制订出训练营工作方案、参加人员选拔方案，并到举办地举行筹备协调会议，解决确保落实激流回旋训练的水源等方面的一系列问题。

训练营的训练和管理团队，由国家队和各省市队抽调优秀的教练和工作人员组成，他们业务精通、责任心强、经验丰富。教练员团队由十名教练员组成，为保证训练，根据场地及人员情况分为两个小组，既明确分工，也强调合作，分工不分家。

组织者制订的一系列方案，包括《训练营工作方案》《训练营工作手册》《训练营工作制度》《训练营教练员值班表》《训练营培训内容及安排表》《训练营专项训练分组表》等一系列的工作计划安排和制度，使训练营工作有条不紊地开展。

（四）文化教育持续

历次训练营期间还聘请国内运动训练、心理学、生理生化以及竞赛方面专家来授课，他们分别是来自北体大的许小冬教授、河南大学的彭金洲教授、北京体科所的田中副研究员、北体大运动训练博士卓金源，授课效果良好，得到了教练员和运动员的肯定和好评。并且聘请北体大的老师和研究生对运动员进行了各项测试。

讲授的内容包括：激流回旋项目本质规律探讨与学习领悟、激流回旋基本技能和高级技术实践训练、体能训练理论与实践、青少年身体发育规律、青少年各时期训练特点、青少年运动员心理训练、激流回旋裁判规则及最新变化、游泳安全考核与训练。

外籍教练多尼、德国激流教练亨利、北体大专家都曾给小运动员进行内容丰富、生动精彩的教学。训练实践课上，教练员团队给小运动员展示了高超精湛的皮划艇激流回旋技术，详细讲解了各项技能技巧的要点，使小运动员受益匪浅，获益良多。

（五）训练营规模逐渐增大

2014年的训练营参营年龄要求于1996年1月1日以后出生，共有来自四川、福建、甘肃、湖南、河南、贵州、广东、海军、山西、湖北、辽宁等11个代表单位的81名运动员参加，其中双划12人、女皮29人、女划2人、男

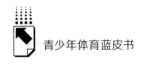

皮 16 人、单划 22 人，运动员的年龄在 12~16 岁，平均训练年限为 2~4 年。

2015 年的训练营共有来自四川、福建、甘肃、湖南、河南、贵州、广东、海军、山西、辽宁、浙江、安徽等 12 个代表单位的 83 名运动员参加，双划 12 人、女皮 19 人、女划 5 人、男皮 21 人、单划 21 人，运动员的年龄在 12~18 岁，平均年龄 16 岁，平均体重 63 公斤，平均身高 171.5 厘米，平均训练年限大约 4 年。

2016 年的训练营有来自四川、福建、甘肃、湖南、河南、湖北、贵州、广东、云南、山西、浙江、安徽等 12 个代表单位，共 83 名运动员参加，参加 5 个项目的集训，运动员的年龄在 12~18 岁，平均年龄 16 岁，平均身高 170.5 厘米，平均训练年限大约 4 年。

三 青少年皮划艇激流回旋运动发展趋势

（一）深刻理解和掌握皮划艇激流回旋项目技术特点是发展首要任务

研究表明，皮划艇激流回旋比赛中有氧供能比例约占 47%，国际比赛中男子皮艇项目成绩约为 90 秒，国际优秀男子运动员卧推、卧拉绝对力量达到 150 千克，属于典型的体能主导类竞速项目。根据皮划艇激流回旋激流回旋专项特点，其专项技术主要包括三大类，分别是皮划艇激流回旋基本划船技术、识别水流控艇技术和激流中通过水门技术。

实际上，皮划艇激流回旋基本划船技术是指静水划船基本功，包括皮划艇静水基本功和激流回旋基本功。一名皮划艇激流回旋运动员首先要掌握正确的皮艇或划艇静水划船技术，然后，再根据皮划艇激流回旋项目特点，进一步在静水中练习旋转、侧船、翻滚、支撑、平衡和身体姿势等皮划艇激流回旋基本技术，由此掌握全面的皮划艇激流回旋基本划船技术。

识别水流控艇技术是指运动员在熟练掌握正确的皮划艇激流回旋基本划船技术以后，通过认识激流的特性，掌握在激流中如何识别水流、利用水流、选择线路、控制船艇，减小阻力提高速度的技术，包括在激流中选择划行线路、转船时机、转船方式、转船角度、侧船、平衡和身体姿势等皮划艇激流回旋专项技术。

激流中通过水门技术是指利用激流回旋基本划船技术和识别水流控艇技术，按照赛道中水门的设置，以最快速度，经济高效且没有失误地通过水门的技术。通常也指皮划艇激流回旋项目的专项技术，速度、高效、准确是其鲜明的特征。

综上所述，一名优秀的皮划艇激流回旋运动员的成长，在青少年训练阶段，其首先需要接受系统的静水皮划艇基本技术训练，正确掌握静水皮划艇基本划船技术以后，再在静水中练习激流回旋基本划船技术，包括爱斯基摩翻滚技术。

青少年进入专项初级阶段后，开始在缓流和激流中练习基本划船技术，与此同时开展系统的体能训练，深刻认识皮划艇激流回旋全程竞速的项目本质，逐步提高体能水平，为专项技术训练奠定基础。

在专项提高阶段（青少年成长阶段），运动员已经较好地掌握了皮划艇激流回旋专项技术，并具备完成全程竞速的基础体能，通过参加各类比赛提高自己的专项能力和参赛能力，促进竞技水平向高水平发展。在此阶段，需要重视运动员专项体能的发展，同时强化运动员皮划艇激流回旋的专项技能。

进入专项高水平保持阶段，运动员竞技能力已经接近国际优秀水平，在巩固专项体能和技能的基础上，继续强化运动员的专项心智能力和参赛能力。通过对专项本质特征的深刻认识，以及参赛经验的积累，在保持高水平体能和技能的前提下，避免比赛失误，提高专项成绩，进入国际优秀运动员行列。

总体来讲，青少年皮划艇激流回旋运动员基础训练的核心内容包括：皮划艇静水划船基本功、皮划艇激流回旋划船基本功、专项技术的体能基础、识别与利用水流能力、技术在激流中的高效运用等。

（二）提高教练员执教水平使项目可持续发展

全国皮划艇激流回旋教练员队伍储备不容乐观，目前全国各省队激流

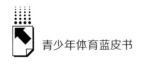

回旋专项教练员 31 人，业余教练员 22 人，总计 53 人，与运动员配比约为 1∶5。而配备专职体能教练员的仅有福建、广东、四川和山东四支队伍，共计 4 人，与运动员配比为 1∶62。显然目前教练员总体储备不足，尤其是专职体能教练员太少，严重制约了我国皮划艇激流回旋项目运动员体能训练水平和整体竞技能力的发展。

全国现有的皮划艇激流回旋教练员中，国家级教练员 3 人，高级教练员 8 人，拥有高级职称的占比为 35%，中级及以下职称教练员 20 人，占比为 65%。中级及以下职称教练员大多数在省队一线成人队伍中。绝大多数青少年运动员的教练员是退役后直接从事教练员职业的运动员，这些年轻的教练员接受过系统的皮划艇激流回旋专项训练，但基础知识、执教经验和业务能力有待加强提高。所以，只有提高从业人员的执教水平才能更好地推动我国皮划艇激流回旋项目的创新发展。

（三）全运会成绩体现激流回旋项目发展的现状

第十三届全运会皮划艇激流回旋项目比赛共有五个项目，分别是男子单人皮艇、男子单人划艇、女子单人皮艇、女子单人划艇、男子双人划艇。各项目前三名集中在福建、四川、广东、湖北、辽宁、山东六个省份，其中福建包揽了男子单人皮艇、男子双人划艇和女子单人划艇三个项目的金牌，四川获得女子单人皮艇和男子单人划艇两个项目的金牌。从第十三届全运会皮划艇激流回旋项目获奖省份的分布可看出开展激流回旋项目的省市近些年在激流回旋后备力量发展方面的投入力度与重视程度在加大。

综上所述，我国青少年皮划艇激流回旋项目通过开展各种训练营活动，在一定程度上促进了皮划艇激流回旋项目的发展，其训练营业已呈现一定的特色。未来，可通过深刻理解和掌握皮划艇激流回旋项目技术的特点、提高从业人员及教练员的执教水平，促进项目的可持续发展。

B.22
我国青少年滑水、摩托艇、潜水、极限项目运动开展现状与发展趋势

国家体育总局水上运动管理中心

摘　要：　近年来，得益于国家经济飞速的发展和人民群众对体育运动认识的提高，我国的滑水、摩托艇、潜水和极限项目的普及度大大提高，尤其是青少年参与人数逐渐增多。同时，为了推进健康中国建设和全民健身运动，丰富中小学生的暑期生活，各个项目各项活动也开展得如火如荼。随着我国市场经济体制改革的不断深化与发展，体育市场化和社会化发展趋势已不可逆转，我国滑水和摩托艇、潜水和极限项目的发展与创新也面临诸多机遇与挑战。本文综述这四个项目开展的基本情况、开展的特色与亮点、发展趋势及促进发展的措施，以使各个项目能够得到更长远的发展。

关键词：　滑水　摩托艇　潜水　青少年　体教结合

一　青少年滑水运动、摩托艇运动、潜水及极限运动开展的基本情况

（一）青少年滑水运动、摩托艇运动开展的基本情况

近年来，得益于国家经济的飞速发展和人民群众对体育运动认识水平的

提高，我国的滑水运动和摩托艇运动普及度大大提高，尤其是青少年参与人数逐渐增多。为了贯彻落实国务院提出的《关于加强青少年体育增强青少年体质的意见》和《全民健身条例》，使青少年学生广泛参与到体育活动中来，度过一个丰富多彩、充满活力的成长期，同时，也为了更好地推动我国滑水和摩托艇项目的发展，达到挖掘更多优秀的青少年人才从事水上项目的目的，协会积极开展各式各样的比赛和活动，并开设滑水公开组、滑水业余组和摩托艇各类公开赛等青少年可以参与的项目。目前，青少年运动员的成绩逐渐提升，相信不久之后，滑水和摩托艇项目就可以顺利度过新老交替的重要阶段。

同时，在国家体育总局和国家体育总局水上运动管理中心领导的高度重视和大力支持下，中国滑水潜水摩托艇运动联合会（文中简称协会）积极推进滑水和摩托艇项目在青少年中的开展和普及工作，并重点以办好滑水夏令营、滑水狂欢节和摩托艇推广体验活动等为切入点，组织主办了多期青少年滑水和摩托艇体验活动，扩大滑水和摩托艇项目在青少年中的影响，吸引他们参与滑水和摩托艇运动。近五年，协会共举办了20多期全国青少年滑水和摩托艇夏令营，其中2016年的4期夏令营对于入选学员采取全部免费的方式，这种体育与公益相结合的方式使家长十分满意，报名踊跃，效果显著。青少年夏令营活动使各地学员萌发了参与水上运动的兴趣，不仅向小学员普及了滑水和摩托艇知识，让孩子们亲近滑水和摩托艇，同时为滑水和摩托艇项目发现和培养优秀后备人才提供了良好路径。

1. 赛事结构

一直以来，协会以赛事改革为抓手，进一步完善青少年运动员成长评价体系，优化青少年运动员成材环境。根据青少年滑水和摩托艇运动员成材规律和文化学习需要，我国对目前现有青少年赛事体系进行统筹规划，逐步形成年龄结构合理，国家、省（区市）、地市各个层面衔接紧密，参赛人群目标清晰、业余专业统一的新型青少年赛事体系。

与此同时，按照不同年龄段、不同参赛目标设计赛事结构。低年龄段赛事充分利用寒暑假、周末和法定假日，减少请假，就近参赛；高年龄段赛事和国际青少年、国内职业赛事紧密衔接。根据不同年龄段和成长目标，结合国际、国内比赛要求，借鉴其他滑水和摩托艇发达国家的先进经验，调整国际、国内排名权重，注重小年龄段运动员文化学习所占时间比重大的特点，制定各年龄段青少年运动员评价标准。14 岁以下运动员评价标准以国内赛事排名和表现为主要依据，国际赛事排名和表现作为参考；16 岁以下运动员按照国内和国际赛事排名和表现同等权重为主要评价标准；16 岁以上运动员以国际比赛排名和表现为主要评价标准。

2. 训练营的举办情况

为推进健康中国建设和全民健身运动，丰富中小学生的暑期生活，协会近几年在暑假期间都会举办全国青少年滑水和摩托艇夏令营。夏令营面向大中城市的中小学生，引导该群体积极参与亲水运动，引领他们关注大自然，爱护水资源。近年来，协会共举办了 20 多期全国青少年滑水和摩托艇夏令营。夏令营活动情况如下：与有关地市俱乐部或专业队合作，招生对象具体为 8～12 岁的青少年，每期 5 天，限定 25 名营员，每天 4～5 个小时的滑水和摩托艇培训及体验活动，由协会免费提供滑水和摩托艇专业拖船和培训教练等工作人员。2015 年全国滑水和摩托艇夏令营在北京、天津、上海、广西柳州、山东日照、江西九江、安徽合肥、安徽黄山等地举办；2016 年全国滑水和摩托艇夏令营在北京、天津、上海、山东日照、深圳盐田、江西九江、广西柳州等地举办；2017 年全国滑水和摩托艇夏令营在北京、天津、上海、湖南长沙、四川成都等地举办。

夏令营举办目标：通过培训使青少年学员能独自下水；掌握各种水上技能，水上理论知识，提高生活自理能力；提升主动学习意识，增强团队合作精神；提高交际和沟通的能力，培养自信和勇气；养成善于理解、体谅和富有爱心的性格。

夏令营培训课程：水上安全知识与水上环境保护知识；水上运动知识；滑水和摩托艇基本理论知识；救生实际操作；救生理论和技能；滑水和摩托艇注意事项以及安全事项；滑水和摩托艇比赛规则等。

这几年经过连续举办滑水和摩托艇夏令营，协会积累了活动经验，同时更多更直接地了解到青少年及其家长对滑水和摩托艇项目的认知和需求。夏

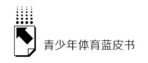
令营也提高了协会和俱乐部老师及教练员个人对青少年的管理能力和教育能力，同时更加了解了青少年群体，积累了许多宝贵的经验。

参与夏令营的青少年运动技术水平得到了全面提高：整个夏令营期间，训练活动安排以基础训练为根本，坚持严格、扎实、高起点的训练要求。大多数学生掌握了滑水运动和摩托艇运动的基本常识，还对皮划艇、桨板、帆船等运动有所了解和体验。营员们普遍感到在活动过程中不仅学到了在普通学校课堂里学不到的运动技能，还意识到在集体生活中要与人友善相处。孩子们学到的各种水上技能方法，也提高了他们日后的生活技能。

参与夏令营的青少年意志品质、思想作风以及团队精神得到了较好的培养。夏令营期间，教练员和学员们同吃同住同甘苦，烈日下大家共同经受曝晒。在整个的夏令营活动中，没有学员叫苦叫累，所有学员意志顽强，作风扎实，思想健康，纪律严明，切实为今后从事水上训练打下良好的基础。

在夏令营结束后，许多学生意犹未尽，又自发地来到各地的俱乐部进行滑水和摩托艇训练，有的还带来了自己的同学和朋友，周末也有不少家长陪同孩子一起来感受滑水运动和摩托艇运动的魅力。俱乐部还在参加夏令营的孩子们中选拔了几位优秀营员，组织他们参加此后的滑水和摩托艇相关比赛。

随着各地区经济水平、教育水平的提高，期望参与体育活动的青少年人数日益增多，急需更多的滑水和摩托艇体验活动。但由于过去重视不够，滑水运动和摩托艇运动离普通百姓的生活和普通中小学生的教育似乎比较远。期待在国家体育总局青少司的关心和支持下，今后能够举办更多的滑水和摩托艇夏令营活动，让孩子们从沉重的学习负担中解脱出来，用滑水运动和摩托艇运动的魅力去影响孩子们，促进孩子们身心更加均衡科学地发展。

3. 国际获奖情况

（1）滑水国际获奖情况

2016年韩国亚锦赛成绩：韩秋获得女子尾波公开组第一名、老三项团体第三名、波团体第三名；龚浪波获得女子回旋青少年组第五名、女子花样青少年组第四名；蒋慧获得女子花样公开组第四名。2016年墨西哥索道尾波世锦赛成绩：于美玲获得女子U15第六名，徐露获得女子U15第八名，段振坤获得女子公开组第七名。

尾波滑水方面：2004 年陈莉莉在新加坡举行的世界杯滑水赛上斩获了女子尾波第一名，这是中国队获得的第一个滑水世界冠军。2005 年在德国举行的世界运动会上，陈莉莉又拿下该项目冠军，并在当年获得劳伦斯年度最佳非奥项目运动员提名。2011 年在意大利米兰举行的世界尾波滑水锦标赛上，韩秋、段振坤分别拿下女子尾波 U18 组的冠、亚军，并在同年打破了尾波滑水吉尼斯世界纪录（30 秒内完成八个空翻），2013 年韩秋在哥伦比亚举行的世界运动会上获得了冠军，她是继陈莉莉之后再次获得女子尾波世界冠军的又一名中国运动员。

索道尾波方面：2014 年国内开始有人接触索道尾波项目，由于索道运营成本和参与成本都相对低廉，欧美、东南亚等旅游发展大国已经把该项目设为单独旅游项目来开发。据不完全统计，每年索道项目大小赛事超过百场，参与人数超过百万。当时在尾波项目获得世界亚军的 18 岁运动员段振坤决定改项，开始主攻这一新兴项目。经过几个月的训练，段振坤在第四届泰国亚沙会上取得了巨大突破，力战众多高手拿下女子索道尾波的金牌。在 2016 年 11 月结束的墨西哥索道尾波世锦赛中，段振坤是唯一一位进入女子公开组前八的亚洲选手，也是现在索道尾波亚洲排名第一的女运动员。刚满 14 岁的徐露、于美玲也在该项目的世界锦标赛中分获 U15 的第六、第八名。徐露、于美玲只接触索道尾波短短 1 年，就取得了这样的成绩，让我们对于未来中国索道尾波项目充满新的期盼。

艺术滑水方面：自 2012 年起，中国队连续参加了 3 届世界艺术滑水锦标赛。在艺术滑水和摩托艇项目中，大多数运动员的年龄非常小，青少年运动员占了绝大多数。在 2016 年世界艺术滑水锦标赛中，中国队首次向世界展现了自己的五层罗汉，运动员杨刚力战其他国家男运动员，荣获"最佳男运动员"称号。

（2）摩托艇国际获奖情况

过去几年来，协会想方设法筹集资金组织训练，提高竞技水平，通过多种渠道多种方式克服外事计划和经费不足造成的限制，增加与国外的交流合作，努力攀登世界摩托艇竞技高峰，取得了较好的效果。由协会和深圳天荣

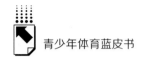

公司合作共建的中国深圳天荣 F1 摩托艇队连续三年夺得 F1 摩托艇世界锦标赛年度总冠军，创造了在高科技机械动力体育项目上夺得三连冠的奇迹，同时也连续两年获得 CCTV 体坛风云人物年度最佳团队奖提名。对于在近代工业革命落后欧美近百年，在机械工业、动力科技领域缺乏足够经营经验和积累的中国，F1 摩托艇世界冠军的头衔内涵丰富、意义巨大、影响深远，它不但是我国摩托艇项目的突破，也是中国队在高端机械动力领域经过多年努力和辛勤付出获得的成果。

近年来，我国水上摩托艇竞技水平和比赛成绩也在逐年提升，先后在 UIM 世锦赛和 IJSBA 世界总决赛中获得前六名并站上领奖台。其中，国家摩托艇队柳州坐式水上摩托选手刘益成、巫荣华，2016 年在泰王杯赛事上分别夺得冠、亚军，成为在泰王杯这个竞争激烈的国际水上摩托艇赛事中首次站上最高领奖台的中国人，虽然不是最高组别，但客观真实地反映了我国水上摩托艇项目近年来竞技水平的快速提升和竞争力的显著增强。此外，我国新开展的水上飞人和 P750 高速橡皮艇项目的竞技水平也得到了快速提升，水上飞人项目的水平基本居于世界前列，多次在国际性比赛中争金夺银。

（二）青少年潜水运动开展的基本情况

潜水运动包括蹼泳、水中定向、水下狩猎、水下曲棍球、水下橄榄球、水下摄影、水下探险、水下旅游、水下寻物、水下科研、休闲潜水等。其中蹼泳比赛包括蹼泳、屏气潜泳、器泳。蹼泳是在游泳池中竞速潜水的一个运动项目。蹼泳运动大体分为水面蹼泳、水下屏气游泳和水下带空气呼吸器的器泳三大类，共 28 个比赛项目。

目前我国在青少年中开展的潜水运动主要是蹼泳和休闲潜水，由于潜水技术要求较高，并且在开展过程中存在一定的风险，其他的潜水运动目前在国内开展较少。近年来，青少年潜水项目的发展呈现了两方面的情况：一方面，蹼泳运动由于为非奥项目，并且在泳池开展有一定的器材要求，其在青少年群体中的开展水平不高；另一方面，休闲潜水作为一种新兴时尚的体育项目，伴随着旅游热潮的掀起，目前参与休闲潜水，特别是青少年体验潜水的人数与日俱增。

1. 潜水运动国内竞赛情况

2016 年和 2017 年我国分别在山东和广西举办了全国青少年蹼泳锦标赛，2017 年共有约 300 人参加全国青少年蹼泳比赛，为最近五年来参赛人数最多、规模最大的一次。由于广西区运会保留了蹼泳项目，所以在广西地区竞技潜水的青少年参与度较高，竞技水平也不错。但是与国际上同年龄段的青少年运动员相比，他们还有一定的差距。

2. 潜水运动国际竞赛及获奖情况

2014 年我国组织了部分运动员参与到亚洲青年蹼泳锦标赛中，并且获得了 6 枚金牌、2 枚银牌的好成绩。

（三）青少年极限运动训练营活动开展的基本情况

极限运动独有的精神、文化、运动这三个属性使极限运动成为一个创意型体育文化产业，是非奥项目和社会性项目的集合体，具有无限延伸性，永远走在时尚和新奇的最前沿。

近年来，国内青少年极限项目进入了一个高速发展的时期，特别是伴随着滑板、冲浪、BMX、攀岩项目进入奥运会，国内的极限赛事活动处于井喷式发展的一个阶段。青少年参与极限运动的热情以及社会对极限运动的认知伴随着极限运动进入奥运会这个大家庭，得到了进一步的提升。

目前国内专业的极限协会较少，青少年极限运动的发展与普及活动主要以单独委员会的形式在极限运动协会的领导下开展。在国家体育总局的领导下，借助社会力量的支持，滑板、冲浪等极限运动发展势头良好。2016 年以来，为了更好地在青少年中普及该项运动，相关部门结合社会各界力量，在上海、湖州、海南、烟台、深圳等地开展了全国青少年极限夏令营和冬令营活动，取得了较好的效果，培养了青少年对极限项目的兴趣并丰富了他们的暑期生活。

二　青少年滑水运动和摩托艇运动、潜水及极限运动开展的特点和亮点

（一）青少年滑水运动和摩托艇运动开展的地域特色

各地在青少年滑水运动和摩托艇运动开展过程中，有着自己的地域特色。首先受限于水域环境，青少年滑水和摩托艇开展较好的地区多数在南方，集中在广西、广东、四川、湖南、上海等地区。同时由于城市经济发展水平相对较高，北京、天津近年来在青少年滑水和摩托艇运动方面发展势头迅猛。

（二）青少年潜水运动开展的亮点和特色

1. 参与人群进一步扩大，参与年龄进一步降低

伴随着潜水运动的发展，未来青少年潜水运动的参与人群将进一步扩大，青少年潜水运动的技术水平将会进一步提升，青少年参与潜水的门槛将降低，安全性将逐步提高。

2. 逐渐与游泳项目相结合

青少年竞技潜水的入门与儿童学习游泳有一定的共通性，目前在青少年赛事活动中，我们积极将短蹼吸纳进来，以降低青少年接触潜水的门槛，吸引更多的青少年参与到潜水中来。

3. 青少年潜水运动实现跨项结合

青少年竞技潜水项目，由于其项目小众、技术要求高等特点，将会深入地与其他项目结合，特别是游泳项目。潜水运动需要借助其群众基础好、参与度高的项目优势，来实现自身的发展。

（三）青少年极限运动开展的亮点与特色

在青少年极限运动的发展过程中体现了以下三个亮点与特色。

1. 延伸性和前沿性

青少年极限运动是一类运动概念的集合体，不局限于某一种运动，具有无限延伸性，永远在时尚和新奇的最前沿。

2. 文化性和创意性

青少年极限运动与时尚潮流文化和创意文化紧密相连。

3. 多样性和冒险性

青少年极限运动本身也是一种旅游资源，这种集旅游与极限运动于一体的体育旅游形式已成为一种时尚。美国心理学家弗兰克认为，所有动物当中只有人类会为了寻求刺激而冒险，但不同的人冒险意愿强弱程度不一样。青少年极限运动中蕴含的融入自然、挑战自我、达到天人合一的内在特点，满足了青少年对体育运动更高层次的追求。

三 促进青少年滑水运动和摩托艇运动的举措
及极限项目发展趋势

（一）促进青少年滑水运动和摩托艇运动发展的举措

（1）未来协会总体要以加强俱乐部建设为基础，以扩大青少年滑水和摩托艇爱好者规模为目标，以组织一系列夏令营和狂欢节活动为手段，进一步丰富滑水和摩托艇赛事及其活动供给，满足群众的需求。协会计划每年7～9月在北京、天津、上海、江西、广东等地开展滑水和摩托艇夏令营活动和滑水狂欢节活动，并策划举办冬令营活动。

（2）继续鼓励有条件的省市和地区举办群众性滑水和摩托艇赛事以及青少年滑水和摩托艇活动，增加开放性赛事，吸引更多的人参与，尤其是有潜力的青少年。鼓励在相关比赛中设立业余组和青少年组，进一步推动滑水运动和摩托艇运动走向社会、走向百姓。

（3）近年来，以网络、移动新媒体等为代表的新媒体冲击着人们接触和选择传媒的方式。协会可以通过加强新闻媒体宣传的方式促进青少年对滑水运动和摩托艇运动的认知，吸引有潜力的年轻人加入滑水和摩托艇大家庭。

（4）项目开展过程中要举办各种不同目标的赛事，包括从业余到职业的多层级赛事。应努力构建建立在大区域协作赛区基础上的正金字塔形竞赛体系。虽然西北地区经济欠发达，滑水人口少，但不是说就不能开展区域协作性比赛。要积极尝试，鼓励各省和省际的区域性比赛广泛开展。比如，京津冀青少年滑水和摩托艇比赛，既符合国家战略要求，又能够有效开展区域竞赛合作，增加三地青少年滑水和摩托艇比赛次数，尽可能缩短赛程，努力提高办赛质量和效率，着力增加10~12岁青少年的比赛数量，采用商业化模式运作青少年滑水和摩托艇赛事，加强对青少年滑水和摩托艇赛事的媒体宣传力度和赞助力度，实现"以赛养赛"的目的。在赛事目标上，制定两条线发展目标。一是"高精尖"培养方向的赛事，二是基层培养方向的赛事。而当下重要的是怎样让不同水平的青少年都有比赛打，怎样把业余和专业赛事合理衔接，国内和国际赛事合理衔接。

（5）加强基础理论研究，与相关院校合作，加大滑水运动和摩托艇运动青少年训练体系建设基础理论和青少年训练体系建设思路的研究和论证工作。基础理论主要围绕世界优秀滑水和摩托艇运动员成材趋势、世界青少年滑水和摩托艇运动员成材规律、中国青少年滑水和摩托艇运动员成材规律进行研究，包括支撑青少年训练体系建设的运动员成材阶段划分、赛事年龄阶段划分以及不同年龄阶段采用的赛事组织形式等。

（6）通过"全国滑水运动和摩托艇运动青少年发展计划"，将在全国择优建立首批12个俱乐部和中小学合作的站点。各合作站点的学生每周进行训练及组织比赛，从中挑选优秀青少年选手参加全国总决赛。通过这种大基数、金字塔模式，推动滑水运动和摩托艇运动在青少年群体中的普及，并不断选拔优秀后备力量。通过实施滑水和摩托艇项目进校园计划，积极与各类学校合作，将滑水运动和摩托艇运动带入校园。但是要使滑水和摩托艇这种受众面较小的运动项目能够植根于平常百姓的生活，能够从校园起步进而发展到专业队层面，我们还有很长远的路要走。

（二）青少年极限运动发展趋势

伴随着多项极限运动项目进入东京奥运会，未来青少年极限运动必然会进入一个快速发展时期，并将逐步细化和繁荣起来。

1. 极限运动呈现专业化和职业化趋势

未来青少年极限运动的赛事和培训将会从目前相对粗放的举办形式逐步向专业化和职业化方向发展，活动的承办者也将会越来越专业。伴随着极限运动产业，特别是青少年极限运动产业的发展，一部分真正的职业化青少年极限运动员将会出现，这一批人将会是引领未来中国极限运动发展的"弄潮儿"。

2. 青少年极限运动组织百花齐放、百鸟争鸣

由于极限运动在我国的情况特殊以及参与奥运会的极限运动并没有一个统一的国际组织，而是由多个单项协会主导着极限运动竞赛组织工作，目前我国青少年极限运动的组织还比较单一。未来这些与极限运动相关的单项协会都将逐渐意识到极限运动的广阔市场和庞大的青少年群体，不是只有体育项目相关群体组织才会参与到推动青少年极限运动的发展中来，教育、文化等领域的组织也将成为推动青少年极限运动发展的重要力量。

3. 建设一系列理论支撑体系，进行重点人才培养

下一阶段青少年极限运动的发展重点应该是在结合国内体育改革的实际情况的基础之上，广泛吸收国际先进经验，建设一整套极限运动的技术理论体系，并依此开展极限运动的人才培训工作。

作为目前的非奥项目，青少年滑水、摩托艇、潜水及极限运动项目在国家与社会的大力推动下，未来也会有一定的发展。期待通过专业化与职业化的发展以及进一步建设起理论支撑体系、人才的重点培养等措施促进这些小众项目的长足发展。

B.23
我国青少年武术运动的开展现状与发展趋势

郭玉成　洪浩　米靖*

摘　要：　青少年武术关系着中国武术文化的传承与发展，在全球国际化发展趋势下，面对西方体育文化的强势冲击，青少年武术运动的传播与发展对增强广大青少年学生民族文化认同、增进青少年学生体质与健康、实现中华民族文化伟大复兴等都具有十分重要的战略意义。本文通过梳理青少年武术运动的开展现状以及 2016～2017 年度青少年武术竞赛情况，提出促进青少年武术项目发展的举措、总结青少年武术运动开展的新亮点，以期有助于中国青少年武术运动能够得到更加长远的发展。

关键词：　青少年　武术运动　武术竞赛　校园武术

武术作为中国优秀传统文化的瑰宝，越来越受到党和国家的高度重视，各级政府和体育行政管理部门也采取了一系列的措施支持武术事业发展，这些都为中国武术提供了难得的历史性发展机遇。近年来，随着国内国际体育赛事的不断传播、推广，武术运动成为中华民族传统体育现代化的典型代表。与此同时，政治、经济与社会的不断发展，促进武术运动的价值、功能、需求、走向也在发生着重要变化。青少年武术作为武术运动的重要组成

---

* 郭玉成，上海体育学院教授；洪浩，河南大学体育部主任、教授；米靖，北京体育大学竞技体育学院教授。

部分，在全民健身国家战略、健康中国国家战略、体育产业国家政策实施的大背景下，如何改革创新、适应时代发展，如何将武术运动继续向广阔的青少年市场推广，成为武术运动发展的重要议题之一。

一 青少年武术运动的开展现状

青少年武术运动的开展现状主要从校园武术活动的发展状况、青少年武术竞赛的举办情况两方面展开分析，其中校园武术活动情况包含武术进校园活动的开展、武术传统项目学校数量攀升以及武术进乡村学校少年宫活动如火如荼地进行等方面。而武术竞赛主要包含全国性竞赛及国际武术竞赛两个方面。

（一）校园武术活动的发展状况

1.武术进校园活动蓬勃开展

2010年《关于推广实施〈全国中小学生系列武术健身操〉的通知》的下发，更加有效地加快了武术健身操在全国中小学校的推广实施。2016年8月17～18日，以"传承中华传统文化、争做阳光好少年"为主题的武术进校园试点单位成果展示交流大赛在江苏太仓举办，来自全国15个试点单位的24支代表队参加了比赛。2016年9月9日，第二届全国体育运动大会在天津举行，其中10所学校进行了武术健身操和段位长拳比赛，向全国武术界展示了武术在学校的推广成效。11月26～29日，在江苏太仓召开了2016年度武术进校园经验交流会暨中国武术协会青少年与学校武术指导委员会会议，与会代表还观摩了江苏省中小学生锦标赛和太仓市武术进校园展演。

2.武术传统项目学校数量攀升

经过多年的培育，体育传统项目学校已成为武术进校园的重要力量。2016年7月27～28日，吉林长春举办了全国体育传统项目学校武术师资培训班，来自全国各传统校的70余名体育老师参加了本次培训。8月8～10日，在广州举办了全国体育传统项目学校联赛武术比赛，来自全国22个省份的52支代表队437名运动员参加了比赛，参赛学校数量比上年增加了1/3。整个比赛展

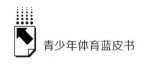

现出较高的武术竞技水平，反映了全国体育传统校武术教学取得的良好成果。

3. 武术进乡村学校少年宫活动开展得如火如荼

为弘扬中华传统文化，发挥乡村学校少年宫作用，中央文明办提出联合国家体育总局和教育部开展"中华武术走进乡村学校少年宫"工作，让农村的未成年人有机会认识和了解中国优秀传统文化，通过习练武术，增强身体健康，增进民族认同。从师资培训入手，2014年至今，已在河北、山东、贵州、福建、吉林、四川、河南、海南等8个省份举办了师资培训班。2016年10月10日，中央文明办、国家体育总局青少司和国家体育总局武术管理中心三方一起召开了协调会，总结了近几年乡村学校少年宫武术试点师资培训工作的经验，确定了今后武术进乡村学校少年宫工作的方向。

（二）2016～2017年度青少年的武术竞赛情况

1. 2016～2017年度青少年全国性武术竞赛的举办情况

2016年5月17日，由国家体育总局武术运动管理中心、中国武术协会主办的2016年全国青少年武术套路锦标赛暨第六届世界青少年武术锦标赛选拔赛在广东省广州市开赛，来自全国各省区市、行业体协、体育院校和武术训练基地的40支代表队，434名运动员、教练员参加此次赛事。全国青少年武术套路锦标赛主要针对未满18岁的武术套路运动员，赛事按年龄段分成A、B、C三组。本次锦标赛继续设置了集体基本功项目，并且规定所有参赛运动员必须参加集体基本功的比赛，否则将取消个人单项成绩。集体基本功要求每人均完成5种直摆性腿法、3种屈伸性腿法、3种击拍性腿法、2种扫转性腿法、5种跳跃动作、5种步行。本次全国青少年武术套路锦标赛同时是第六届世界青少年武术锦标赛的选拔赛，其中表现出色的运动员将有机会代表中国参加该项武术大赛。

2016年5月30日，2016年全国青少年武术散打锦标赛暨第六届世界青少年武术锦标赛选拔赛在山东省德州市体育中心开赛。来自全国各省、自治区、直辖市以及新疆生产建设兵团相关体育院校的47支代表队442名运动员参赛。比赛为期五天，共分男女48公斤级、52公斤级、56公斤级、60公斤级，以及男子 65 公斤级、70 公斤级、75 公斤级、80 公斤级 12 个竞赛项目。为选拔技术过硬、综合表现优秀的运动员代表国家参加第六届世界青少年武术锦标赛，主管部门特将全国青少年武术散打锦标赛设为世界青少年武术锦标赛的选拔赛。参加全国青少年比赛的运动员都是目前国内最高水平的青少年运动员，经过五天十个单元的比赛，共选拔了男子五名运动员、女子三名运动员参加第六届世界青少年武术锦标赛。

2016 年 7 月 16～20 日、8 月 22～25 日，第十六届全国武术学校散打比赛和套路比赛先后在河北保定和黑龙江伊春成功举办。散打比赛有来自 95 所武校的 574 名运动员参赛，套路比赛则有来自 106 所的武校 501 名运动员参赛，参加比赛的学校数量及运动员人数都达到了历史最高水平。与此同时，赛事规模也达到了历届全国武术学校散打和套路比赛的最高规模，尤其是散打项目，开创了两个擂台同时比赛的景象。

2017 年 6 月 7 日，在江苏无锡举行了全国青少年武术套路锦标赛暨第九届亚洲青少年武术锦标赛选拔赛。本次比赛是年度全国青少年最高水平赛事，由中国武术协会、江苏省体育局、无锡市人民政府主办，无锡市体育局承办。本次比赛旨在检验各省武术后备人才的储备以及梯队建设情况，并为青少年武术训练指明正确的方向。比赛分为 A、B、C 三个组别，参赛人员均为 7～18 周岁的青少年运动员，共有来自全国 42 支代表队的 370 名运动员报名参赛，成绩优异、技术全面的选手，还将获得代表中国参加 9 月在韩国举行的亚青赛资格。

2017 年 6 月 7 日，全国青年武术散打锦标赛暨第九届亚洲青少年武术锦标赛选拔赛在浙江省湖州市吴兴区开赛。此次比赛由国家体育总局武术运动管理中心、中国武术协会、浙江省体育局主办，湖州市吴兴区人民政府、湖州市体育局承办，湖州市吴兴区文化体育局协办。本次比赛共有来自 46 个参赛单位的近 400 名运动员参加。青年锦标赛作为年度计划内重要赛事之一，为全国青年武术散打运动员切磋技艺、交流经验、提高水平提供了良好的平台。比赛除了设置男子 8 个级别和女子 4 个级别共 12 个级别的竞赛项目外，还设置了 4 个级别的表演项目（男子 28 公斤级、33 公斤级、36 公斤级、45 公斤级），参赛年龄

12~15岁不等。此次少年表演赛的尝试与探索，旨在为进一步规范发展青少年武术散打运动奠定基础、指明方向，为今后政策的制定积累宝贵经验。本次比赛亦为第九届亚洲青少年武术锦标赛的选拔赛，比赛结束后，将选拔8名技术全面、武德高尚的优秀运动员参加在韩国举行的第九届亚洲青少年武术锦标赛。

2. 2016~2017年度青少年国际武术竞赛的获奖情况

2016年10月3日，第六届世界青少年武术锦标赛在保加利亚布尔加斯落下帷幕，中国武术代表团共有20名运动员参加了本次比赛，其中武术套路运动员12人、武术散打运动员8人。比赛中，全体运动员充分发挥了自己的技战术水平，展现了中国武术的风采，再一次为武术国际推广做出自己应有的努力。本次世界青少年武术锦标赛共有51个国家和地区参加。经过激烈角逐，最终中国武术运动员取得19金1银的优异成绩，其中套路运动员12人参赛获得12枚金牌，散打运动员8人参赛获得7金1银。

2017年9月16日，由亚洲武术联合会主办、大韩武术协会承办的第九届亚洲青少年武术锦标赛在韩国龟尾市拉开帷幕。亚洲武术联合会主席霍震寰、大韩武术协会会长朴昌范、韩国庆尚北道知事金宽容、韩国龟尾市市长南洧镇、各国选手代表团及组委会相关人员共1500余人出席了开幕式。大韩武术协会曾于1993年举办亚洲武术锦标赛、2007年举办第四届亚洲青少年武术锦标赛及2014年协办亚洲运动会武术比赛，2017年再度承办第九届亚洲青少年武术锦标赛，显示出韩国致力推动武术发展的决心。亚洲青少年武术锦标赛由亚洲武术联合会主办，是亚洲青少年最高级别的武术大赛，每两年举行一届，由各会员国或地区轮流举办。本次比赛共有来自中国、韩国、日本、蒙古、越南、菲律宾等19个国家和地区的超过430名人员参与。中国青少年武术运动员在该项比赛中共获得19枚金牌、2枚银牌。

二 促进青少年武术项目发展的举措

（一）创新思维模式，积极推动武术段位制进校园工作顺利实施

2016年，武术进校园工作成为青少年武术运动工作的重点。国家体育

总局武术运动管理中心于 4～5 月先后赴江苏、黑龙江、贵州、海南等省进行调研，实地考察武术进校园试点情况，并与当地教育部门、体育部门以及武协负责人进行座谈，对如何进一步推进武术进校园工作有了明确思路，并做了详细工作方案，得到了有关部门的大力支持。

武术段位制作为学校教育内容已经开始在广大青少年中普及，青少年群体作为主要的受众，如何进一步调动他们的学习积极性是武术段位制进一步推广的重点。目前我国已经出版了 20 多个拳种的段位制教材，2013 年武术段位制习练人数已超过 100 万，2015 年全年段位制在 10 个省市、20 个武术之乡、15 个实验学校的推广试点工作取得显著效果。在各级学校中段位制已成为主要的教学内容，段位武术习练者超过百万，全国现有武术段位考试点 629 个，获得段位的已有 257137 人。2016 年 9 月 23 日，为进一步加强中小学生段位推广与普及工作，中小学在校生以学校为单位申报段前级与初段位不再收取费用，由各相关一级单位会员将段前级、初段位名单统一上传到中国武术段位制官方网站，主管部门将根据具体情况进行审核，向符合条件者免费发放一枚段位徽章。符合段位考试点申报条件的学校，经审核合格，由主管部门统一授予段位考试点牌匾。此举旨在大力加强武术在青少年学生中的快速推广，迅速打开段位制的青少年学生市场。

（二）加大监管力度，在完成全国武术学校新一轮审核备案工作的基础上，首次对全国武术学校运动员进行注册

为进一步加强武术学校管理，掌握全国武校的精确信息，2016 年初，相关管理部门对"十三五"时期参加全国武校比赛的武术学校进行了重新审核备案，进一步明确参赛学校必须是带有学历教育的民办武术学校，并责成各省（区、市）武术主管部门对辖地内武校进行把关，推动全国武校比赛更加标准化、规范化。经过严格审核，最终符合条件的参赛学校达到了 169 所，数量为历年最多。2017 年 3 月 1～31 日，武术主管部门与广东佛山擎天科技公司合作，顺利完成了全国武术学校运动员注册工作。据统计，2017 年注册武术学校总数为 129 所，注册套路运动员 1067 人，注册散打运动员 949 人。运动员必须

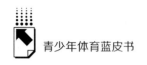
进行注册方可参加全国武术学校比赛。参赛报名时，报名系统与注册系统数据进行对接，进一步提升了全国武术学校比赛的标准化、规范化水平。

（三）积极开拓思路，首次与中国关工委、中国青少年宫协会等机构进行合作，为武术进校园开辟新渠道、提供新平台

与中国关心下一代工作委员会健康体育发展中心联合实施了"全国首届幼儿武术运动大会"暨千所"中华幼儿武术实践园、传承园"公益授牌三年行动计划，并于2017年5月29~30日在北京地坛体育馆举行了启动仪式，以此来更好地推动少儿武术的全面开展，积极落实"武术从娃娃抓起"的武术教育理念。青少年宫是推动青少年素质教育、促进青少年健康成长的综合性校外阵地。中国青少年宫协会隶属于共青团中央，是全国各地青少年课外活动场所组成的全国性组织。为此，武术主管部门与中国青少年宫协会积极联系，双方共同合作，将武术通过青少年宫系统推广到青少年人群中去。2017年5月15~19日，武术主管部门与中国青少年宫协会在吉林长春成功举办了"2017全国青少年宫系统武术教学带头人培训班"，首先从师资培训入手，推动武术进入青少年宫；同时还将与中国青少年宫协会继续深入合作，举办京津冀优秀少先队员武术体验公益夏令营和全国青少年宫武术套路比赛。

（四）加强制度建设，参与修订新一周期的武术套路和散打运动员技术等级标准

运动员技术等级制度是竞技体育的基本制度。修订和完善运动员技术等级标准，是武术项目制度建设的一项重要工作。按照国家体育总局竞体司要求，武术主管部门对新一周期的武术套路和散打运动员技术等级标准进行了修订，争取给习练武术的孩子更多机会。

三　青少年武术运动开展的新亮点

近年来青少年武术运动的积极开展，呈现了一些亮点与特色。

一是积极推动武术段位制进校园。通过制定青少年武术段位制度，可以客观有效地评估习武者的水平，激发广大青少年的习武热情，提高少年儿童习武积极性。促进武术项目在校园中的普及与发展。

二是在全国中小学推广实施武术健身操。2010 年 8 月，教育部办公厅与国家体育总局办公厅联合印发了《关于推广实施全国中小学生系列武术健身操的通知》，决定从 2010 年 9 月 1 日起，在全国中小学推广实施武术健身操。武术健身操既可以单练，又可以与同学互动，在形式上比传统的广播体操更加多样化，内容上比传统的广播体操更加丰富，同时简单易学。每天固定时间的练习和学习，有助于潜移默化地影响广大青少年，让武术根植于青少年的整个成长过程之中。

三是与各部委加强合作共同推进青少年武术运动开展。在国家体育总局青少司的大力支持下，国家体育总局武术运动管理中心积极联系教育部、中央文明办、团中央、中国关心下一代工作委员会等部委机构，改变了以往仅由体育部门一家推动青少年武术运动开展的旧格局，逐步形成了政府主导、各部门协同、全社会参与的青少年武术运动发展新局面。

为了贯彻落实"青少年活动促进计划"，进一步推进青少年学校武术工作，需要在政策方面、管理方面以及其他方面提供保障和支持，与此同时，创新思维模式，积极推进武术段位制进校园工作的实施；加大监管力度，完成全国武术学校新一轮审核备案工作；积极开拓思路，加强与各个机构单位的合作，为武术进校园开辟新思路；加强制度建设，修订新一周期武术套路及散打运动员技术等级标准等，这些都将进一步促进武术项目在青少年群体中的推广，促进中国武术文化的传承与发展。

学校体育篇

School PE

B.24
学校体育竞赛的改革与创新

王华倬　高鹏　周坤*

摘　要：　学校体育竞赛是学校体育工作中的重要组成部分，形式灵活、
　　　　　内容多样的学校体育竞赛活动，可让更多的学生体验到学校
　　　　　体育竞赛带来的乐趣，领略学校体育竞赛的魅力，从而为他
　　　　　们积极参与体育锻炼、养成良好的体育锻炼习惯及培养终身
　　　　　体育意识提供助力。改革后的第十三届全国学生运动会，在
　　　　　项目设置、参赛人员资格、办赛理念等方面与往届大有不同。
　　　　　通过学校体育竞赛，可使更多的人参与到学校体育活动中，
　　　　　更多的人在学校体育竞赛中受益。

关键词：　学校体育竞赛　学校体育　学生运动会　课外体育活动

*　王华倬，北京体育大学教育学院教授、院长；高鹏，北京体育大学教育学院讲师；周坤，北
京体育大学在读博士生。

一 2017年学校体育竞赛新进展

学校体育竞赛活动是学校体育工作中不可或缺的一部分，开展体育竞赛活动，有利于促进学生身心健康，有利于促进校园体育文化建设，有利于发现、培养学校体育后备人才，有利于培养学生团结合作精神。学校体育竞赛是学校体育的重要组成部分，是实现学校体育目标的基本途径之一。由教育部、国家体育总局、共青团中央主办，浙江省人民政府承办的第十三届全国学生运动会于2017年9月4～16日在浙江杭州举行。此届学生运动会认真贯彻了国务院改革大型综合性运动会的有关精神，是党的十九大召开前的一项全国性重大学校体育竞赛活动，全面展示了党的十八大以来我国学校体育工作取得的新成果。学校体育竞赛的教育性、娱乐性、公开性、多样性，有利于学校体育竞赛的开展，同时使学校体育竞赛综合性愈加强化，能够凸显学校体育竞赛的教育性，吸引更多的人参与不同层次的学校体育竞赛。

（一）学校体育竞赛的综合性愈加强化

第十三届全国学生运动会，由教育部、国家体育总局、共青团中央主办，浙江省人民政府承办，中国大学生体育协会、中国中学生体育协会协办，此届学生运动会综合性强，意义深远。竞赛项目多，竞赛分组科学合理。本届学生运动会是按照《中共中央办公厅国务院办公厅印发〈关于进一步规范大型综合性体育运动会申办和筹办工作的意见〉的通知》精神，首次将大、中学生运动会合并后举行的一次全国性学校体育重大活动，是对近年来学校体育改革发展成果的一次全面检阅和集中展示，是强化学校体育工作、增强学生体质的重要举措。目前，学校体育竞赛种类多，组织形式灵活，竞赛计划、竞赛方案考虑全面，具有可操作性。竞赛项目设计特点突出，项目普适性强，赛前准备充足，赛中组织科学合理，赛后工作安排妥当。竞赛方法适合学生的身心发展特点，计分方法便捷有效。学校体育竞赛范围广泛，包括大型国际性、全国性比赛，校内运动会、班级比赛。

（二）学校体育竞赛回归教育属性愈加明显

学校体育竞赛是学校体育的一部分，也是学校教育的一部分，其目的是育人。学校体育竞赛具有竞争性、教育性、多样性、文化性、课余性等特点。学校体育竞赛，能够促进学生高尚的道德品质、良好的心理品质与审美能力培养。第十三届全国学生运动会宗旨强调"团结、奋进、文明、育人"，主题凸显"励志奋进、奔竞不息"，以"突出教育特色、讲求综合效益"为原则，坚持立德树人和育人，将"创新、协调、绿色、开放、共享"的新发展理念和体育育人功能融入和贯穿筹备工作全方位全过程，聚焦精彩出彩，聚焦体育育人，聚焦学生获得感，传播体育文化，让体育回归教育，让体育运动回归校园，促进学生身心健康发展。学校体育竞赛是学校体育的重要组成部分，是教育的重要组成部分，其根本目的是育全人，育身心全面发展的人。学校体育竞赛不仅让学生掌握体育文化知识，还可以培养学生优良的思想品质，传承我国优秀体育文化。

（三）凸显学校体育竞赛的多元价值

学生体育竞赛具有的竞争性、合作性、教育性、娱乐性、多样性等特点，决定了学校体育竞赛的价值多元性。学生体育竞赛具有内在价值和外延价值。内在价值强调育人价值、健体价值、娱乐价值、竞争价值、创造价值和终身体育价值。外延价值强调促进校园体育文化发展的价值，进行奥林匹克教育宣传的价值，引领全民参与健身的价值，挖掘体育人才潜力的价值。要使学生参与学校体育竞赛，享受学校体育竞赛的快乐。培养学生独立能力，增强学生社会适应能力，培养合作、团结精神，使学生力争上游。学校体育竞赛的目的是育人，意在培养学生良好思想品德，使学生为人正直，坚韧不拔。学校体育竞赛倡导公平、公正，友谊第一，比赛第二。第十三届全国学生运动会各代表团重视对学生运动员、教练员赛风、赛纪的教育和管理，维护体育比赛的纯洁性，把运动员资格问题作为诚信教育的重要内容认真对待，坚决杜绝弄虚作假、冒名顶替和使用违禁药物等违反规程和体育道德的现象，用实际行动维护学生体育比赛的纯洁。学校体育竞赛强调竞赛的全体性、教育性、多样性、竞争与合作性、课余与娱乐性，学校竞赛的开展是学校教育的体现，也是家庭与社会价值的体现。

（四）倡导"绿色节俭、形式多样"的学校体育竞赛

坚持绿色办赛，节俭办赛，充分发挥学校体育竞赛育人的功能。提倡学校体育竞赛绿色办赛，节俭办赛。在学校体育竞赛市场化的同时强调学校体育竞赛的教育功能，把学校体育竞赛的育人功能放在首位，不可本末倒置。学校体育赛事的市场化具有广阔前景，学校体育赛事的市场化运作也有其制约因素。学校体育竞赛旨在培养学生终身体育意识，养成良好体育锻炼行为习惯，促进学生身心健康发展。学校体育竞赛根据不同的划分标准可分为不同的组织类型。根据时间，可划分为春季、秋季运动会；根据参与人群可划分为全校、年级、班级、俱乐部、小团体和个人的学校体育竞赛。学校体育竞赛具有课余性、参与范围广等特点，要求兴办学校体育竞赛形式多样。倡导绿色办赛、节俭办赛，凸显学校体育价值，开展让学校、家庭与社区满意的学校体育竞赛。

（五）学校体育竞赛与校园体育文化的关联愈加紧密

弘扬校园体育文化，助力实现伟大中国梦。参与学校体育竞赛，感受学校体育竞赛的乐趣与学校体育的魅力，弘扬校园体育文化，培养学生顽强、拼搏、吃苦、耐劳、团结、协作、勇于担当的意志品质。第十三届全国学生运动会开幕式，以弘扬中华民族伟大复兴中国梦为主旋律，向世界展示中国教育特色、体育底蕴和学校特点。学校体育文化具有导向、约束凝聚、激励等功能，引导学生实现学校体育目标，团结互助，约束学生行业规范，激励学生顽强拼搏。宣传学校体育文化建设，展示我国学校体育文化的软实力。

二 学校体育竞赛存在的问题

2017 年学校体育竞赛取得了巨大的发展，改革举措已见成效，学校体

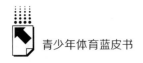

育竞赛得到了重视，也日益被认可，但是，也要看到，在学校体育竞赛中仍有一些可以进一步完善的内容。比如，学校体育竞赛目的迷失；学校体育竞赛时间安排不合理；学校体育竞赛项目安排不合理；学校体育竞赛制度不健全；资金来源单一，商业化严重；经验不足，思想保守；学校体育竞赛的宣传不够等问题。

（一）学校体育竞赛安排应更加科学合理

一是从学校体育竞赛时间的安排看，在安排学校体育竞赛时间时没有充分考虑学生学习与学校体育竞赛之间的关系，这就造成了学校体育设置的形式主义，不仅不利于学校体育的开展，更不利于学生终身体育意识的形成。二是从学校体育竞赛项目的安排看，目前，我国学校体育竞赛的项目设置大同小异，在一定程度上可以说是全运会、奥林匹克运动会的再现，这就没有考虑到学生性别间的不同，没有考虑到学生年龄的差别，没有考虑到学生的个体差异。

（二）学校体育竞赛制度应进一步完善

我国学校体育竞赛组织结构设置比较简单，还不完善，仍有相当多的职能委员会没有设置；管理层次比较单一，垂直集权性强，不利于调动基层的积极性和收集基层的反馈意见；分工欠明确，分部门职责负担过重。此外，管办不分，组织机构设置不科学；管理层次与管理跨度不合理；分工不明确，职、责、权、利不对等问题也阻碍学校体育竞赛的发展。

（三）学校体育竞赛的宣传力度需进一步加大

学校体育竞赛工作的开展离不开宣传，学校体育竞赛工作的开展需要不同人群、不同媒体的宣传。但很多学校体育竞赛却未被充分宣传，未能引起社会的关注。学校、家庭和社会的关注才能使学校体育竞赛工作顺利开展，家长的鼓励，社会的支持，同伴的加油，赛场上才能充满欢乐与笑语。学校体育竞赛的宣传方式种类多样，应改变传统学校体育宣传方式，适应新时代社会宣传模式，让更多的学生参与进来，让更多关心学校体育竞赛发展的人参与进来，让更多有利于学校体育竞赛发展的人参与进来。

（四）学校体育竞赛需进一步加强创新

关于学校体育竞赛的改革与创新，相关人员没能全面、系统学习，没能及时更新学校体育竞赛理念，思想比较陈旧，思想不解放，创新意识不够强。目前我国学校体育竞赛发展的时间相对较晚，经验不足，关于学校体育竞赛的赛前、赛中和赛后的一些经验有待进一步积累。关于学校体育竞赛的一些旧思想也应有所改变。积累经验，改变思想，才能为学校体育竞赛的发展提供合适的土壤。

三　学校体育竞赛的改革举措

（一）正确定位学校体育竞赛

第一，正确定位学校体育竞赛，强调学校体育竞赛育人的功能。强化学校体育竞赛文化教育功能，弱化其政治、经济功能。加强学校体育竞赛文化宣传教育，构建宣传平台，采用切实可行的宣传策略，选好政府、学校、社会、家庭、个人等为宣传教育受体，宣扬奥林匹克体育文化和终身体育锻炼的思想，始终将促进学生身心健康发展作为学校体育竞赛文化内涵提升的归宿点。提高学校体育竞赛的站位，培养学生终身体育意识和终身体育能力。

第二，正确处理学校体育与竞技体育之间的关系。学校体育与竞技体育是相辅相成的，不是各自孤立存在的，应正确看待学校体育与竞技体育之间的关系，认识到学校体育竞赛是学校体育的一部分，是以育人为目的，其开展对于竞技体育选拔运动员也是有益的，与此同时，竞技体育的发展，要为学校体育竞赛提供必要的支持。

（二）科学安排学校体育竞赛

第一，合理安排时间，让更多的学生参与其中。学校体育竞赛的主体是

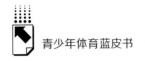

广大学生，它不是一小部分高水平学生的学校体育竞赛。在学校体育竞赛的规划与项目选择上，应更多地考虑到广大学生的兴趣与喜好，考虑到更多学生的时间安排，把时间安排在更多学生可以参与的时间段里。

第二，学校体育竞赛应符合学生的身心发展特点。不同年龄的学生因为其生理、心理等原因决定了其能参与学校体育竞赛的不同项目。为此，应充分考虑不同年龄学生的身心特点，可以根据实际需求，改变学校体育竞赛的项目，或改变学校体育竞赛的规则以求符合不同年龄段学生的需求。根据学生的不同特点，为其选择不同的竞赛项目，让不同的学生在赛场上发挥各自不同的价值。

第三，丰富学校体育竞赛的类型，让更多的学生参与其中。学校体育竞赛组委会在考虑设置竞赛项目的同时，应考虑到不同水平学生的需求，按照不同水平，设置不同的比赛类型，根据学生水平的高低，合理分配学生的比赛，让更多的学生参与其中，让更多的学生在学校体育竞赛中找到更棒的自己，让更多的学生在比赛中体验到学校体育竞赛的惊喜与魅力。

第四，培养学生参与学校体育活动的兴趣。学校体育竞赛的开展，要为更多的学生提供参与学校体育活动的机会，让更多的学生找到自己喜欢的体育活动，培养学生的运动兴趣。广泛开展多样性的体育活动项目，吸引更多的学生参与其中，让更多的学生从中找到适合自己的体育活动，并坚持体育锻炼，形成体育锻炼的好习惯，为培养终身体育意识打好基础。

（三）健全学校体育竞赛体制

第一，加强学校体育竞赛组织机构管理。学校体育竞赛管理机构的职、责、权应统一划分；健全学校体育竞赛管理机构，优化学校体育竞赛管理系统；改善学校体育竞赛制度，整合教育系统与体育系统的学校体育竞赛；增加学生体育竞赛的数量，建立学校体育竞赛体系。管办分离，实现学校体育竞赛服务职能；理顺关系，协调管理；学校体育竞赛应做好"管办分离"，构建一套"政府出资、协会办赛、社会监督、家庭支持"的学校体育竞赛管理体系。在学校体育竞赛当中，充分发挥地方体育协会的办赛职能，政府做好服务的职能，完善以家庭为基本单位，社会为纽带的学校体育竞赛社会支持系统，其中社会是学校体育竞赛组织管理的主要监督者，监督政府、学校的行为。

第二，加强学校体育竞赛法律法规的建设。加强学校体育竞赛立法，规范学校体育竞赛管理。学校体育竞赛健康开展需要以学校体育竞赛的相关法律、法规为依据。没有法律、法规为依据，学校体育竞赛的开展势必会混乱不堪。加强学校体育竞赛规章制度建设，规范学校体育竞赛章程，使学校体育竞赛在法律、法规的约束下开展。学校体育竞赛的经费预算、学校体育竞赛经费管理与监督，学校体育竞赛风险应急方案在学校体育竞赛中应有明确的规定，要依据相关规定办事，办好学生满意、家庭满意、社会满意的学校体育竞赛。

第三，加强学校体育竞赛管理。学校体育竞赛管理分为赛前、赛中和赛后的管理。学校体育竞赛赛前管理包括竞赛设想、环境扫描、可行性分析、举办准备等环节。学校体育竞赛赛中管理包括裁判、比赛、紧急情况的处理等环节。学校体育竞赛赛后管理包括清理现场、经验的总结、竞赛的评估等工作。

（四）优化学校体育竞赛制度，强化校内外监督机制

优化学校体育竞赛制度，建立监督机制，实行问责制与纠错制度。学校体育竞赛制度是保障学校体育竞赛顺利开展的法律依据，建立健全学校体育竞赛制是开展学校体育竞赛工作的基本保障。保持学校体育竞赛制度与学校体育竞赛工作的一致性，保持学校体育竞赛政策的权威与实用性，改革滞后的学校体育竞赛政策，保持学校体育竞赛政策的系统性与多功能性。发挥学校体育竞赛政策的导向、协调、控制等功能。建立学校体育竞赛监督机制，实行问责制与纠错制度。强化校内外学校体育竞赛监督机制，构建实现学校、家庭和社会多视域下的监督机制。

（五）借鉴吸收国外学校体育竞赛的经验

学习国外学校体育竞赛经验并将其本土化，能使我国学校体育竞赛较快

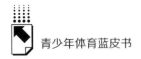
地发展。国外学校体育竞赛的发展比我国早，国外学校体育竞赛经验也比较丰富，因为历史、地理等方面的原因，国外的经验不一定完全适合中国，在吸收国外经验的时候考虑到我国的因素并加以改造是有必要的。办好学校体育竞赛，我们既要保持校内、校外竞赛的传统，而且要在加强国际竞赛、比赛的同时，相互交流，取长补短。学习国外学校体育竞赛经验，会给中国学校体育竞赛带来一定的启示，对促进中国学校体育竞赛的发展有积极的意义。

我国学校体育竞赛的起步较晚，存在一定的问题在所难免。为了学校体育竞赛的健康发展，我们必须进行改革，相信学校体育竞赛也大有可为，让全体学生能在学校体育竞赛中享受体育的乐趣，感受学校体育竞赛的魅力。

B.25
学校体育政策的落实与成效

王华倬　高鹏　周坤*

摘　要： 学校体育工作的开展离不开学校体育政策的指导，加强学校体育顶层设计，完善学校体育政策，是促进学校体育发展、增进学生体质健康、让更多的学生参与学校体育活动的有力保障。通过学校体育活动培养学生的坚韧、不怕苦、不怕累、勇于拼搏的精神，使学生养成高尚品德，加强学生团结互助的意志。不断强化学校体育，大力普及校园足球，努力促进学生身心健康，强健学生体魄，促进学生全面发展。

关键词： 学校体育政策　学校体育

学校体育政策的制定、发布、执行、评估与监督，对于学校体育的发展具有重大的意义，因此保证学校体育政策发挥作用，是每个体育工作者的责任与义务，也是为实现伟大中国梦奠定基础。

一　2017年颁布的学校体育相关政策

学校体育政策对学校体育工作的开展具有导向、协调、控制等功能，党和国家重视学校体育工作，关注青少年的体质健康工作，2017年出台了一系

---

* 王华倬，北京体育大学教育学院教授、院长；高鹏，北京体育大学教育学院讲师；周坤，北京体育大学在读博士生。

列的政策保障学校体育工作的落实，包括《教育部国家体育总局关于推进学校体育场馆向社会开放的实施意见》《中小学体育工作督导评估指标体系》《教育部关于进一步加强普通高校高水平运动队建设的实施意见》《教育部办公厅关于 2017 年高水平运动队建设项目调整有关事项的通知》《教育部办公厅关于组织开展深化学校体育美育改革督察工作的通知》《教育部办公厅关于组织高等学校体育工作基本标准实施情况专项调研的通知》《学校体育运动伤害风险防控管理办法》《教育部办公厅关于做好 2017 年校园篮球特色学校遴选工作的通知》《学校体育美育兼职教师管理办法》《教育部办公厅关于开展全国青少年校园网球试点工作的通知》《全国青少年校园网球特色学校基本标准（试行）》等。正因为有了国家相关部门的学校体育政策，学校体育工作才有了方向，这些政策对于学校体育工作的开展有着重要的指导意义。

二　近年来学校体育相关政策的落实成效

（一）完善学校体育顶层设计，宏观把握学校体育发展方向

学校体育在学校中具有重要的地位，开展学校体育工作，有助于增强学生体质，增进学生健康，培养身心健康的社会主义建设者和接班人。学校体育政策具有导向功能，对教育活动、人的行为具有引导作用，能潜移默化地引导人们的行为向着教育政策所指定的方向发展。学校体育工作包括体育教学、课外体育活动、课余训练与竞赛、学校体育管理等环节。学校体育相关管理部门，出台一系列措施，保障学校体育各项工作的顺利进行。2007 年颁布的《中共中央国务院关于加强青少年体育增强青少年体质的意见》强调要高度重视加强学生体质工作，加强青少年体育锻炼，增强学生体质。加强党的领导，结合家庭与社会形成全社会支持学生体育工作开展的局面，全面实施《国家学生体质健康标准》，认真贯彻《学校体育工作条例》。党和政府对学校体育工作高度重视，学校体育相关部门出台《国家学校体育卫生条件试行基本标准》《中小学校体育设施技术规程》《中小学校体育工作

评估办法》《关于进一步推进学校体育场馆向社会开放工作的意见》《学校体育运动风险防控暂行办法》《教育督导条例》《关于进一步加强学校体育工作的若干意见》《国家学生体质健康标准》《关于加强学校体育场馆向公众开放的指导意见》《高等学校体育工作基本标准》《教育部办公厅关于组织开展深化学校体育美育改革督察工作的通知》《教育部国家体育总局关于推进学校体育场馆向社会开放的实施意见》《国务院办公厅关于强化学校体育促进学生身心健康全面发展的意见》《国务院办公厅关于全面加强和改进学校美育工作的意见》《学校体育美育兼职教师管理办法》等一系列文件，对我国学校体育进行了规划，保证了学校体育工作的顺利开展。

（二）建立健全学校体育规章制度，完善学校体育工作保障体制

学校体育相关保障制度是开展学校体育工作的法律依据。学校体育场馆、场地设施使用有赖于学校体育保障制度的实施，学校体育的保障制度是学校体育工作开展的有力保障。要明确目标任务，落实政府责任；加大教育投入，提高保障水平；加强教师队伍建设、提高教师专业化水平；突出办学特色、提高教学质量；关注特殊群体，保障平等教育权利。学校体育保障是全面的保障，包括人、财、物、政策、信息等多方面的保障。落实学校体育政策，加强了体育教师队伍建设，推进了体育设施建设，完善了经费投入机制，整合了各方资源支持学校体育。

《国务院办公厅关于强化学校体育促进学生身心健康全面发展的意见》强调，加强我国基础设施建设，建立健全学校体育保障机制，加强体育教师队伍建设，推进体育设施建设，完善经费投入机制，健全风险管理机制，整合各方资源支持学校体育。《中国足球改革发展总体方案》提到，到2020年，全国建设校园足球特色学校2万所，到2025年达5万所；扩充体育师资，对体育师资进行培训，培养足球专业人才。《学校体育运动伤害风险防控管理办法》有利于学校体育运动伤害风险防控。开展保险保障教育，建立中小学风险应对软硬件评价体系，明确事故责任，督促各方改进，对于我国学校体育保障意义重大。《"健康中国2030"规划纲要》把全民健身上升

为国家战略。实现全民健身，让更多人参与体育活动，让更多人有场地、有器材去锻炼，建立健全经费保障制度、安全保障制度、保险制度、体育场馆规划与建设的共享制度，开放学校体育公共设施，让更多人享受学校体育公共资源，体验体育的乐趣。

《教育部关于进一步加强普通高校高水平运动队建设的实施意见》强调统筹规划，优化项目布局；严格管理，规范高校高水平运动队招生；深化体育教学改革，大力普及高水平运动项目；积极开展运动训练，提高科学化水平；妥善处理学训矛盾，提高学生运动员学业水平；积极推进竞赛改革，逐步实施联赛制度；加强教练员队伍建设，提高执教水平；加大经费投入，提高保障能力；加大对体育院校高水平运动队的扶持。

为规范学校体育美育兼职教师管理，提高学校体育美育师资素质，《学校体育美育兼职教师管理办法》强调了选聘条件、聘任程序、组织管理、保障措施。《教育部国家体育总局关于推进学校体育场馆向社会开放的实施意见》提出，坚持政府统筹、多方参与，坚持因地制宜、有序推进，坚持校内优先、安全为重，坚持以服务公众、体现公益为基本原则。明确场馆开放学校的基本条件，明确场馆开放时间，合理确定开放对象，确定开放场馆名录，实施开放人群准入制度，明确开放的收费标准，形成稳定的运营模式。加强学校体育场馆设施建设，加快场馆开放管理人才队伍建设，积极推进风险防控和安保机制建设，加大学校体育场馆开放经费投入，鼓励社会力量积极参与体育场馆开放，积极推进体育场馆开放信息化建设。

学校体育工作的开展需要体育场地设施、体育器材，同样也需要体育师资的支持。即不仅需要体育的硬件设施，也需要体育的软件设施。要完善经费投入机制，使学校体育工作不因为学校体育资金的原因，而开展受挫。学校体育工作的开展同样需要家庭与社会的支持，只有学校、家庭和社会全方面地支持，学校体育工作才能顺利开展。

（三）积极推进校园足球、校园篮球、校园网球等相关工作

2015年，《关于加快发展青少年校园足球工作的实施意见》正式颁布，

该文件提出要加快校园足球的发展，促进青少年体质的健康，坚持改革创新、坚持统筹协调、坚持因地制宜基本原则。强调普及程度大幅提升，教学改革更加深入，竞赛体系更加完善，条件保障更加有力。其重点任务是：提高校园足球普及水平，深化足球教学改革，加强足球课外锻炼训练，完善校园足球竞赛体系，畅通优秀足球苗子的成长通道。要加强师资队伍建设，改善场地设施条件，健全学生参与足球激励机制，加大经费支持力度，完善安全保险制度，鼓励社会力量参与等。加强组织的领导，首先，充分发挥全国青少年校园足球工作领导小组作用。履行好教育部主管责任，统筹规划校园足球，发挥体育部门优势，加大财政部的政策支持力度，促使宣传部门大力宣传，由共青团组织校园足球文化活动开展，将教育督导部门的督导体系纳入校园足球。其次，把发展青少年校园足球纳入重要工作日程。校园足球的开展，离不开政府各部门的协作，只有各部门心往一处想，劲往一处使，将校园足球纳入重要日程，校园足球运动才能健康有序发展，缺少任何部门的支持，校园足球运动都难以开展。再次，优化发展青少年校园足球舆论环境。校园足球运动的发展不仅局限于学校内，还需要家庭、社会等各方面的支持，优化发展青少年校园足球舆论环境，对于校园足球运动的发展具有举足轻重的作用。《中国足球改革发展总体方案》，提出政府相关部门要从指导思想、足球协会改革、足球俱乐部建设、足球联赛体制、足球普及、足球专业人员的培养、国家足球队改革、足球场地建设、投入机制、足球工作领导等方面加强对我国足球发展的建设，加强顶层设计，成立校园足球领导机构，出台校园足球发展文件，确定校园足球特色学校，举办全国青少年足球冬（夏）令营活动，从不同角度明确我国校园足球的发展方向。

《教育部办公厅关于做好 2017 年青少年校园篮球特色学校遴选工作的通知》强调，特色学校面向试点省份中小学进行遴选，每个试点省份 130 所（含 2016 年初选的特色学校）。其中，小学、中学、高中各 60 所、40 所、30 所。继续推进校园篮球试点工作，建议试点省份的 130 所特色学校主要布局在 2～3 个城市中。《教育部办公厅关于公布第一批全国青少年校园篮球特色学校名单的通知》提出，在试点省份教育部门审核推荐，组织专家

在综合认定的基础上，认定并命名北京市东城区和平里第一小学等 1976 所中小学校为第一批全国青少年校园篮球特色学校。《教育部办公厅关于公布全国学校体育工作示范校名单的通知》就加强"示范校"建设，认定北京市东城区府学胡同小学等 2772 所中小学校为全国学校体育工作示范校。并对推进学校体育工作提出明确职责任务，持续改革发展；完善政策措施，加大支持力度；加强质量监测，实施动态管理要求。

为加快校园网球发展，《教育部办公厅关于开展全国青少年校园网球试点工作的通知》强调试点工作的指导思想与工作目标，试点工作的内容、范围与工作方式，试点工作的主要任务，全国青少年校园网球特色学校的申报与遴选，试点工作的组织实施。《全国青少年校园网球特色学校基本标准（试行）》强调组织领导，条件保障，教育教学，训练与竞赛，遴选、考核与奖励。

（四）加强学校体育文化建设，营造学校体育文化氛围

整合各方资源支持学校体育工作，构建校园体育文化，养成良好学校体育文化氛围。倡导与政府、学校、科研院所、社会团体、企业等单位广泛开展合作，打造学校体育文化，营造良好学校体育文化环境。充分利用报刊、广播、电视及网络等多种途径，加大力度对学校体育文化进行宣传。学习与学校体育文化有关的经验与做法，传播校园文化，营造家庭、社会和学校关心、重视和支持学校体育的良好氛围。学校体育文化氛围是学校体育的文化软实力。培养学生体育锻炼兴趣，使学生养成终身体育锻炼意识，广泛、多样开展体育活动，得到家庭、学校、社区的支持。学校体育工作的开展离不开体育管理部门领导，离不开体育教师，同样也离不开学校的体育文化氛围。

《教育部办公厅关于开展〈传承的力量〉学校体育艺术教育弘扬中华优秀传统文化成果展示活动的通知》对总体要求、活动内容、组织实施、活动经费进行了明确的规定。组织实施规定包括各地组织活动、全国遴选节目、系列拍摄节目、系列播出节目四个方面。学校体育艺术教育弘扬中华优秀传统文化成果展示系列节目在中央媒体及相关网络媒体面向全国播出《传承的力量》。传承中

华优秀传统文化，体现时代特征，体现校园特色和学生特点，以声乐、器乐、舞蹈、戏剧、戏曲、朗诵、传统体育项目、大课间展示等为活动展示形式。

学校体育文化的构建需要长期的努力，不是一朝一夕所能解决的。学校体育文化要树立"健康第一"的思想，培养学生团结、互助、拼搏精神，培养学生良好的体育锻炼习惯，养成终身体育意识。坚持先进文化、严把导向；坚持育人为本、面向全体；坚持统筹兼顾、协调发展；坚持因地制宜、整合资源。学校体育文化根据各学校特色的不同而有差异，不同的时期具有不同的时代性，不同民族间，也具有一定的民族特性。学校体育文化的形成，受到学校体育、社会的影响，所以构建学校体育文化时应考虑到社会、经济、政治、国际等因素影响。

（五）完善学生体质健康和学校体育的评价制度

学校体育相关部门高度重视学校体育工作，重视青少年体质健康。不断加强体育教学质量监测，完善考试评价办法。《中共中央国务院关于加强青少年体育增强青少年体质的意见》颁布后，学校体育相关管理部门更加重视学校体育工作。2014 年，《学生体质健康监测评价办法》指出了该办法的适用范围、评价体系、全体学生测试制度、建立数据抽查复核制度、实行监测结果公示制度等内容。2016 年，《国家学生体质健康标准》数据表明，全国学生体质测试的合格率为 91.3%、优良率仅为 29.9%。《国务院办公厅关于强化学校体育促进学生身心健康全面发展的意见》强调体育课堂教学与课外体育活动相衔接，坚持培养学生体育兴趣与提高体育技能相促进，坚持群体活动与运动竞赛相协调，坚持全面推进与分类指导相结合的基本原则。

国务院教育督导委员会办公室印发《中小学校体育工作督导评估办法》，根据近年来中小学校体育工作的政策要求，着力构建目标明确、内容全面、指标科学、程序严格的中小学校体育工作评价体系，体现了国家"加强学校体育督导检查，建立科学的专项督查、抽查、公告制度和行政问责机制"这一最新要求，为保障中小学校体育工作健康发展奠定了坚实的制度基础。《中小学校体育工作督导评估办法》强调严格标准、客观公正、

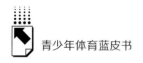
注重实效督导评估的原则。内容围绕着统筹管理、教育教学、条件保障、评价考试、体质健康等方面展开。强调各级教育督导部门在督导评估工作中的职责，明确国务院教育督导委员会办公室、省级教育督导部门、市级教育督导部门、县级教育督导部门的工作职责。开展自评，实地督导，反馈意见，整改复查督导评估工作程序。

（六）进一步加强对学校体育的管理与监督

组织开展 2017 年深化学校体育改革专项督导工作。根据《教育部办公厅关于组织开展深化学校体育美育改革督察工作的通知》，各地按照通知要求，普遍开展了自查工作，在此基础上，2017 年 5 月 21～27 日，国家督学及相关专家对内蒙古、吉林、福建、河南、广东、四川、甘肃等七省（区）进行了实地督察。督察的主要内容有：①各级地方政府对深化学校体育改革的举措；②学校体育已出台的配套措施；③校园足球试点学校和试点区（县）建设情况；④实施《国家学生体质健康标准》情况；⑤学校食品与饮水安全管理、传染病防控等情况；⑥各地各校加强学校体育卫生工作的创新举措、工作经验和成效。

《教育部办公厅关于组织开展〈高等学校体育工作基本标准〉实施情况专项调研的通知》指出要了解《高等学校体育工作基本标准》的贯彻落实情况，了解关于学校开展校园足球工作情况的调研内容与重点，通过问卷调查、现场调研和总结报告方式进行。学校体育管理部门加强对学校体育工作的管理，从学校体育教学、课外体育活动、课余体育训练与竞赛、体育师资队伍、体育场地设施、学校体育经费、校园体育文化等方面加强管理。加强学校体育管理，形成学校体育管理体系；指导学校体育工作，开创学校体育工作新局面；提升学校体育工作水平，推动学校体育发展；加强学校体育工作管理，培养体育专业人才。

（七）成功举办第十三届全国学生运动会

第十三届全国学生运动会综合性强、规模宏大、背景特殊、意义深远。

此届全国学生运动会由教育部、国家体育总局和共青团中央主办，浙江省人民政府承办。此届运动会与以往学校运动会不同，其宗旨强调"团结、奋进、文明、育人"，突出教育特色，讲求综合效益，坚持学校体育竞赛育人原则。通过学校体育竞赛培养学生身心健康，使其养成团结互助与集体精神，培养学生成为德、智、体、美、劳全面发展的新时期社会主义接班人。《教育部办公厅关于举办第十三届全国学生运动会科学论文报告会的通知》以"健康中国·学校体育的使命与发展"为主题，向全国大中小学体育教师，学校体育科研、教研、管理人员，教育行政管理人员及卫生保健人员进行征文，征文要求重点突出、方法科学、成果创新、文体规范、学风端正。举办学校体育竞赛，是落实学校体育工作的需要，也是落实学校体育政策法规的需要。

三 学校体育政策的展望

（一）进一步建立健全学校体育法规政策制度

进一步建立健全学校体育政策法规体系，有利于学校体育工作的开展。学校体育政策制定要考虑到国际环境和国内环境，要考虑到西方先进的学校体育政策理念与经验，也要考虑到国内的自然环境与社会环境中的政治、经济、文化、人口等因素。教育制度如同整个教育一样，除受人的身心发展规律的制约外，还受整个社会的制约。学校体育政策制定的主体选择应考虑周到。学校体育政策制定要考虑到效益原则、统筹原则、弹性原则、科学性原则。我国已颁发了一批关于学校体育管理工作的法规和指导意见，随着学校体育的发展，现有的法规已不能完全满足学校体育工作的需要。要遵循学校体育政策制定程序，确定学校体育政策目标。拟定学校体育政策方案，科学论证学校体育政策方案，进行学校体育政策决案，将学校体育政策合法化。

（二）遵循学校体育规律，深化学校体育改革

遵循规律，深化学校体育政策改革，注重教体结合，开展课余训练，完

善体育课程，提高教学水平，强化课外锻炼，完善训练和竞赛体系，深化学校体育改革。学校体育政策要取得成效，必须以改革为动力，以创新为引擎，遵循教育和体育的发展规律。一方面，要推动学校体育改革，解决好学校体育的相关问题；另一方面，要提升学校体育政策管理的科学化水平，从法律、法规角度防控因学校体育政策不完善而带来的风险。学校体育工作的开展需要遵循教育的规律，学校体育同时也是体育的一部分，需要遵循体育的规律。深化学校体育改革，既要调动学生、家庭与社会的积极性，更要促进学校体育的全面健康发展，让学生满意，让家庭满意，让社会满意。

（三）加强学校体育法规政策的执行与监督

强化我国学校体育政策的执行与监督机制，推行我国学校体育政策责任制。学校体育法规政策的有效评估是学校体育管理的必要环节，通过相关部门的评估，教育行政部门才能了解学校体育目标实施的状况，才能知道学校体育管理过程中存在的问题。学校体育政策的执行是在学校体育政策制定完成之后，将学校体育政策所规定的相关事项转变为现实的过程。问责制是学校体育政策责任追究制度，有权必有责，有责必有权，做到职、责、权统一对等。对违背学校体育政策要求的不作为、乱作为或不当作为所造成的后果，必须追究其相关法律责任。强化学校体育政策的监督机制，提升学校体育政策的执行力，通过采取合理有效的法律手段把有关学校体育各项法律、法规落到实处。

（四）制定评估原则，选取采用科学合理的学校体育政策评估方法

由于教育政策对教育活动具有全局性的影响，因此，在一项政策出台前进行事前的全面评价，事后对其进行效果评价，不断地提高政策的科学性，对全国或一个地区的教育发展有重要意义。对学校体育政策的评估，有利于评定学校体育政策执行结果，有助于发现学校体育政策的得失，找出学校体育工作中出现的问题，有利于改进学校体育工作。学校体育评价指标应体现客观性、全面性、均衡性与可行性。科学的学校体育政策评估方法对于获取

真实有效的评估结果具有重大意义。科学合理制定评估标准，确定学校体育政策目标，多方选定评估人员，遵守评估原则，应采用定性与定量相结合的方法对学校体育工作的开展进行评估。明确学校体育工作评估主体与意义。根据评价主体的不同，采用不同政策评价与社会评价方式。分析学校体育工作情景，确定学校体育政策目标，选择与编制学校体育政策测量方法，确定学校体育政策评估方案，制定学校体育政策评估进度表，收集资料，分析与解释资料，提出评估结果。制定科学指标体系，便于测量，体现评估的真实性。掌握评估信息的全面性、可靠性与有效性，用定性与定量相结合方法进行评估。

（五）加强对国外学校体育政策的吸收与借鉴

突破当前我国学校体育工作所面临的困境，对现存的学校体育体制进行深化改革，加强学校体育工作顶层设计，逐步摆脱学校体育工作面临的困境，实现学校体育发展目标。研究发达国家学校体育政策，厘清国外学校体育政策实施的背景，了解国外学校体育工作开展的特点，弄懂国外学校体育政策实施的宏观与微观背景，对国外学校体育政策研究进行再研究，梳理国外学校体育政策研究的历史发展情况，总结国外学校体育政策方面的经验与现实启示。从政治、经济、文化、教育、思想等多角度展开研究，结合我国国情，吸收国外经验，制定合适的学校体育政策，实现学校体育工作预期目标，促进我国由体育大国迈向体育强国。

B.26
学校体育场馆对社会开放的现状与对策

王华倬　高　鹏　寇文海*

摘　要： 第五次全国体育场地普查情况报告显示，我国现有体育场地
中教育系统有 558044 个，占全国体育场地总数的 65.6%，提
高学校体育场馆向社会开放水平，不仅是提升学校体育场馆
利用率的有力举措，还是实现全民健身和建设健康中国国家
战略的重要举措。近年来，各级各类学校积极探索学校体育
场馆有序向社会开放的有力举措，寻求推进学校体育场馆向
社会开放的方法，而且取得一些成效。加强学校体育场馆向
社会开放案例的研究，形成一批可复制、可推广的学校体育
场馆开放典型成果，不断推广并形成规模效应，是推进学校
体育场馆向社会开放的有效措施。

关键词： 学校体育　场馆

学校体育场馆对外开放是发展体育事业的保障，是服务人民的载体。要
实现全民健身和建设"健康中国"的国家战略，首先需要解决人民群众进
行体育锻炼的场地设施问题。党和政府关注人民群众身心健康发展，推出了
一系列满足人民群众进行体育锻炼时对于场馆的需求的政策。并依据国家文
件精神制定了相应的实施办法与意见。各省份也做了相应的尝试，不同程度

---

* 王华倬，北京体育大学教育学院教授、院长；高鹏，北京体育大学教育学院讲师；寇文海，
北京体育大学教育学院博士生。

地推出了一系列文件，对上位文件进行了细则化和具体化的部署和实施，在政策层面上推动了我国学校体育场馆总体开放的数量和水平提升。

一 学校体育场馆开放的现状

（一）国家政策体系不断完善

1990～2017 年，国务院及相关部委陆续颁布了一系列旨在推动学校体育场馆向社会开放的政策，从顶层设计上为学校体育场馆的开放工作提供保障。

国务院于 1990 年 2 月 20 日批准《学校体育工作条例》，于 3 月 12 日正式发布施行。同年 5 月 14 日，国家教委、国家体委联合出台《关于实施〈学校体育工作条例〉的通知》，提到了关于学校体育场馆的开放问题，但重点涉及对学生开放。1995 年，国家推行了《全民健身计划纲要》，其中明确提出"各种国有体育场地设施都要向群众开放，加强管理，提高使用效率"，这是我国第一次涉及学校体育场馆对社会开放的政策，它的颁布和实施是我国学校体育场馆向社会开放迈出的第一步。1999 年教育部办公厅下发了《关于假期、公休日学校体育场地向学生开放的通知》（教体艺厅〔1999〕4 号），也反映了逐渐向社会公众开放学校体育场馆的必要性。2003 年出台的《公共文化体育设施条例》要求开放和充分利用公共体育设施，其中公共体育设施也包括学校体育场馆。2006 年出台的《全国学校体育场馆向社会开放试点工作方案》，是指导学校体育场馆对外开放的纲领性文件，标志着中小学校体育场地设施对外开放的开始。2010 年，国家体育总局刘鹏局长在全国学校体育场馆向公众开放工作会议上明确提出要加大学校体育场馆对社会开放的力度。2011 年国务院印发了《全民健身计划(2011～2015 年)》（国发〔2011〕5 号），规定："学校在课余时间和节假日要向学生开放体育设施，并在保证校园安全的前提下，积极创造条件向公众开放体育设施。"2014 年国务院颁布《关于加快发展体育产业促进体育消费的若干意见》（国发〔2014〕46 号），提出："积极推动各级各类公共体育设施免

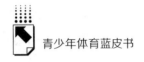
费或低收费开放。"2015年11月国务院印发《关于加快发展生活性服务业促进消费结构升级的指导意见》（国办发〔2015〕85号），指出："推进企事业单位和学校的体育场馆向社会开放。"2016年6月，国务院《关于印发〈全民健身计划（2016～2020年）〉的通知》就明确要求，确保公共体育场地设施和符合开放条件的企事业单位、学校体育场地设施向社会开放。

2017年以来，国家进一步加大了学校体育场馆向社会开放的政策推动力度。2月，教育部、国家体育总局联合发布了《关于推进学校体育场馆向社会开放的实施意见》，就学校体育场馆向社会开放的总体要求、开放范围、开放办法、保障实施、组织实施等方面进行了阐释，并提出了相关的实施意见。文件明确提出了"到2020年，要建设一批具有示范作用的学校体育场馆开放典型，通过典型示范引领，带动具备条件的学校积极开放，使开放水平及使用效率得到普遍提升；基本建立管理规范、监督有力、评价科学的学校体育场馆开放制度体系；基本形成政府、部门、学校和社会力量相互衔接的开放工作推进机制，为推动全民健身事业，提高全民身体素质和健康水平做出积极贡献"的目标。除出台文件外，相关部门还召开了多次会议推进此项工作。2017年9月，在第十三届全国学生运动会举办期间，教育部于杭州主办了"全国学校体育场馆向社会开放工作集中调研"座谈会，参会代表依次发言，分别陈述了各地体育场馆开放的现状，交流了各地学校体育场馆向社会开放的做法和经验，教育部体卫艺司长王登峰在会议中分析了学校体育场馆向社会开放的重大意义以及开放工作面临的形势与挑战，并就全面扎实推进学校体育场馆向社会开放问题提出相关建议，即要"坚持政府统筹，多方参与""因地制宜，有序推进""服务公众，体现公益"，同时，王登峰司长强调，做好学校体育场馆向社会开放工作要把三个"一"做精准：强化政府引领，建立一套制度；坚持因地制宜，建立一套标准；立足服务社会，制定一套措施。

（二）各地积极颁布配套文件

我国多个省份纷纷响应国家号召，针对学校体育场馆向社会开放存在的问题，根据各省份的实际情况颁布了地方性的相关文件，如北京、上海、浙江、江苏、广东、陕西、四川、山西、安徽、湖北等地都相继出台相应的文件，特别是马鞍山、无锡、南京、宁波、佛山、深圳与上海多地的政策实施已趋向成熟，这些省市针对学校体育场馆向社会开放提出了具体有效的实施意见，并予以细致落实。

北京市在2000年出台了《北京市体育设施管理条例》，明确规定学校体育设施应当千方百计创造条件向社会开放，成为学校体育场馆向社会开放较早的地区。2007年，北京市又下发了《关于学校体育设施向社会开放的指导意见》，针对学校体育场馆对社会开放的实施再一次做出相关规定。

陕西省体育局与教育厅在2012年联合制定了《关于加大公共体育设施开放力度的通知》，鼓励企事业单位积极创造条件在公休日、节假日及空闲时段将体育设施有时限地向社会开放，实现体育资源社会共享。

广东省出台了《广东省学校体育场馆向社会开放实施办法》，涉及开放条件与开放对象、组织管理、开放办法、收费与使用、法律责任等问题。

上海市人民政府办公厅制定《关于本市体育文化教育设施资源向社区开放指导意见的通知》，规定了上海市的学校体育场馆向社会开放要求和实施细则。

重庆市巴南区颁布了《关于印发巴南区中小学校体育场馆设施向社会试点开放实施方案和管理办法的通知》，其中的工作目标和实施方案相当具体。

福建省发布了《关于做好学校体育场馆向社会开放试点工作有关问题的通知》，规定了收费制度，同时强调了保险保障。

二 学校体育场馆对社会开放的问题与影响因素

（一）学校体育场馆开放的现实问题

目前，学校体育场馆向社会开放工作已经取得一定的成绩。但是也要清

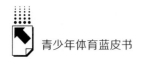

醒地认识到还存在一些问题。

第一，学校体育场馆开放的不平衡问题较为突出。就全国而言，全国学校体育场馆开放工作存在着几个不平衡。一是东中西部地区学校开放不平衡。东中部地区较好（尤其上海、北京），中部地区次之，西部地区整体处于较落后状态。二是城乡地区学校的不平衡。大中城市学校开放比例及开放效果明显好于农村地区及学校，其中原因既有城乡学校的体育设施的差别，也有城乡居民对于体育锻炼需求的差异。

第二，学校体育场馆开放的法规制度建设滞后于基层实践。从法规制度建设层面上讲，首先，法规建设严重滞后于全国学校开放工作的实践活动需求，缺少对全国学校开放工作的统一政策与管理指导。其次，法规建设自下而上逐级滞后，省（区、市）级管理部门滞后于下面市、县、区级；省（区、市）级政府滞后于其主管部门（教育、体育部门）；国家主管部门（国家体育总局与教育部、财政部）落后于全国部分省份主管部门。调研中基层普遍强烈要求国家层面尽快出台有关学校开放工作的统一法规与管理办法，以指导全国性开放工作的健康持续发展。

第三，校园安全隐患制约了学校体育场馆的开放。首先，学校关门教学或少开放，就减少了学校的安全隐患，而保社会稳定、保校园安全又是各地政府、教育部门及学校的头等大事。其次，多数地方政府没有落实开放的经费来源，出于对安全的担忧，在缺乏法规保障的情况下，多数学校自然不愿既冒风险又贴经费去实施开放。

（二）影响我国学校体育场地对外开放的主要因素

第一，观念意识不到位，学校领导不支持。长期以来，校领导认为学校体育场地理所当然的是服务广大在校学生的，供学校教学使用，根本没有义务对校外社会人员开放，学校领导也担心对社会开放以后出现事故的担责问题，因此大多数学校负责人在主观上拒绝学校体育场地对外开放，也不认可校外、社会人员随便出入学校，更不希望因此而扰乱和影响本学校正常的教学秩序。

第二，法律法规不健全，缺乏科学合理的管理制度。面对大量涌入的素质参差不齐的校外社会人员，学校采取什么样的措施进行管理，至今尚未出台很明确的法律法规来规范。另外，学校作为服务机构，对社会人员也没有足够的权力进行约束管理，无法保证外来锻炼人员不影响学校的正常教学。对于外来人员的不成文的约束也会造成不必要的冲突。

第三，学校体育场地对外开放所产生的各种费用问题。体育场馆器材的建设与更新所需经费是一笔不小的开支。虽然学校会强化资金投入或收取一定的费用，但这些费用和维持场馆正常运转所需的费用相比依旧是杯水车薪，因此，学校体育场馆对外开放资金紧张的问题也是造成当前困境的主要因素。

第四，学校外来人员在锻炼过程中存在着安全隐患，问题较多。学校体育场馆的对外开放使其承载的社会人群数量逐渐增大，由于体育锻炼本身就存在着一定的安全隐患，而当安全事故真正出现的时候，怎么处理，谁来负责，特别是在收费入场的情况下，这些都变成棘手的问题。此外，万一外来人员在学校内与在校生发生打架斗殴事件及其他的纠纷问题，扰乱校园环境，甚至造成人员伤亡更是难以处理。

第五，部分学校体育场地器材设施不完善，不能满足开放需求。随着人们对于体育锻炼设施的要求越来越高，市民在锻炼的同时也在不断追求比较完备的体育设施，但学校体育场馆相对单一和数量有限的体育资源显然不能满足不断扩大的使用人数，这些也是影响学校体育场地对外开放的客观原因。

三　学校体育场馆对社会开放的路径

我国学校体育场馆向社会开放提供健身锻炼服务任重道远，需要延续性的政策予以保障支持。学校体育场馆向社会开放的问题既涉及政府职能部门服务理念问题，也包括学校、社区在服务过程中的实际落地问题；它是国家服务政策与地方保护主义的统一，既涉及国家的相关政策问题，也涉及学

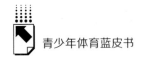

校、社区以及居民的经费安全问题；它既受主观因素的干预也受客观条件的制约。因此，积极寻求策略协调主客观因素才是解决问题的根本。只有协调调动学校体育场馆对外开放涉及的各方相关利益者的积极性，才能有效消除我国学校体育场馆对外开放的障碍，发挥学校体育场馆公共服务的长效机制作用，促进全民健身国家战略实施。

（一）强化政府统筹，建立多方参与的机制

解决学校体育场馆向社会开放问题，不是教育部门一家可以做到的，必须由政府主导，多方参与，督促各地进一步充分发挥地方财政、改革发展、体育管理部门合力。坚持以政府为主导、出台国家层面的开放法规，最好由核心的教育部门、财政部和国家体育总局共同制定，力争由国务院转发全国各省份及相关部门，这样才能加强开放法规的政策力度和权威性要求。同时，要坚持以学校为主体的原则，学校是体育场馆的拥有者，对体育场馆的开放程度具有决定权，政府要给具备开放条件的学校予以政策性的指令，要求只要具备一定条件的学校就统筹协调，尽量向社会开放体育场馆，并将这一实施情况作为学校评估的重要指标。因此，这一倒逼式的举措需要多方统筹，建立相关的制度，实现部门协作，引导社会力量监督参与，形成多方参与的工作机制，推动学校体育场馆向社会开放。

（二）强化安全意识，完善保障制度

学校体育场馆向社会开放，一要加强安全意识教育，重点解决安全觉悟问题，预防为主。二要严格遵守开放管理制度，积极推进风险防控和安保机制建设，对入校者有所要求，统一组织管理，有证可查，有保可依，安全有序推进学校体育场馆向社会开放，让安全意识扎根校园。三要实行投保制度。保险制度对于保障学校体育场馆健康、有序向社会开放具有重要的意义。因此，要将建立保险制度作为解决互相推诿问题的抓手，推动县级以上人民政府根据国家有关规定为开放学校购买专项责任保险等。

（三）新建体育场馆规划与运营的共享理念制度

在新建体育场馆时，要把眼光放长远一些，要有未来资源共享的规划，实现共享的理念。不管是学校体育场馆还是服务于竞技体育的大型场馆，各地要积极响应上级的号召，从实际出发制定详细周密的规划，细化场馆运营方面的工作方案，实现体育、教育、政府等相关部门的通力合作，协调统筹，实现社会和学校的场馆资源双向开放，不属于学校管理的体育场馆也可以向学校开放，满足学校举办大型运动会以及其他活动的需求，实现互通有无，资源共享。

（四）坚持因地制宜，完善督导评估制度

学校体育场馆向社会开放，可能涉及多种问题，因此要联合相关部门对各地落实学校体育场馆开放情况进行专项督察，建立相应的评估督导制度。其重点应该放在两个方面：一是一些本来就不具备对社会开放条件的场馆要及早检查及时限制开放，避免造成安全事故；二是原本具备开放条件并且已经开放的场馆，现在随着开放的进一步深入，锻炼的人越来越多，不能完全满足需求，应根据场馆的实际情况采取相应的措施进行改进。

（五）立足服务社会，有序推进

学校体育场馆向社会开放不是一朝一夕的事情，各地必须做好打持久战的准备，建立一套能长期使用的措施，并且要不断地进行修正调整，以达到预期的目的。一是基于服务社会的理念设定开放的条件和标准。给开放的学校设定相应的条件，具备条件的学校才可以在当地统筹协调下，有序开放体育场馆。二是根据地方、学校实际情况，加强分类指导、稳步推进，分批分阶段推动实施，形成健康有序的学校体育场馆开放格局。

（六）内培外引，丰富管理模式

各级各类学校应根据自己学校的实际情况，通过联营、内培外引、校外

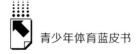

承包、租赁经营、个人分层承包经营等各种形式积极吸引社会力量，实现有偿服务和有效管理相结合，实现学校体育场馆委托管理与自身管理相结合：一是挖掘具备场馆管理潜力的体育教师，进行管理知识的专项学习，提升他们的管理水平，运用财政补贴鼓励他们向场馆管理和运营岗位转换；二是打破体育场馆用人渠道单一化的模式，吸引具备场馆管理经验的人才来运营场馆；三是学校也可在条件允许的情况下，引入社会—学校合作运营的模式，以合作和承包等多种方式进行学校体育场馆的经营管理。

学校体育场馆向社会开放对解决公民进行体育锻炼的场地问题有重要的意义，是教育系统践行全民健身战略，服务社会、服务人民的具体体现。这是社会公共服务改革治理体系不断完善的体现。学校体育场馆的开放涉及的安全、管理、资金等问题需要各级各类系统共管、共治，更需要大家的共同努力。

B.27
2016年儿童青少年体育
健身活动状况报告

王　梅　王富百慧　温　煦　范超群　柳鸣毅　聂明剑*

摘　要：　2016年儿童青少年体育健身活动状况调查显示，儿童青少年有强烈的体育活动意愿，但其体育意识缺乏，身体活动量严重不足。相比而言，儿童青少年身体活动的活跃程度男生高于女生，小学高年级和初中阶段最活跃。城镇儿童青少年身体活动水平略好于乡村。体育课是儿童青少年学习和掌握体育技能的有效途径。校外体育活动则有助于其体育技能的巩固，体育兴趣和特长的释放，校内课外体育活动开展的项目则更多受体育考试的影响。体育课和体育考试对儿童青少年参加体育活动项目有引导作用，兴趣和体育技巧掌握对儿童青少年的体育活动项目都有积极影响，且相互促进。校园足球和冰雪运动的开展尚需付出更大的努力，参与率、知晓率都很低；全国体育传统项目学校和体育俱乐部在儿童青少年体育健身活动中所起到的促进作用也需要增强。

关键词：　儿童青少年　体育活动　体育健身

---

* 王梅、王富百慧、范超群、聂明剑，国家体育总局体育科学研究所；温煦，浙江大学；柳鸣毅，武汉体育学院。

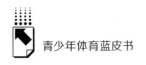
一 前言

儿童青少年是国家的未来、民族的希望，是实现中国梦的后备力量。21世纪以来，儿童青少年身体活动不足、体质下降等体质和健康问题成为世界焦点，引起普遍关注。我国历来重视儿童青少年的健康成长和全面发展。1985年以来我国每五年一次对儿童青少年进行体质与健康的监测，监测结果显示青少年的体质呈连续下降趋势，为此，党中央国务院制定了一系列政策，促进青少年体育活动开展、增强学生体质，但我国儿童青少年体育健身活动的状况却不在学生体质与健康监测的范围内，因此对儿童青少年的体育健身活动状况进行调查，系统全面掌握我国儿童青少年的体育活动情况非常必要，以为正确引导青少年积极参与体育健身活动、制定相关政策和促进策略提供科学依据。为此，2016年，在国家体育总局青少司的领导下，国家国民体质监测中心采用科学、严谨的抽样方法，在全国范围内抽样调查10个省（区、市），对6~19岁的儿童青少年进行了抽样调查，调查内容不仅包括体育活动，也包括健康行为，以及家长、学校等支持性环境因素指标。

二 调查工作概况

（一）调查目的

全面了解我国儿童青少年体育健身活动的状况，为《全民健身计划》的实施提供及时、科学的依据；建立和实行青少年体育健身活动状况调查制度；为构建体育公共服务体系、提高儿童青少年体质与健康水平服务。

（二）调查内容

（1）人口学背景信息，包含年龄、性别、民族、城乡、就读学校属性、学校和家庭住地所处地理位置属性、年级、班级、学籍号，父母受教育程度、职业、体育健身习惯等。

（2）儿童青少年交通、学习、闲暇时间的身体活动，含参加体育锻炼的基本特征，包括体育课、课外体育活动、校外体育活动的频度、时间、项目、场所和体育锻炼的形式等。

（3）儿童青少年久坐行为等。

（4）儿童青少年体育健身的组织与指导情况。

（5）儿童青少年体育健身场地、设施状况及使用情况。

（6）儿童青少年运动技能掌握情况。

（7）儿童青少年体育健身习惯养成。

（8）儿童青少年参与校园足球、冰雪项目情况。

（三）调查方式

采用问卷调查的方式，由访问员携带调查问卷进行入校调查。在省（区、市）体育局业务主管部门和省（区、市）体育科学研究所（国民体质监测中心）的领导和协调下，由各承担调查任务的县（区、市）体育主管部门负责组建调查队，按国家体育总局《2016年儿童青少年体育健身活动状况调查工作方案》的要求，完成本县（区、市）承担的调查任务。

（四）抽样方法和样本量

采用多阶段 PPS 抽样方法，初级抽样单元设定为县（区、市）。调查对象为北京、山西、吉林、江苏、江西、河南、广东、四川、云南、甘肃共 10 个省（区、市）内 6～19 周岁的中国籍在校学生（不含大专及以上学生），共 46970人，其中男生 24152 人、女生 22818 人，城乡比例分别为 47.3% 和 52.7%。

三 2016年儿童青少年体育健身活动状况

（一）儿童青少年的身体活动量

身体活动量包括儿童青少年体育活动、积极性交通等各项身体活动的

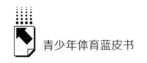

量。世界卫生组织（WHO）在《关于身体活动有益健康的全球建议》中提出儿童青少年身体活动的推荐量，"每天累计至少60分钟中等到大强度的身体活动，每周至少进行3天大强度身体活动"，这是目前国际上普遍采用的推荐量，达到WHO儿童青少年身体活动指南推荐量的百分比则是衡量各国儿童青少年身体活动水平的重要指标。

调查显示，我国10省（区、市）6～19岁儿童青少年中，身体活动水平达到"每天累计至少60分钟中等到大强度的身体活动"推荐量的比例仅为2%，且具有显著的性别差异，男生达到推荐量的比例为2.9%，女生仅为1.0%。超过70%的儿童青少年每天有60分钟中等强度以上的身体活动的天数每周少于3天。以达到推荐量的百分比衡量我国儿童青少年的身体活动水平，无论城乡均为男生略高于女生，呈现城男＞乡男＞乡女＞城女的排列顺序；小学高于中学，小学高年级最高，高中阶段最低。如果以每周有5天达到每天有60分钟的中等强度以上的身体活动人数的百分比来分析，则比例明显增大，有11.6%的儿童青少年每周每天60分钟中等强度以上身体活动的天数达到5天或以上，其中男生为14.3%，女生为8.3%。城镇儿童青少年达到这一水平的比例为12.1%，乡村为8.3%。小学低年级、小学高年级、初中和高中达到该标准的比例分别为11.2%、13.9%、13.5%、11.1%。10省（区、市）儿童青少年每天有60分钟中等强度以上的身体活动的每周天数比例分布见图1。

适量的大强度身体活动对儿童青少年生长和发育有重要作用，WHO儿童青少年身体活动指南明确提出儿童青少年每周至少进行3天大强度身体活动。调查显示儿童青少年达到"每周至少进行3天大强度身体活动"推荐量的比例为20.6%。其中，男生为23.2%，高于女生的17.4%；城镇儿童青少年的比例为26.6%，农村儿童青少年的比例仅为18.9%。城镇小学低年级、小学高年级、初中和高中的儿童青少年达到这一推荐量的比例分别为16.5%、27.2%、28.1%、19.8%，乡村相应的比例分别为18.3%、23.3%、24.6%、15.0%。值得注意的是，有超过35%的儿童青少年每周仅有1天有大强度的身体活动，超过25%的儿童青少年没有大强度的身体

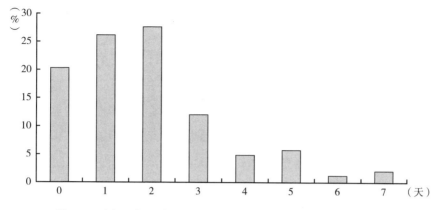

图1　平均每周每天达到 60 分钟中等强度以上的身体活动的天数

活动或者达不到每周 1 次。小学高年级和初中阶段的少年每周 3 天以上大强度的身体活动的比例高于小学低年级和高中的儿童和青少年。儿童青少年每周参加大强度的身体活动的天数分布见图 2。

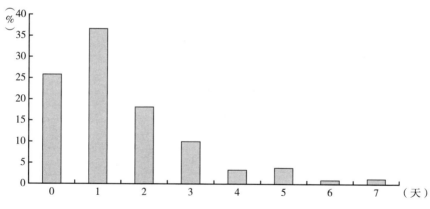

图2　儿童青少年平均每周参加大强度身体活动的天数

力量练习是强壮肌肉和骨骼的有效方法，青少年时期的骨骼和肌肉健康水平为其一生健康状况奠定基础，儿童青少年的身体活动指南普遍推荐每周进行 3 次肌肉力量和强壮骨骼的运动。调查显示，仅有 34.8% 的儿童青少年每周参加 3 次及以上的力量练习。其中，男生参加力量练习的积极性高于女生，41.0% 的男生每周参加 3 次及以上的力量练习，而仅有 24.4% 的女生达到该练习频率。城镇地区儿童青少年参与力量练习的比例略高于乡村，城镇小学低年级、小学高年级、初中和高中儿童青少年参加力量练习达到每周三次及以上的比例分别为22.0%、33.2%、44.9%、35.6%，而乡村地区分别为18.1%、30.4%、37.7%和24.9%。

柔韧性是重要的身体素质，对保持正确的体姿、体态，保持灵活性等都具有重要的作用，在儿童青少年身体活动指南中虽没有明确规定，但柔韧性的练习应该融入每天的体育活动中。本次调查显示，超过30%的儿童青少年每周参加3天及以上的柔韧性练习，分别有32.9%的男生和35.7%的女生每周参加3天及以上的柔韧性练习。但仍有近30%的儿童青少年不进行力量和柔韧性练习或者达不到每周1次。儿童青少年参加力量练习和柔韧性练习的天数见图3。

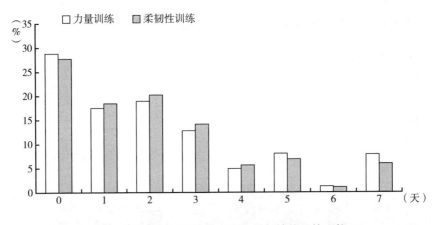

图3 平均每周参加力量练习和柔韧性练习的天数

以上分析显示，儿童青少年的身体活动量明显不足，相比而言，儿童青少年身体活动的活跃程度男生高于女生，小学高年级和初中阶段最活跃。城镇儿童青少年身体活动水平略好于乡村。

（二）体育意识与身体活动量

儿童青少年体育意识的培养也是学校体育和全民健身的重要内容。对体育活动的重要性有充分的认识，了解自己应该达到的身体活动量是基本的体育意识。促进儿童青少年参与体育活动不仅应该在时间、场地器材、指导等方面提供必要的条件，而且要培养和教育儿童青少年正确的体育观，教育儿童青少年对体育活动的重要性有充分的认识，使儿童青少年掌握科学的运动健身知识和理念，了解相关的基本信息。知道自己应该达到的体育活动量是基本的体育意识之一。调查显示，我国儿童青少年的体育意识亟待加强，儿童青少年对体育活动量的认知存在明显的认知误区。在认为自己体育活动量非常充足的儿童青少年中，有42.7%的儿童青少年每天体育锻炼时间达到60分钟的天数每周仅有2天或2天以下，男女比例分别是40.9%和46.1%，各年级的人数比例分别为小学低年级64.3%、小学高年级49.7%、初中41.8%、高中28.7%；在认为自己体育活动量充足的儿童青少年中，有66.9%的儿童青少年每天体育锻炼时间达到60分钟的天数每周仅有2天或2天以下，男女比例分别为63.4%和72.4%，小学低年级为72.6%、小学高年级为66.7%、初中为63.3%和高中为65.9%。

（三）儿童青少年参与各种体育活动状况

体育活动是儿童青少年身体活动的核心，是最主要的有益健康的身体活动。儿童青少年的体育活动可以分为学校以内和学校以外的体育活动，其中学校以内的体育活动又分为体育课、早操和课间操、课外体育活动，以及校内各种体育的社团、兴趣小组等组织开展的活动；从儿童青少年的生活作息角度来看，又可以分为上学日活动和周末节假日活动，以及寒暑假活动。本次调查显示，儿童青少年基本上都（99.99%）参加过不同形式的体育活动。

1. 校内体育活动

（1）体育课

体育课是儿童青少年体育锻炼的重要基础，也是学习和练习运动技能的重要途径。被调查的儿童青少年中，上体育课的比例为96.3%，男女比例相同，城镇（96.2%）略低于乡村（97.0%）。其中，99.0%的小学生、初中生每周都有体育课，但这一比例在高中阶段有所下降，为94.5%。每周体育课的次数多数集中在2次、3次，分别为57.7%和20.4%，其余的为每周1次，比例为11.2%，每周4次的只占8.1%。每周体育课的次数有明显的年级差异，与我国教育部的相关规定有关，其中小学低年级以每周3次和4次为主，分别为30.4%和52.3%；小学高年级和初中则以每周2次和3次体育课为主，小学高年级分别为25.2%、63.8%，初中分别为36.8%、56.0%；高中体育课的次数明显减少，以每周2次为主，占73.8%，还有15.6%的高中生每周体育课的次数只有1次。城乡比较同年级体育课的频率城镇略高于乡村。值得注意的是高中阶段乡村学生不参加体育课（或每周少于1次）或者不开设体育课的现象明显增多，总体有2.3%的高中生不参加体育课或者每周体育课少于1次，城镇比例为1.9%、乡村为6.8%。

运动强度是衡量体育课质量的重要指标，调查显示，儿童青少年体育课的运动强度达到中等运动强度和大强度的比例分别为65.9%和15.2%，但仍有18.9%的儿童青少年体育课的运动强度为低强度，无法达到体育锻炼的"质"的效果。

（2）早操和课间操

多数中小学实行早操、大课间操，且大课间操较多安排在上午进行。早操和课间操是学生校内体育活动的重要形式，也是避免久坐行为（sedentary behavior）的有效方法。调查显示，96.5%的儿童青少年参加早操和上午课间操，城镇早操和课间操的开展略好于乡村，城乡儿童青少年参加比例分别为97.7%、96.3%，男女比例分别为97.1%、95.8%。其中，近80%的儿童青少年在上学日每天参加早操和课间操，每周4~5次的人数比例最高，为85.7%。

儿童青少年的早操和课间操的体育活动以中、小运动强度为主，以中等强度为主的占96.3%，小强度的占31.9%，大强度体育活动的比例仅为3%。早操和上午课间操的时间平均在25分钟左右，城乡差异不大。

下午一般不进行大课间操，参加下午课间操的儿童青少年比例为47%，其中，城镇儿童青少年参加下午课间操的比例为44.5%，乡村为59.7%；男生参加下午课间操的比例为48.1%，女生为45.5%；随着年级的增高，不参加下午课间操的儿童青少年比例由41%逐渐增高到58.3%。下午课间操以中等运动强度为主的儿童青少年比例为54.6%，以小运动强度为主的比例为39.8%，仅有2.7%的人的下午课间操的运动强度能达到大强度。下午课间操时间较短，基本在15分钟以内。

（3）课外体育活动

除体育课外，儿童青少年在学校内参加课外体育活动（或者课外体育活动课）是保证儿童青少年每天体育活动1小时的重要手段。调查显示，有67.9%的儿童青少年参加了课外体育活动。城镇儿童青少年参加课外体育活动比例为65.9%，略低于乡村的78.1%。值得注意的是，随着年龄增大，儿童青少年参加课外体育活动的比例有所下降，小学低年级、小学高年级、初中、高中参加课外体育活动的比例分别为83.5%、79.2%、70.9%和62.3%。儿童青少年课外体育活动中达到中等运动强度的比例为63.2%，大强度的比例仅为10.4%，超过25%的课外体育活动仅为小强度体育锻炼，难以达到锻炼效果。

（4）儿童青少年在学校内体育活动的项目

课外体育活动和学校体育课的主要项目见图4，体育课排在前五位的依次是跑步、篮球、羽毛球、乒乓球、足球，而课外体育活动则依次为健步走、跳高跳远、排球、踢毽、羽毛球。体育课除注重对身体机能（有氧耐力）的锻炼外，对于体育技能和技巧的学习和掌握也有侧重，而课外体育活动则是对体育课的一个补充，项目的趣味性有所增强，同时可以看出中考等体育考试有关的内容也占有一定的比例。

同时，课外体育活动的实效性有一定的不足，30.6%的儿童青少年的课外体育活动以健步走为主，说明运动强度和运动技能的掌握方面都达不到促进儿童青少年健康和儿童青少年学习和掌握运动技能的需求。不排除其中有流于形式的可能。

2. 校外体育活动

60.3%的儿童青少年参加校外体育锻炼，其中男生和女生参加校外体育锻炼的比例分别为64.3%和55.2%。城乡比例相同。小学低年级、小学高

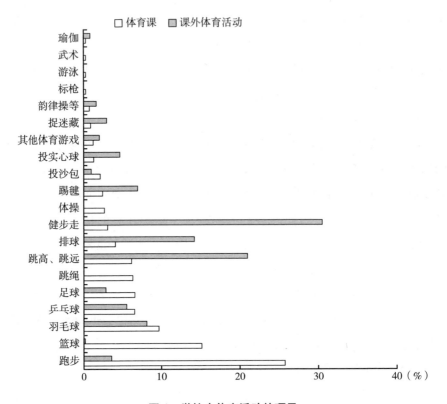

图4　学校内体育活动的项目

年级、初中、高中参加校外体育锻炼的比例分别为 56.3%、60.3%、61.5%、60.5%。

　　儿童青少年周末参加体育活动的情况略好于上学日，63.5% 的儿童青少年周末或节假日参加体育锻炼，其中男生和女生的比例分别为 65.7% 和 60.8%，小学低年级和高年级的儿童青少年周末参加课外体育锻炼的比例分别为 68.3% 和 73.0%，高于初中生和高中生的 65.7% 和 60.6%。

　　超过 70% 的儿童青少年寒暑假期间参加课外体育锻炼，比例高于上学日和周末，男女生的比例分别为 70.7% 和 70.0%。小学低年级、小学高年级、初中、高中参加校外体育锻炼的比例分别为 71.8%、77.7%、70.5%、68.9%。

　　儿童青少年校外体育活动的项目（见图5），跑步、羽毛球、篮球、乒乓球、跳绳位列前 5 位，与儿童青少年掌握比较好的项目比较，除跳高跳远在掌握好的运动项目的排位比课外体育活动参与的项目明显靠前外，校外经常参加的项目与掌握好的项目基本一致，可见，课外体育活动兴趣和运动技巧强，二者起到相辅相成的促进作用。

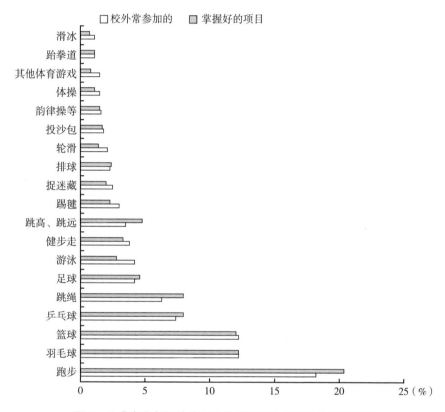

图5 儿童青少年课外体育活动的项目和掌握好的运动项目

将儿童青少年最喜欢的体育项目、校外经常参加的项目和最擅长的体育活动项目进行比较（见图6）可见，球类项目比较吸引儿童青少年，最喜欢的项目与校外经常参加的项目基本一致，排序为篮球、羽毛球、跑步、乒乓球、游泳、足球，除跑步和游泳对抗性小外，其他都属于对抗性强、需要对手或团队，也需要掌握一定的体育技能的项目，符合儿童青少年的年龄特点，可见兴趣对儿童青少年的校外体育活动有较强的导向作用，体现了兴趣有助于提升参与程度，参与程度高有助于掌握体育的技能和技巧，而掌握了

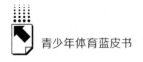

技能和技巧又反过来进一步增强了体育的兴趣、有助于运动的持续坚持，形成相互促进作用。

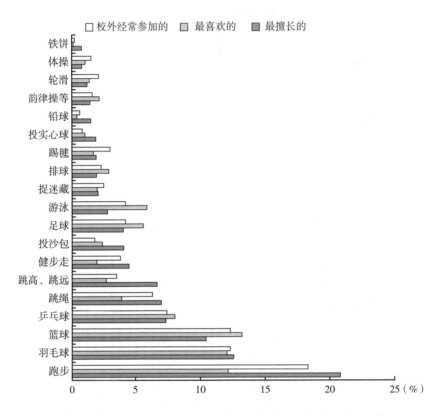

图6　儿童青少年喜欢的、擅长的、校外经常参加的体育项目比较

3. 日常体育练习

为了增强儿童青少年的身体素质，增强学生身体技能，提高体育考试的成绩，除体育运动项目以外，学校还开展一些练习项目。调查显示，儿童青少年经常参与的体育练习是长跑和仰卧起坐，比例分别为31.5%和19.3%。小学1~3年级最经常练习的项目中，位居前三位的分别为长跑（33.3%）、加速跑（13.7%）和仰卧起坐（13.1%）；小学4~6年级最经常练习的项目中，位居前三位的分别为长跑（36.4%）、俯卧撑（20.5%）和仰卧起坐（14.4%）；初中和高中最经常练习的项目中，位居前三位的分别为长跑

（38%，29.1%）、俯卧撑（21%，27.9%）和仰卧起坐（16.3%，17.4%）。

乡村的儿童青少年中，经常练习项目位居前三位的分别为长跑（16.4%）、仰卧起坐（15.7%）和加速跑（13.6%）；而城镇儿童青少年经常练习项目位居前三位的分别为仰卧起坐（20.2%）、长跑（16.5%）和加速跑（11.3%）。男生参与俯卧撑、引体向上、器械力量练习等力量素质类练习的比例明显高于女生。

4.校外体育锻炼场所

儿童青少年进行校外体育锻炼的场所依次为居民小区空地、居民小区健身服务场所和树林、江海湖泊、草原、山丘等，比例分别为38.9%、38.9%和35.2%；而近些年加大力度建设的青少年户外营地、青少年宫等专门场所的作用不明显，从未去过业余体校、青少年户外营地和青少年宫的比例分别为86.5%、80.5%和69.1%。校外体育锻炼场所的选择更倾向于公共体育资源，较少选择具有专业资质的场地（见图7）。

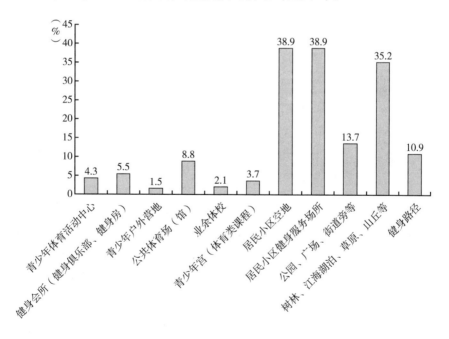

图7　校外体育锻炼场所分布

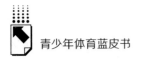

值得注意的是，儿童青少年以是否喜欢来选择各种校外体育锻炼场所时，更喜欢树林、江海湖泊、草原、山丘、公园、广场、街道旁等，以及公共体育场（馆），比例分别为63.6%、52.9%和51.9%；而喜欢程度最低的场所依次为业余体校、青少年宫和健身会所（健身俱乐部、健身房），比例分别为16.7%、11.8%和8.9%。与上述是否使用过的情况较一致，一定程度上反映出各种体育活动场地的便捷性。

5. 体育组织与指导

（1）体育社团

调查显示，有67.6%的儿童青少年所在学校有体育社团（包括学校组织的体育活动兴趣班、小组等），26.2%的儿童青少年所在学校没有体育社团，其余则回答不清楚。其中，城镇学校有社团的比例为70.1%，农村学校有社团的比例为66%。约有41.8%的儿童青少年加入体育社团，其中，农村儿童青少年参与的比例（42.7%）高于城镇（40.3%）；男性参与的比例（44.7%）高于女性（38.2%）。小学1～3年级和4～6年级参加体育社团的比例最高，分别为61.8%和62.2%；而初中和高中不参加体育社团的比例为55.3%和66%。以学校所在地城乡属性划分，农村儿童青少年所在学校有体育社团的比例为60.2%，城镇学校该比例为68.9%；农村学校儿童青少年参加体育社团的比例为59.2%，而城镇学校的该比例则为38.7%。

参与体育社团的频次比例分布见图8，"从未参与"的比例最高且为36%，其次每周参与2次的比例为19.3%。从年龄段分布来看，小学4～6年级每周参与4～5次的比例为15.5%、每周3次的比例为13.8%，每周2次的比例（22.1%）最高，小学1～3年级每周1次的比例（34.3%）最高，高中少于每周1次的占8.4%，从未参与的比例（44.1%）最高。性别对比可见，每周4～5次参加体育社团的男生比例（14.1%）明显高于女生比例（8%），每周少于1次女生的比例（10.2%）则高于男生比例（3.1%），从未参加过体育社团的女生比例（37.4%）也高于男生比例（34.9%）。从未参与体育社团的乡村学校和城镇学校的儿童青少年比例为24.6%与38.6%，每周参与2次的比例分别为26.3%与17.7%，每周1次的比例分别为21.2%与16.7%。

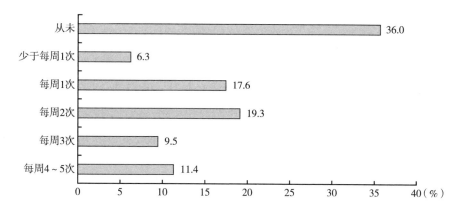

图8　参加体育社团活动的频次比例

本校教师为儿童青少年进行指导的比例为62.3%，外聘教师或教练指导的比例为8.4%。

（2）学校课外体育俱乐部

学校课外体育俱乐部包括放学后在学校参加的体育活动组织。调查显示，仅有32.2%的儿童青少年所在学校有课外体育俱乐部，55.6%的儿童青少年所在学校没有课外体育俱乐部，"不清楚"是否有的比例为12.3%。其中，有25%的儿童青少年加入课外体育俱乐部，城镇参与的比例（29.5%）高于农村（21.8%）。男生参与的比例（27.9%）高于女生（21.3%）。小学阶段参加课外体育俱乐部比例最高，4~6年级的比例为41.9%和1~3年级的比例为35.5%；而高中和初中不参加课外体育俱乐部的比例分别为79.9%和70%。以学校所在地属性区分，20%的农村学校与34.3%的城镇学校有课外俱乐部。

参与课外体育俱乐部的人数比例见图9，"从未参与"课外体育俱乐部活动的比例为60.9%，而每周参与1次的比例为10.8%。就年龄分布而言，小学4~6年级参与程度最高，每周参加4~5次的比例为9.5%、每周参加3次的比例为11.9%、每周参加2次的比例为15.8%。高中参与程度较低，每周参加少于1次的比例为4.8%，从未参与的比例为67.1%。性别比较看，男生参加的比例均明显高于女生，二者每周参加4~5次、每周3次、每周 2 次和每周 1 次的比例分别是 7.9% 与 4.6% 、9.6% 与 7.8% 、10.3%与 7.7% 、11% 与 10.4% 。从未参加过的女生比例为 64.3% ，高于男生的58.1% 。城乡差异来看，农村学校的儿童青少年从未参与课外体育俱乐部的比例为 60.4% ，而城镇学校就读的儿童青少年这一比例为 38.6% ；农村学校就读的儿童青少年每周参加 3 次的比例为 5.4% ，城镇学校就读的儿童青少年该比例为 9.4% ；少于每周 1 次的比例，乡村学校就读的儿童青少年为7.2% ，城镇学校就读的儿童青少年为 3.4% 。

本校教师为儿童青少年进行指导的比例为 28.1% ，外聘教师或教练指导的比例仅为 11.4% 。

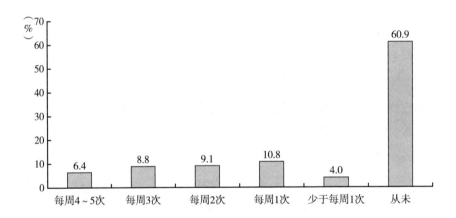

图9 参加课外体育俱乐部活动的比例

（3）运动安全指导

调查显示，儿童青少年学习获得运动安全知识和技能的主要渠道依次为朋友，媒体（电视、广播、报纸、网络等），家长和学校公共宣传，比例分别为 20.7% 、17.8% 、12.7% 和 12.7% 。

6. 青少年特色体育项目的组织与开展

随着全民健身计划和青少年阳光体育计划的深入实施，校园足球、冰雪运动等特色项目陆续在儿童青少年中开展，同时，国家级和省级的体育传统学校和青少年体育俱乐部等在不同的学校仍然发挥重要的作用，2016 年儿童青少年体育健身活动状况调查对这些特色项目的组织开展情况进行了问卷调查。

（1）校园足球

调查显示，参加学校组织的校园足球活动频率为"没有参加过"的比例为55.3%，"没有听说过"的比例为15.7%，每季度1次的比例为13.3%，每个月1次的比例为3.5%，每周1次的比例为6.0%，每周2次的比例为3.7%，每周3次及以上的比例为2.5%。其中，高中阶段"没有参加过"的比例最高，达到56.6%，小学4～6年级"每周3次及以上"比例最高，为5.7%。以学校所在地划分，城镇学校"没参加过"的比例（55.8%），略高于乡村学校比例（52.7%），乡村"每周3次及以上"的比例（3.5%）略高于城镇比例（2.3%）。从性别差异看，男生每季度1次、每月1次、每周1次、每周2次和每周3次及以上及以上比例明显高于女生，分别为16.3%与9.2%，4.4%与2.5%，6.2%与3.5%，4.8%与2.7%，3.1%与1.7%。

（2）冰雪运动项目

调查显示，参加学校组织的冰雪运动项目频率，"没有听说过"的比例最高（50.1%），"没有参加过"的比例为44.4%，每季度1次的比例为3.8%，每个月1次的比例为0.7%，每周1次的比例为0.4%，每周2次的比例为0.3%，每周3次及以上的比例为0.3%。其中，小学4～6年级"没有参加过"的比例最高，达到44.4%。以学校所在地划分，乡村学校"没参加过"的比例（49%）略高于城镇学校比例（43.6%）。从性别差异看，男生每季度1次和每月1次比例明显高于女生，分别为4.8%与2.5%，0.8%与0.6%。

（3）学校青少年体育俱乐部项目

被调查的儿童青少年中，"没有参加过"学校青少年体育俱乐部活动的比例为49%，"没有听说过"的比例为34.1%，每季度参加1次的比例为7.9%，每个月参加1次的比例为2.2%，每周参加1次及以上的比例为6.3%。小学阶段参与程度最高，4～6年级参与比例达2.2%。农村参与程度低于城镇，没参加过的比例高达50.7%。女生（54.3%）没参加过的比例高于男生（45.5%）。

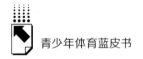
（4）体育传统项目学校活动

"没有参加过"体育传统项目学校活动的比例为37.2%，"没有听说过"的比例为18.8%，每季度参加1次的比例为26.5%，每个月参加1次的比例为3.8%，每周参加1次及以上的比例为13.6%。其中，小学阶段"每周3次及以上"的比例最高，为9.1%。

（四）体育活动影响因素

1.体育意愿与动机

调查显示（见图10），儿童青少年参与体育活动的意愿较为强烈。放学后"愿意参加"体育活动的比例为42.8%、"非常愿意参加"的比例为26.5%。男生非常愿意参加的比例为33.3%，女生该比例仅为17.8%，男生参与意愿高于女生。就读于小学4~6年级的儿童青少年非常愿意参与的比例最高，为31.7%，初中非常愿意参与的比例最低，为23%。城乡均有超过26%的儿童青少年在放学后愿意参加体育活动。

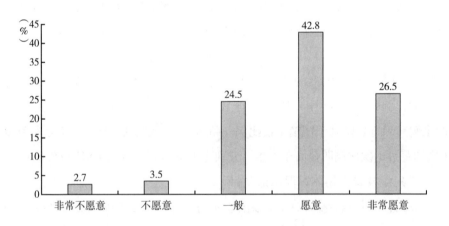

图10 放学后体育活动参与意愿

2.学校及其他因素

在对儿童青少年体育活动量不足的原因的调查中能够发现（见表1），学业负担、缺乏同伴以及不擅长运动成为儿童青少年体育活动量不足的主要原因。而不同年级呈现一定的差异，随着年级的增长，选择"学业负担重，没时间"和"麻烦，累，懒得参加"的人数比例在逐渐上升，选择"怕受伤"的比例在逐渐下降，选择"没有同伴一起锻炼""没有锻炼场地"的比例较为稳定。上述结果表明随着年级的增长，儿童青少年的体育运动态度发生了变化，但是缺乏体育锻炼同伴和场地及时间，则是儿童青少年体育活动量不足的持续性原因。

表1　体育活动量不足的原因

单位：%

体育活动量不足的主要原因	总体	小学(1~3年级)	小学(4~6年级)	初中	高中
学业负担重,没时间	26.8	17.0	17.8	19.9	29.0
麻烦,累,懒得参加	10.0	6.8	7.3	9.1	10.0
没有同伴一起锻炼	14.6	15.1	13.2	13.0	15.0
不知道怎样运动	6.03	7.0	6.7	8.2	5.5
没有锻炼场地	9.20	8.8	7.7	8.4	9.5
没有人指导	6.32	8.0	7.6	8.0	5.7
怕受伤	3.82	9.4	6.3	3.4	3.0
没兴趣	4.10	5.1	6.1	6.6	3.4
不擅长运动	10.8	11.4	11.0	12.0	10.0
身体差	4.20	5.1	7.8	6.7	3.4
怕受嘲笑	2.22	2.8	5.1	2.9	1.8
其他	1.70	3.5	3.5	1.8	1.3

附　录

Appendixes

B.28

附录 A　青少年体育活动促进计划

关于印发《青少年体育活动促进计划》的通知

各省、自治区、直辖市、新疆生产建设兵团体育局、教育厅（教委、教育局）、文明办、发改委、民政厅（局）、财政厅（局）、团委：

为落实全民健身国家战略，广泛开展青少年体育活动，培养青少年体育锻炼习惯，吸引更广泛的青少年参与体育活动，促进青少年身心健康、体魄强健，体育总局等7部门联合制定了《青少年体育活动促进计划》。现印发你们，请结合各地、各部门的工作实际认真组织实施。

体育总局　教育部　中央文明办　发展改革委

民政部　财政部　共青团中央

2017 年 11 月 28 日

青少年体育活动促进计划

　　青少年身心健康、体魄强健是国家繁荣、民族昌盛、社会文明进步、家庭和睦幸福的重要标志，是实现中华民族伟大复兴"中国梦"的重要基础。党和国家历来高度重视青少年体育工作，2007 年，中共中央国务院印发了《关于加强青少年体育增强青少年体质的意见》，对青少年体育工作作出重要部署，各地积极推进青少年体育工作，青少年体育发展取得明显成就。但总体上看，我国青少年体育仍然薄弱，政策法规有待完善，青少年体育活动时间不足、体育组织建设滞后、体育场地设施短缺、社会力量参与不够等问题依然不同程度存在。为深入学习贯彻党的十九大精神，深入贯彻落实习近平总书记关于体育工作的重要论述，更好地满足广大青少年日益增长的体育活动需求，进一步加强青少年体育工作，依据《中华人民共和国国民经济和社会发展第十三个五年规划纲要》《"健康中国 2030"规划纲要》《全民健身计划（2016～2020 年)》，特制定本计划。

一　指导思想

　　以习近平新时代中国特色社会主义思想为指导，以提高青少年体质健康水平和综合素质为根本目标，以"强化体育课和课外锻炼，促进青少年身心健康、体魄强健"为根本宗旨，坚持政府主导、部门协作、社会参与，建立和完善有利于青少年体育活动开展的体制机制，营造全社会关心支持青少年体育的氛围，引领促进青少年体质健康的新实践。

二　发展目标

　　到 2020 年，广大青少年体育参与意识普遍增强，体育锻炼习惯基本养成。青少年体育活动的形式更为多样、内容更为丰富，体质健康状况明显改

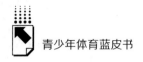

善。家庭、学校、社区的联动效应持续增强，开展体育活动的保障条件更为完善，形成政府主导有力、部门协作顺畅，社会活力进一步增强的青少年体育工作新局面。

——青少年体育活动蓬勃开展。全国青少年"未来之星"阳光体育大会对青少年体育赛事活动的带动作用明显增强，以三大球、田径、游泳、冰雪和民族传统体育项目为重点，各运动项目在青少年中的普及程度进一步提高，青少年体育国际交流与合作进一步加强。

——青少年身体素质不断提高。体育课时切实保障，每天锻炼1小时严格落实，课外体育活动广泛开展，青少年体育技能培训质量与效益持续提升，基本实现青少年熟练掌握1项运动技能，学生体质健康标准优良率达到25%以上。

——青少年体育组织发展壮大。青少年体育组织类型不断丰富，规模不断扩大，布局更加均衡，服务与发展能力明显加强。国家示范性青少年体育俱乐部达到300家，各级青少年体育俱乐部达到12000家，每2万名青少年拥有1家青少年体育俱乐部。各级体育传统项目学校达到15000所。青少年体育组织覆盖乡镇（街道）、城市社区和具备条件的农村社区。

——青少年体育场地设施明显改善。各市（地）建立1个以上青少年校外体育活动中心和青少年户外体育活动营地，各县（区）普遍设置专门的青少年校外体育场地设施。公共体育设施和有条件的学校体育设施向青少年开放。

——青少年体育指导人员培训广泛开展。培训体育传统项目学校、青少年体育俱乐部和青少年户外体育活动营地管理人员3000名；培训国家级和省级体育传统项目学校体育骨干教师5000名；培训基层体育指导人员10万人次。各地大力开展各类青少年体育指导人员培训。

——青少年科学健身研究和普及成效显著。系统开展青少年科学健身理论与方法、场地设施和运动器材等方面的研究。普遍开展青少年科学健身普及与推广活动，青少年科学健身水平切实提高。

三 主要任务

（一）广泛开展青少年体育活动

1. 充分发挥全国青少年"未来之星"阳光体育大会示范带动作用。在寒（暑）假举办全国青少年"未来之星"阳光体育大会，设置主会场和各省（区、市）分会场，实现全国联动。鼓励各级体育、教育、共青团等部门和社会力量充分利用体育场馆、公园、户外营地、青少年宫和妇女儿童活动中心等场所，举办青少年体育竞赛与展示、户外运动、体育游戏、运动技能培训、体质监测、科学健身普及和健身指导服务等活动。

2. 广泛开展青少年体育活动和竞赛。定期发布青少年体育活动和竞赛计划。各地应充分利用江河湖海、山地、沙漠和草原等独特的自然资源优势，开展符合青少年身心特点的体育活动，着力打造以田径、游泳、篮球、排球、乒乓球和武术等项目为主的全国体育传统项目学校联赛，继续开展全国青少年体育俱乐部联赛、全国青少年户外体育活动营地夏（冬）令营等传统赛事和活动。各地应因地制宜组织开展与上述赛事相衔接的区域性体育竞赛和活动。各级教育、体育部门应完善和规范学生体育竞赛体制，健全国家、省、市、县四级学生体育竞赛体系。畅通学生运动员进入各级专业运动队和代表队，体育特长生和高水平运动员进入学校的渠道。支持特殊青少年群体参与体育活动。

3. 提高学校体育活动质量。完善体育课程设置，深化教学改革，广泛开展学生阳光体育运动，着力培育青少年体育爱好和运动技能，大力促进学校、家庭、社会多方配合，保证中小学生每天 1 小时校园体育锻炼。大力举办以增强学生体质和意志品质、普及体育知识和技能、培养体育兴趣爱好为目的的青少年体育活动。全面实施《国家学生体质健康标准》，引导学生积极进行体育锻炼，培养终身体育意识和习惯。积极推动实施课外体育活动志愿及有偿服务活动；探索建立公共体育场馆、社会组织、高等院校、体育俱

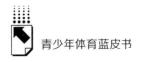
乐部等承接开展学生课外体育活动的机制。

4. 大力发展青少年足球运动。以开展青少年校园足球为基础，加强青少年校园足球特色学校建设。构建纵向贯通、横向衔接、规范有序的青少年校园足球竞赛体系。以建设青少年足球训练中心为抓手，积极开展校外青少年足球赛事活动和人才选拔与培养，充分利用青少年足球竞赛、训练营和夏（冬）令营等形式，开展丰富多彩的青少年足球活动。

5. 推动青少年冰雪运动的普及与提高。以筹办 2022 年冬奥会为契机，各级体育部门、冬季项目协会应实施冰雪运动"南展西扩"战略，积极开展青少年冰雪健身项目。各级教育、体育部门应积极配合，共同推进"校园冰雪计划"。北方地区有条件的中小学应将冰雪运动项目列入冬季体育课教学内容，鼓励南方地区城市中小学与冰雪场馆或冰雪运动俱乐部合作，开展冰雪体育教学活动。鼓励各地举办青少年冰雪嘉年华、冰雪季等推广普及活动。

6. 促进民族传统体育项目在青少年中的推广与普及。各级体育、教育部门和运动项目协会应积极开展民族传统体育项目的挖掘、保护与传承工作。鼓励各地举办武术、太极拳、健身气功、民族式摔跤、赛马、龙舟等项目的青少年比赛、交流、展示等活动，发展具有民族特色的传统体育项目。

7. 开展青少年体育国际交流与合作。鼓励各地将青少年体育国际交流纳入年度外事计划，根据自身发展需要和区域特点，开展多种形式的青少年体育国际交流与合作。通过有影响力的国际、国内体育组织或体育赛事等平台，积极拓展青少年体育国际交流与合作空间。

（二）加强青少年体育组织建设

1. 促进青少年体育组织发展。体育部门协调相关部门研究制定促进青少年体育社会组织发展的政策性文件，完善相关服务标准体系，不断提高服务水平。鼓励社会力量参与、创建各类青少年体育组织。有计划、有重点地扶持国家示范性青少年体育俱乐部建设。民政部门应降低准入门槛，大力培育社区青少年体育社会组织。教育部门应支持校内青少年体育俱乐部、学生体育社团、体育兴趣小组等组织建设，引导学生每人参加 1 个以上的体育组织。各地应大力建设青少年体育俱乐部，逐步形成科学的梯次结构，建立青少年体育俱乐部的动态评估、周期命名等制度。不断推进青少年校外体育活动中心和青少年户外体育活动营地创建工作，完善服务标准，创新运行机制和管理模式。

2. 推进青少年体育社会组织能力建设。研制青少年体育社会组织评价标准，建立青少年体育社会组织评价机制。完善青少年体育社会组织内部治理结构，激发青少年体育社会组织活力，提高青少年体育社会组织承接政府购买服务能力。研究建立青少年体育社会组织人才评估和激励机制，促进从业人员专业化水平的提高。

3. 推动各级青少年体育行业协会建设。鼓励和引导全国性和地方性青少年体育行业协会建设发展，充分发挥各级青少年体育行业协会的职能，不断提高行业协会自我发展、自我管理、自我服务、自律规范的能力，促进青少年体育行业协会健康有序发展。

4. 加强各级体育传统项目学校建设。各级体育、教育部门应积极构建以国家级体育传统项目学校为龙头，省级体育传统项目学校为骨干，市（地）和县（区）体育传统项目学校为基础的体育传统项目学校发展体系。优化体育传统项目学校项目结构和学段结构比例，保障重点项目、优势项目和民族特色项目在体育传统项目学校的布局，完善体育传统项目学校竞赛、培训、评估制度，畅通竞技体育后备人才的选拔、培养和输送渠道。

（三）统筹和完善青少年体育活动场地设施

1. 加快青少年体育场地设施建设。各地应结合城镇化发展统筹规划、合理布局青少年体育场地设施。重点建设一批规模适度、经济实用、功能配套完整的青少年校外体育活动中心和青少年户外体育活动营地等场地设施。中型以上（含中型）全民健身中心应设立青少年体育活动功能区，具备条件的城乡社区应配置儿童运动乐园，全民健身路径应增加儿童青少年体育设施。鼓励合理利用广场、公园、旧厂房、仓库、老旧商业设施、空置场所等空间，改建、扩建、新建小型、便利、多样的青少年体育场地设施。研制青少年体育场地设施标准，开发符合青少年特点的场地设施和运动器械。鼓励社会力量建设青少年体育场地设施。

2. 加大体育场地设施对青少年的开放力度。各地积极推动公共体育场地设施免费或低收费向青少年开放。学校体育场地设施应在课余时间、节假日、寒（暑）假期间免费或低收费向青少年开放，并采取有力措施加强安全保障。鼓励社会力量积极参与体育场馆对青少年开放。各地应为特殊青少年群体参与体育活动提供必要的场地设施保障。

（四）强化青少年运动技能培训

1. 开展青少年运动技能培训。各级体育、教育等部门应以各类学校、青少年校外体育活动中心、青少年体育俱乐部、运动项目协会、健身中心、青少年宫、青少年户外体育活动营地、研学旅行营地和示范性综合实践基地等为依托，通过体育课、课外体育锻炼和夏（冬）令营等广泛开展体育运动技能培训，注重发挥各级各类体校在青少年运动技能培训中的带动作用。各地应采取政府购买服务等方式，充分调动社会力量的积极性，举办多种形式的青少年运动技能培训。

2. 研究建立青少年运动技能等级评定标准。应根据青少年体育需求和运动项目特点，以足球、篮球、排球、田径、游泳、体操、武术、冰雪、乒乓球、羽毛球等项目为试点，制定实施青少年运动技能等级评定标准，大力推动广大青少年积极参加运动技能等级评定。各级教育部门应将运动技能等级纳入学生综合素质评价体系。

（五）推进青少年体育指导人员队伍建设

1. 继续实施全国体育传统项目学校体育师资培训计划。各级体育、教育部门应按照《全国体育传统项目学校体育师资培训五年计划（2016～2020年）》的要求开展本地区体育传统项目学校体育师资培训工作，不断提升体育教师的专业能力。

2. 大力实施基层教练员培训计划。各级体育部门应按照国家教练员整体培训方案的要求，积极开展基层教练员培训工作，通过培训各运动项目的基层教练员，提高教练员执教水平。

3. 加强青少年体育管理人员培训。广泛开展运动项目协会、体育传统项目学校、青少年体育俱乐部、青少年户外体育活动营地和青少年校外体育活动中心等管理人员培训，提高青少年体育管理人员的业务水平。

4. 建立青少年体育指导人员队伍。鼓励体育教师、教练员、裁判员、退役运动员和体育爱好者等各类人才通过培训获取社会体育指导员（青少年）资格，为青少年在校外进行体育锻炼、提高运动技能提供指导和服务。

（六）加强青少年科学健身研究与普及

1. 开展青少年科学健身研究。各级体育、教育部门应研究和推广符合青少年身心特点、生长发育规律和兴趣爱好的体育项目、科学健身理论与方法、健身器材，提高青少年健身的科学性、合理性和有效性。加强对青少年肥胖、近视、脊柱侧弯、骨质健康和心理认知等重要问题的研究，积极探索行之有效的预防、干预模式，形成有针对性的解决方案，促进青少年身心全面发展。

2. 推广青少年科学健身普及活动。各级体育、教育部门应以青少年科学健身需求为导向，以体育课、体育活动和竞赛等为载体，向广大青少年普及科学健身的先进理念、基本知识、基本技能和有效方法；在校园、社区、文化体育活动场所，开展科学健身讲座、科学健身指导、科学健身知识竞赛等活动；鼓励优秀运动员和体育健身专家等走进校园、社区和青少年体育活动场所，传授科学健身方法；运用新媒体传播体育健身项目、运动损伤预防与康复等视频教程，对青少年进行科学健身指导。

（七）加强对青少年的体育文化教育

1. 弘扬体育精神。在青少年中大力弘扬以爱国主义为核心的中华体育

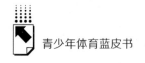

精神，开展奥林匹克文化教育，传承和推广民族传统体育，推进运动项目文化建设。

2. 传播体育文化。各级体育、教育部门应鼓励青少年积极参与不同层次和形式的体育文化交流活动。鼓励优秀运动员、教练员等走进校园、社区，普及运动项目知识，讲解运动项目规则和标准，宣传运动项目文化、体育赛事文化和体育礼仪文化。

3. 营造体育文化氛围。各地应充分利用报刊、广播、电视和网络等渠道，加强青少年体育宣传力度，营造全社会关心、重视和支持青少年体育的良好舆论氛围。扶持青少年体育影视和体育文学作品创作。鼓励家长积极参与青少年体育文化活动，培养家庭体育文化、营造体育锻炼氛围。

四　组织保障

（一）加强组织领导，明确职责分工

各地应将实施本计划作为落实《全民健身计划（2016～2020年）》的一项重要工作摆在突出位置，把青少年作为实施"全民健身"和"健康中国"国家战略的重点人群，应根据本计划制定实施计划，明确各自职责与任务分工，确保将本计划落到实处。

（二）拓宽经费来源渠道，提高经费投入力度

各级体育、教育等部门应不断加大对青少年体育活动的投入。各有关部门应引导建立青少年体育多元化资金筹集机制，鼓励引导社会资金进入青少年体育活动领域，优化青少年体育活动投融资引导政策。各级体育、教育部门应进一步创新机制，鼓励通过政府购买服务、政府和社会资本合作（PPP）等方式，引导社会力量积极参与青少年体育活动。大力培育青少年体育活动供给的多元主体，激发社会与市场活力，引导社会力量在青少年体育场地设施、体育培训、体育赛事活动等方面发挥积极作用。

（三）利用现代信息技术，提高信息化水平

各级体育、教育部门应建立青少年学生体育活动信息公开制度，及时发布青少年体育相关政策、赛事、活动、培训以及科学健身理论与方法等信息；积极推动"互联网＋"、大数据等技术在青少年体育活动领域的创新与运用，加强对青少年体育活动相关数据的科学管理。

（四）建立风险防范机制，提高风险管理能力

建立健全青少年体育活动风险管理机制，加强体育运动风险教育，培养青少年体育活动安全意识和风险防范能力。加强青少年体育活动指导和管理人员安全培训，提高风险管理能力。加强青少年体育活动的风险监控，制定青少年体育活动场所治安、交通和消防等专项行动与应急预案，建立重大突发事件的防范预案。研究建立涵盖体育意外伤害的青少年学生综合保险制度。严格按照相关标准开展高危险性青少年体育活动项目。鼓励引导社会组织、企业和个人购买青少年运动伤害类保险。

（五）加强督查评估，确保实施效果

建立《青少年体育活动促进计划》工作绩效评估体系，组织开展检查评估。对重点目标的实施进度和推行情况进行跟踪反馈，定期发布"青少年体育活动促进发展报告"。严格执行《国家学生体质健康标准》，积极探索通过第三方开展学生体质监测的办法，完善学生体质健康公告制度。

B.29

附录 B 关于加强竞技体育后备人才培养工作的指导意见

体青字〔2017〕99 号

体育总局教育部印发《关于加强竞技体育后备人才培养工作的指导意见》的通知

各省、自治区、直辖市体育局、教育厅（教委），计划单列市、新疆生产建设兵团体育局、教育局，各直属单位，有关项目协会：

为进一步加强对竞技体育后备人才培养工作的指导，促进竞技体育的可持续发展，国家体育总局、教育部联合制定了《关于加强竞技体育后备人才培养工作的指导意见》。现印发给你们，请结合各地实际情况，认真贯彻实施。

国家体育总局教育部

2017 年 11 月 10 日

关于加强竞技体育后备人才培养工作的指导意见

竞技体育后备人才培养关系体育事业的全面、协调、可持续发展，必须始终高度重视并不断创新。站在新的历史起点上，为进一步学习贯彻党的十九大精神，准确理解习近平新时代中国特色社会主义思想以及习近平总书记关于体育工作的重要论述，完善竞技体育后备人才培养体系，不断提高青少年体育训练质量和效益，推动竞技体育后备人才培养工作深入开展，为建设

体育强国、健康中国注入新的生机与活力，现就加强竞技体育后备人才培养
工作提出如下指导意见。

一　进一步完善竞技体育后备人才培养体系

（一）夯实学校体育基础

学校体育是竞技体育后备人才培养的基础。按照《学校体育工作条例》
和《国务院办公厅关于强化学校体育促进学生身心健康全面发展的意见》
的有关要求，充分发挥体育的育人功能，以培养学生体育意识和体育兴趣为
重点，以增进学生体育技能和体质达标为抓手，加强体育课和课外体育锻
炼，促进青少年健康成长。

坚持以校园足球为引领，积极推进"一校一品"建设。鼓励各级各类
学校以足球、篮球、排球、田径、游泳、冰雪和民族传统体育等项目为重
点，组织开展体育教学和训练活动。支持学校通过创建青少年体育俱乐部、
与各级各类体校联办运动队、组建校园项目联盟等形式，创新体育后备人才
小学、初中、高中一条龙培养模式，打造学校特色体育项目；开展多层次、
多形式的学生体育竞赛活动，共同营造校园体育文化氛围。

充分发挥体育传统项目学校在促进校园体育普及、推动学校运动队和校园
体育文化建设等方面的示范作用，通过完善体育传统项目学校创建命名和动态
评估工作，强化品牌建设，逐步优化体育传统项目学校项目结构和赛事布局，
以国家级体育传统项目学校为龙头、省级体育传统项目学校为骨干、市级和县
级体育传统项目学校为基础，稳步提升竞技体育后备人才输送数量和质量。

（二）强化青少年三级训练网络建设

各级各类体校是竞技体育后备人才培养的主体。积极扩大初级训练规
模，以少年儿童体育学校、体育传统项目学校、青少年体育俱乐部等为依
托，着力在培养兴趣、增强体质的基础上发现优秀苗子，开展课外体育训

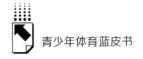

练。鼓励体育和教育联合办训练，将青少年训练工作的恢复和开展、少年儿童体育学校和其他各类青少年训练网点建设等列入县级体育工作督导考核的重要内容。

创新发展中级训练模式，以重点体校、体育中学和单项运动学校为重点，对青少年学生进行科学系统的训练，开发青少年的运动天赋和专项特长。鼓励优质体育资源和优质教育资源有机互补，充分实现教练、教师互派互聘、设施资源共享共用，联合名校办名队，共同打造特色项目和优势项目。

着力提升高级训练质量，以中等体育运动学校、竞技体校为龙头，突出国家高水平体育后备人才基地的引领示范作用，努力拓宽办学渠道，提升办学层次，科学系统训练，提高输送率和成才率。创新省级体校办学形式，理顺管理关系，充分发挥省级体校与省级优秀运动队、初中级训练的衔接功能，促进各项目优秀运动队梯队建设。

（三）推动社会力量参与

社会力量是竞技体育后备人才培养的重要组成部分。引导和支持社会力量参与竞技体育后备人才培养工作，鼓励兴办多种形式的青少年体育训练机构，引导社会资本参与青少年校外体育活动中心和户外活动营地等建设。建立共享共通的工作平台，实现注册互认，在训练管理、组队参赛及教练员职称评定、技能培训等方面保障社会力量的同等权益。

积极培育青少年体育社会组织，研究制订相关优惠政策，以全国体育运动学校联合会建设和改革为引领，推动有条件的地方组建区域性青少年体育联盟，发展基层青少年体育训练组织。

鼓励通过委托授权、购买服务等方式，将适合由社会组织提供的公共服务项目交由社会力量承担；试点推动运动项目、运动队、青少年赛事等的社会化和市场化进程；鼓励企业通过冠名、合作、赞助、广告、特许经营等形式，参与青少年品牌赛事、特色体育项目等无形资产开发。

二　切实加强青少年体育训练工作

（四）调整优化项目布局

总局各项目中心（协会）要根据《奥运项目竞技体育后备人才培养中长期规划（2014～2024）》要求，结合本项目发展现状，认真做好项目布局工作。各地根据项目总体布局，结合区域特色，发挥传统优势，以足球、篮球、排球、田径、游泳和冰雪等项目为重点，对本地区项目开展进行合理规划。各省（区、市）开展的奥运项目不少于 25 个分项，各市（地、州）开展的奥运项目不少于 10 个分项，各县（区、市）开展的奥运项目不少于 3 个分项。

（五）提高科学训练水平

要切实抓好单项后备人才基地建设，开展多种形式的青少年训练工作；强化重点年龄段的人才梯队建设，确保奥运人才梯次科学、数量充足；不断提高训练水平，完成好各年龄段的国际比赛任务。各地、各项目坚持"培养兴趣，选好苗子，打好基础，科学训练，积极提高"的原则，及时了解和掌握国际发展的新趋势、新理念。严格按照青少年运动项目训练教学大纲的要求进行系统扎实的训练，促进青少年运动员基本技能的全面提高，坚决杜绝拔苗助长、弄虚作假。妥善处理好学训矛盾，严格控制训练时间，中专阶段运动员每天训练时间不超过 3.5 小时；义务教育阶段运动员首先保障文化学习，每天训练时间不超过 2.5 小时。教练员要增强敬业精神，不断提高自身业务素质和执教能力，学习掌握新的科学训练理念和方法，科学制定训练计划，根据青少年儿童成长发育规律和心理特点确定训练负荷，不断提高青少年科学训练水平。

（六）提高选材育才水平

充分认识科学选材工作的重要性，加大对教练员、科研、医务人员的教

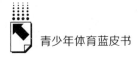
育培训，用科学先进的理念指导青少年选材工作。各项目要尽快研制青少年运动项目选材标准，科学、合理制定各项指标，并大力推广实施。各省（区、市）体育行政部门要成立青少年选材工作领导小组，建立青少年科学选材机构，建立健全竞技体育后备人才信息管理系统，完善青少年选材育才专家和服务团队，组织开展好本地区的选材育才工作。各级各类体校要建立青少年选材工作室，配足配好相关科研人员，建立人才档案，定期开展测试评估和科学追踪，对重点运动员进行跟踪监测，为青少年运动员选材和训练提供科学依据。

（七）加强教练员队伍建设

按照《全国体育教练员注册管理办法》，修订《体育教练员职称等级标准》，研究制定教练员准入制度，细化教练员从业标准和要求，鼓励、支持退役运动员从事教练工作。完善各级教练员注册、登记、培训和管理制度，有序开展教练员从业资格和等级认证工作；完善教练员任期目标、职称评定、竞争择优、考核奖惩及相关待遇等的具体实施办法。以实施国家精英"双百"教练员培养计划为引领，重点打造奥运项目青少年训练"领军型"教练。制定实施体育系统、教育系统和社会机构教练员的培训计划，分期分批分层次对各级教练员进行培训。教练员培训以地方培训为主，要有计划地选派教练员出国培训，并适当加大国家层面的培训力度，不断提高教练员队伍整体素质、执教能力和水平。

三　创新发展青少年体育竞赛体系

（八）改革青少年体育竞赛体制

各级体育、教育行政部门要建立健全符合青少年生长发育规律、运动员成才规律、运动技能形成规律及符合本地特点的青少年体育竞赛体制，积极开展青少年体育竞赛。青少年比赛要依据就近便捷的原则，安排在节假日、双休日进行；要根据项目和地域特点，采取主客场赛、分区赛、通讯赛等灵活多样的形式，锻炼队伍，发现人才。全国、省、市、县 4 级青少年体育竞赛要上下衔接、形成体系，构建青少年体育竞赛逐级选拔的参赛机制。

鼓励全国性及区域性青少年体育俱乐部等社会体育组织举办青少年单项体育竞赛，引导各项目青少年训练营、夏（冬）令营等活动的开展，逐步建立形式多样、覆盖面广、满足不同青少年群体需求的多元化青少年体育竞赛体系。各地要改革和完善青少年体育竞赛体制机制，研究制定青少年体育竞赛具体实施办法，除体育系统外，要从教育、社会等方面多渠道选拔优秀青少年运动员，不断拓宽竞技体育后备人才选拔渠道，激发社会活力。各级体育行政部门要配合当地教育行政部门举办好本地区的学生运动会、校际体育联赛，牵头组织好体育传统项目学校比赛等相关赛事；注重学校体育赛事与青少年区域赛事、全国等级赛事的有机衔接，为普通中小学学生和体校学生提供同等参赛机会。各级体育、教育行政部门要科学规划管理社会力量举办的各级各类青少年比赛，在竞赛经费、活动组织和场地上给予相应支持。

（九）创新青少年体育竞赛机制

各级综合性青少年运动会和单项青少年比赛要根据青少年身心发育规律和运动技能形成规律进行改革，明确青少年竞赛的目标任务，加强对项目设置、组别划分等的研究，切实发挥竞赛在竞技体育后备人才培养中的杠杆作用。各项目要以青少年运动项目训练教学大纲规定的各年龄段测试内容和要求进行比赛，鼓励研制适合青少年特点的竞赛规程、竞赛办法及场地、器材等，并在全国青少年体育竞赛中进行推广，促进我国青少年运动员技术水平的全面发展，为未来提高打牢基础，避免过早专项化、成人化训练。

（十）加强青少年运动员注册管理

各级体育、教育行政部门联合制定全国青少年运动员注册管理办法，建

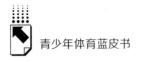
立全国青少年运动员注册系统，促进青少年运动员合理有序流动；研究搭建体育、教育、社会各类竞赛间的互通平台，建立信息共享、资格互认的管理体制和运行机制；引导和规范青少年运动员跨地区交流，杜绝青少年体育竞赛中的弄虚作假行为，杜绝使用兴奋剂，为青少年运动员创造公平、公正的参赛环境，保障青少年运动员的参赛权益。

（十一）推进青少年体育竞赛治理现代化

各级体育行政部门要积极协调、加强监管，减少微观事务管理，通过政府购买服务、竞赛市场开发等，逐步实现简政放权、管办分离，将青少年体育竞赛交由协会和社会力量承办。培育青少年体育竞赛多元化市场主体，吸引社会资本参与，充分调动全社会积极性与创造力，逐步建立体制机制完善、政策法规健全、评价标准科学的青少年体育竞赛管理体系。各项目要支持青少年体育竞赛改革，加强对各地赛事组织运行等方面的指导，营造竞争有序、平等参与的青少年体育竞赛环境。

四 进一步推进各级各类体校建设

（十二）实行体校分类管理

按照《少年儿童体育学校管理办法》《中等体育运动学校管理办法》和有关学校设置标准的要求，通过集中普查和专项治理，进一步明确各级各类体校的功能定位、管办关系、所有制形式和办学资质等，建立科学完备的分类、分层次体校管理系统。接受属地教育部门的办学资质审核和业务指导，形成权责分明、管理规范的教学训练新机制。对于不具备办学条件或经限期整改仍不达标的体校，转为其他类型的青少年训练机构。各级各类体校要坚持开放式办学，进一步发挥社会功能，主动为本区域提供更为广泛的青少年体育服务，带动青少年体育训练竞赛工作的开展。

（十三）加强运动员文化教育

各地要进一步贯彻落实国务院《关于进一步加强运动员文化教育和运动员保障工作的指导意见》精神，按照体育总局等部门《关于深入贯彻落实〈关于进一步加强运动员文化教育和运动员保障工作的指导意见〉的通知》的要求，建立健全运动员文化教育联席会议制度和督导制度，建立以体育行政部门为主、体育和教育行政部门各负其责的竞技体育后备人才管理体制和运行机制，全面落实公办体育运动学校生均教育经费，保障和完善教学设施设备、办学环境、实验设备、基础设施等办学条件。不断加强公办体校文化教育工作，并逐步将教育工作包括体校文化、培训、职称晋升等纳入教育管理范围，推动体校与优质中小学共建、联办，切实保证运动员文化学习时间，不断提高运动员文化教育质量。继续在全国青少年比赛中实施赛前运动员文化测试，鼓励各省（区、市）在省级比赛中开展文化测试。各地要以青少年赛事为契机，组织开展丰富多彩的体育文化活动。省级以上优秀运动队要发挥示范带动作用，促进青少年运动员体育精神的养成和文化素质的提升。

（十四）打造精品基地工程

打造体育后备人才基地精品工程，按照《国家高水平体育后备人才基地认定办法》，依据《国家高水平体育后备人才基地认定条件和细则》，对各级各类体校在办学、管理、训练、教学、人才输送等方面进行重新认定，命名奥运周期的国家高水平体育后备人才基地，在此基础上，根据办学规模、人才培养质量和效益择优命名一批"国家重点高水平体育后备人才基地"。加强国家综合性基地、国家单项基地以及地方基地认定的统筹协调，实行分级分类认定与管理，充分发挥基地精品工程的引领示范作用，提高人才培养效益。

（十五）畅通青少年运动员升学渠道

鼓励各地根据本地区高校实际和优秀运动队梯队建设情况，完善面向中等体育职业学校毕业生的技能考试招生办法，促进中、高等体育职业教育有序衔接，切实保障青少年运动员学习、训练的系统性和连续性。继续推进高等学校运动训练和民族传统体育单独招生、体育高职院校单独考试招生向体育运动学校毕业生倾斜政策的落实。完善符合国家规定条件的优秀运动员免试保送就读普通高等学校的招生办法。支持体育本科院校面向青少年运动员开展成人高等教育、远程教育等其他形式的高等学历教育，拓宽青少年运动员升学和继续教育的渠道。

五　努力完善保障机制

（十六）建立健全法治保障

加强竞技体育后备人才培养法治建设，在青少年体育竞赛、运动员技术等级认定等社会关注度高、社会影响力大的领域，形成更为公正和透明的法治环境。完善各级各类体校注册、年检、统计制度。建立健全信息化管理系统，提升青少年体育信息化管理水平，将各级各类青少年训练组织管办关系的建立、运行、监督纳入规范化、法治化轨道。

（十七）完善经费投入机制

各地要加大对青少年体育训练的投入力度，探索建立政府主导、市场参与、社会支持的竞技体育后备人才培养经费投入机制。要按照《中等体育运动学校管理办法》和《少年儿童体育学校管理办法》的有关要求，足额拨付各级体校学生伙食和服装费用，并纳入同级财政预算。各项目要加大对青少年体育训练的经费投入。国家和地方要加大体育彩票公益金支持竞技体育后备人才培养的力度，每年从中央及地方体育彩票公益金中安排一定比例，用于支持竞技体育后备人才培养。体育彩票公益金等财政资金通过政府购买服务等形式支持群众健身消费的部分，要有一定比例用于青少年体育培训和赛事推广等项目。鼓励有条件的地方设立青少年体育发展基金，支持青少年体育训练。设立体育发展专项资金或体育产业引导资金的地方，对开展青少年体育训练的申报项目应当给予优先扶持。

（十八）改善青少年体育设施条件

各地要坚持长远规划和近期目标相结合，将改善基层青少年体育设施纳入公共体育服务体系，青少年体育设施在公共体育设施的规划和建设中要占一定比例。积极推进学校体育场地及公共体育设施向青少年免费或低收费开放。

（十九）落实安全保险制度

各地体育、教育行政部门要制定安全防范制度，加强对校内外青少年体育训练及竞赛中运动伤害的风险管理，重视对青少年运动员开展安全教育。要完善保险机制，建立保险购买制度，实现对参与体育训练和竞赛的青少年全覆盖。

六　认真做好组织实施工作

（二十）加强组织领导

坚持政府主导、社会参与、统筹规划、综合协调，在《指导意见》正式发布一年内，各地要研究出台地方贯彻落实《指导意见》的实施方案，推动有关部门联席会议制度和督导制度的建立和落实，形成"资源共享、优势互补、共同管理、各负其责"的工作新机制。

（二十一）明确工作责任

各级体育行政部门要充分发挥主导作用，制定青少年体育训练发展规划、行业标准和改革后的竞赛选拔制度等，加强行业指导，为项目发展及教

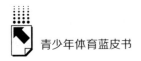

练、教师、裁判员、管理人员培养提供技术支撑。各级教育行政部门要履行好学校体育普及的主管责任，加强学校体育工作的统筹规划、宏观指导和综合管理。各项目要加大对《奥运项目竞技体育后备人才培养中长期规划（2014～2024）》的推进力度，细化工作方案，建立本项目后备人才库，确保各项工作目标和措施落实到位。

（二十二）抓好督促检查

各地要进一步贯彻落实党中央、国务院关于加强青少年体育工作的决策部署，推动国家和地方惠及青少年训练的政策措施落地见效。要建立国家、省（区、市）双层督导机制和跨部门联动共管机制，定期对竞技体育后备人才培养工作进行分类指导和督促检查，并及时公布督导检查结果。要实行督政、督训、督学相结合，建立完善激励约束机制，将竞技体育后备人才培养工作作为各级体育和各训练单位主要负责人工作业绩考评的重要内容。

（二十三）营造发展氛围

要加大青少年体育工作的宣传力度，注重培育基层青少年体育训练典型，总结推广先进经验，充分利用各类媒体，大力宣传体育在践行社会主义核心价值观、促进青少年全面发展中的重要作用，弘扬顽强拼搏、追求卓越的体育精神，表彰为竞技体育后备人才培养工作做出突出贡献的单位和个人，营造青少年体育工作发展的良好氛围。

附录 C　青少年体育锻炼器材配置指南

体育总局办公厅关于印发
《青少年体育锻炼器材配置指南》的通知

各省、自治区、直辖市、新疆生产建设兵团体育局，各直属单位，中国足球协会、中国篮球协会，各改革试点项目协会：

《青少年体育锻炼器材配置指南》（以下简称《配置指南》）已经体育总局同意，现印发你们，请结合实际统筹推进青少年体育锻炼器材配置。

青少年是实施全民健身的重点人群，适合青少年特点的体育锻炼器材是青少年科学、安全健身的重要保障。近年来，各地建设了一批全民健身路径和各类体育场馆，极大促进了各人群健身锻炼的开展。但符合青少年特点的体育锻炼器材配置不足，青少年锻炼时使用成人规格体育器材而产生的意外事故偶有发生，进一步增加适合青少年的体育锻炼器材成为当务之急。

《配置指南》按照"安全性、多样性、负荷有效性、趣味性、标准化、易维护性"原则，对青少年体育锻炼器材配置提出参照标准和建议器材目录。

各地体育部门按照"青少年是实施全民健身的重点人群"的要求，将配置青少年体育锻炼器材纳入下一步体育场馆、户外健身场地的建设和改造计划，通过在全民健身中心设立青少年体育活动功能区，在城乡、社区健身场地设施、青少年校外体育活动中心、户外体育活动营地和全民健身路径中选配青少年体育器材等方式，逐步增加青少年体育锻炼器材的配置，更好满足广大青少年便利、科学、安全健身的需求。

体育总局办公厅

2017 年 12 月 29 日

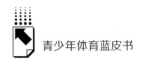
青少年体育锻炼器材配置指南

为贯彻落实党的十九大精神，服务全民健身国家战略和体育强国建设，全面实施青少年体育活动促进计划，不断满足青少年体育锻炼需求，实现青少年培养锻炼兴趣、掌握运动技能、提升身体素质，促进青少年全面健康发展，特制定《青少年体育锻炼器材配置指南》。

一 适用范围

（一）3 岁 ~ 6 岁阶段，主要区域：幼儿园、社区、商业游乐场所等。

（二）7 岁 ~ 14 岁阶段，主要区域：学校、社区、校外体育活动中心、青少年户外体育活动营地、全民健身中心、体育公园等。

（三）15 岁及以上阶段可与成年人使用同规格体育锻炼器材。

二 配置原则

（一）安全性原则

青少年作为不完全行为能力的人群，身体尚处于成长发育期，配置体育锻炼器材时应充分评估器材功能安全风险、机械安全风险、电气安全风险以及运营管理等安全风险，让青少年在体育锻炼中不出现或尽量避免发生运动伤害或机械伤害、电气伤害事故。使用青少年体育锻炼器材前，应全面评价个人身体状况和运动能力，制定个性化的体育健身活动方案。锻炼前、后做好准备和放松活动。

（二）多样性原则

青少年参加体育锻炼应让身体各部位得到锻炼，达到机能水平和身体素质普遍得到提高，器材配置应充分考虑青少年身体成长发育特点，坚持多样性，能对全身主要肌群和身体机能调动和锻炼，促进青少年在体育锻炼活动中全面发展。

（三）负荷有效性原则

配置的器材应满足青少年体育运动强度的需求，器材负荷配置应能适应青少年特点，具备根据个体对体育健身活动的适应程度，逐渐增加运动负荷的性能，使青少年在锻炼过程中身体机能和运动能力不断提高，取得最佳体育健身活动效果。

（四）趣味性原则

青少年锻炼的需求源于兴趣，器材配置应优先考虑青少年参加体育活动的兴趣培养，通过配置新颖、具趣味性的器材吸引青少年积极参加体育锻炼，逐步养成自觉锻炼的良好习惯。

（五）标准化原则

器材标准化是保证青少年健身锻炼安全的基础，配置的青少年体育器材应符合国家强制标准或现有行业、团体等标准。

（六）易维护性原则

我国幅员辽阔，地域差异大，经济发展水平不均衡，为方便对配置器材进行定期的检查和维护，应更多采用模块化设计的青少年体育锻炼器材，降低产品维护成本、提高维护便利性。

三　配置要求

（一）青少年体育锻炼器材的配置应系统满足基本运动素质（主要包括力量、速度、耐力、柔韧和灵敏等）锻炼的需求。

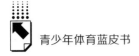
（二）青少年体育锻炼器材的配置应系统满足爆发力和三维感锻炼的需求。

（三）青少年体育锻炼器材的配置应系统满足各运动素质发展的敏感期要求。

（四）青少年体育锻炼器材的配置需取得通过资质认定的专业质量检验机构出具的合格证书或符合相关标准的检测报告。图书、挂图、音像制品应为国家正式出版物。软件应经软件产品登记和备案。

（五）青少年体育锻炼器材所用的材料、外形和结构设计、主要零部件静负荷能力、稳定性、安全警示要求除应符合相应产品标准外，应分别符合GB 19272－2011 的 5.2、5.3、5.4、5.5、5.6 的规定。

（六）需要安装的青少年体育锻炼器材应严格按照相应的国家标准或行业标准要求进行安装，同时应符合 GB 19272－2011 的 5.7 的规定。单杠、双杠、秋千、肋木、平梯、爬竿、爬绳等涉及上下运动弹跳或可能从空中跌落的器材，其跌落防护应符合 GB 19272－2011 的 5.3.3。

（七）青少年体育锻炼器材的安全使用寿命及疲劳性能、环保要求、表面质量、管理与维护应分别符合 GB 19272－2011 的 5.8、5.9、5.10 和第 8 章的规定。

（八）青少年锻炼器材的标志和使用说明应符合 GB 19272－2011 的 7.1、7.1.1、7.1.2、7.1.3 的规定。

（九）不同年龄段的青少年体育锻炼器材配置表见附件。

青少年体育锻炼器材配置表

适用于 3 ~ 6 岁青少年使用的器材（柔韧、协调素质）

序号	类型	名称	图示	功能	执行标准代号
1	攀爬类	太空舱攀岩		固定后供青少年攀爬,增强四肢肌肉力量,提高身体的平衡性和协调性	GB/T 34272 - 2017
2		半球攀岩		固定后供青少年攀爬,可增强四肢肌肉力量,提高身体的平衡性和协调性	GB/T 34272 - 2017
3		青少年爬网		锻炼平衡、协调能力,增强腿部力量,发展自我保护意识	GB/T 34272 - 2017 GB/T 34022 - 2017
4		青少年攀岩		锻炼手臂、手指力量,增进手脚配合及全身协调能力	GB/T 34272 - 2017
5		肋木架		锻炼青少年攀爬、悬垂能力,锻炼身体素质	GB/T 19851. 1 - 2007
6		爬网		锻炼上肢、下肢、背肌肉力量,增强心肺功能,提高身体协调性及灵活性,增强自我挑战能力与勇气	GB/T 34022 - 2017
7	滑梯类	青少年滑梯		有助于增强青少年身体平衡能力和全身协调性。有助于身体柔韧性和灵活性的提高	GB/T 27689 - 2011 GB/T 34272 - 2017

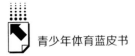
续表

序号	类型	名称	图示	功能	执行标准代号
8	摇摆类	摇马		促进平衡能力的前期发育,起到协调四肢和健身作用	GB/T 34021－2017
9		悬浮梯		锻炼身体平衡能力、协调能力	GB/T 34272－2016
10		跷跷板		锻炼身体平衡能力、协调能力	GB/T 34021－2017
11		青少年秋千		锻炼身体平衡能力	GB/T28711－2012
12	滑行类	滑索		提高抓握能力和手臂力量	GB 19272－2011
13	弹跳类	护网式蹦床		可以强化腿部肌肉,提高跳跃能力;可以在运动中练习人的协调与平衡能力;通过震动,使人体内脏的悬韧带得以加强,并使各脏器因为积极受压而得到按摩似的效果	GB19079.23－2013
14		嵌入式蹦床		可以强化腿部肌肉,提高跳跃能力;可以在运动中练习人的协调与平衡能力;通过震动,使人体内脏的悬韧带得以加强,并使各脏器因为积极受压而得到按摩似的效果	GB/T 32611－2016

续表

序号	类型	名称	图示	功能	执行标准代号
15	场地类	室内功能房		包括跆拳道、武术、舞蹈、瑜伽、体操等锻炼项目,提高青少年柔韧、灵敏素质	GB/T 19995.2 - 2005
16	场地类	轮滑场地		可有效改善和提高运动者的人体中枢神经系统功能,提高呼吸系统、消化系统、血液循环系统等内脏器官的功能,能够全面协调和综合发展人体的速度、力量、耐力、灵敏度等各方面素质	GB 19079.5 - 2005
17		拆装式游泳池		可满足无法建设传统游泳馆的学校师生实现游泳学习,可拆装泳池具有快速组装、持久耐用的特性	GB/T 28935 - 2012
18		钻桶		主要以爬的方式锻炼上肢力量及背部肌肉,提高身体灵活性	BS EN 15567 - 2015
19	拓展类	攀爬云梯		主要以手脚并用方式攀爬,锻炼上肢、下肢、背肌肉力量,增强心肺功能,提高身体协调性及灵活性,增强自我挑战能力与勇气,培养克服困难的毅力	BS EN 15567 - 2015
20		独木桥		主要以走的方式掌握身体重心,主要提高人体平衡能力和身体的协调性	BS EN 15567 - 2015

适用于 3~6 岁青少年使用的器材（神经反应速度）

序号	类型	名称	图示	功能	执行标准代号
21	敏捷类	趣味墙		提高神经系统的反应能力	GB 19272－2011
22		打地鼠（室内）		提高神经系统的反应能力	HG/T 3747.1－2011
23		圆形标志点		可进行双脚或单脚跳跃的各种敏捷性训练，锻炼速度和耐力	GB 19272－2011
24		直线标志线		锻炼速度和耐力	GB 19272－2011
25	旋转类	转盘		提高神经系统的反应能力	EN 1176－5
26	平衡类	晃板		两人或多人踏上晃板，可四方八位晃动晃板，晃动角度可达到30°，可对人的身体协调和控制能力进行锻炼，进而有利于核心部位的小肌群锻炼，提升核心力量	GB/T 34021－2017
27		晃动平衡器		跳上弯管，从起点走到终点，由于自身重量会晃动弯管，可锻炼人的平衡控制能力	GB/T 34021－2017

序号	类型	名称	图示	功能	执行标准代号
28	平衡类	绳索平衡器		用来锻炼使用者的平衡控制能力。不同类型的绳索平衡器可以增强活动的趣味性及平衡能力	GB/T 34272 – 2017
29		多功能绳索平衡器		用来锻炼使用者的平衡控制能力。不同类型的绳索平衡器可以增强活动的趣味性及平衡能力	GB/T 34272 – 2017
30		少儿平衡木		锻炼少儿身体平衡能力	GB 19272 – 2011
31		综合平衡训练器		用来锻炼使用者的平衡控制能力	GB 19272 – 2011
32		扁带		用来锻炼使用者的平衡控制能力	GB 19272 – 2011
33		独木桥		锻炼身体平衡能力	GB 19272 – 2011
34	探险类	青少年航海模型锦标赛		4 名参赛者在 6 × 10 米航海模型竞赛专用水池中操控仿真船或帆船,按照一定的路线进行绕标航行,根据所用时间的长短判定成绩,用时短者优胜	GB 19079. 19 – 2010

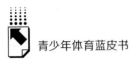

适用于 7～9 岁青少年使用的器材（灵敏素质）

序号	类型	名称	图示	功能	执行标准代号
35	趣味球类	风向转动投篮器		风向的不确定性作用下篮板可绕立柱中心旋转，加大了投篮者的难度，需要更多的注意力资源和随机应变的判断力与行动力，增加了篮球运动的可变性	GB/T 19851.3－2007
36		四位投球器		取消篮板，根据不同高度，加大了投篮者的难度，需要更多的注意力资源和行动力，增加了篮球运动的趣味性	GB/T 34272－2017
37		投球器		投球器有三个出球口，两人及以上进行投篮时，篮球随机从出球口出来，增加投篮趣味性，对反应能力、灵敏性有一定要求和锻炼	GB/T 34272－2017
38		足球练习板		足球练习板作为射门技术训练的辅助器材，可使射门训练有趣且有板有眼，提高练习的效率	GB 19272－2011
39	平衡类	梅花桩		主要以走的方式锻炼腿部肌肉及全身柔韧性、灵活性和平衡能力	GB 19272－2011

序号	类型	名称	图示	功能	执行标准代号
40	平衡类	携手并进		主要以走的方式掌握中心平衡,提高人体平衡能力和身体的协调性,提高自我挑战的勇气	GB 19272－2011
41		遥控赛车		4～6 名参赛者在专用赛道边操控车辆模型,按照赛道的轨迹进行绕圈竞速赛。根据所用时间的长短判定成绩,用时短者优胜	GB19079.19－2010
42	攀爬类	青少年攀爬树		固定在场地上,供青少年进行攀爬,模仿爬树体验,有助于青少年增强四肢的力量和身体的协调、平衡能力。攀爬树培养挑战精神,培养青少年的勇敢精神	GB/T 34272－2017
43		爬网		增强四肢的力量和身体的协调、平衡能力,培养挑战精神	GB/T 34022－2017
44		多样攀网		增强四肢的力量和身体的协调、平衡能力,培养挑战精神	GB/T 34022－2017
45		勇攀珠峰		增强四肢的力量和身体的协调、平衡能力,培养挑战精神	GB/T 34022－2017
46		飞碟		增强手臂抓握能力,提高反应能力	GB/T 34022－2017

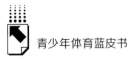

续表

序号	类型	名称	图示	功能	执行标准代号
47	攀爬类	八爪章鱼网		增强四肢的力量和身体的协调、平衡能力，培养挑战精神	GB/T 34022 – 2017
48		塔网		增强四肢的力量和身体的协调、平衡能力，培养挑战精神	GB/T 34022 – 2017
49		多功能爬架		增强四肢的力量和身体的协调、平衡能力，培养挑战精神	GB 19272 – 2011
50		爬杆		增强手臂抓握能力，提高反应能力	GB 19272 – 2011
51	科普类	正交十字椭圆推手器		当两个间距固定点在同一平面内作往复运动且运动路径垂直时，其同一直线上的其他各点的运动轨迹为椭圆。本器材应用了这一数学原理，又称"椭圆规"。本器材可在青少年在了解科学知识的基础同时也进行了健走运动、关节活动等锻炼	GB 19272 – 2011
52		角动量守恒旋转器		通过体验的方式，让人直观感受和思考角动量守恒的物理学原理。此原理指系统所受合力矩为零时系统的角动量保持不变。它反映了质点和质点系围绕一点或一轴运动的普遍规律。青少年在了解了科学知识的同时进行了臂力及平衡能力锻炼	GB 19272 – 2011

序号	类型	名称	图示	功能	执行标准代号
53	科普类	螺旋推进自行车		一个没有轮子的"自行车",后方装有螺旋桨,踩踏"自行车"脚踏板时就能带动螺旋桨旋转,旋转的螺旋桨产生推力,使"自行车"做圆周运动,让人体验和思考螺旋桨的工作原理。青少年在了解科学知识的同时也进行了骑行运动	GB 19272 – 2011
54		人体悬浮墙		镜面不锈钢围墙,复制周围的环境,人站在底座上,手握扶手,做摆腿等动作,有悬浮的效果。本器材可使青少年在了解科学知识的基础同时也进行了平衡、耐力等锻炼	GB 19272 – 2011
55		空中自行车		人、车、配重三者组成一个整体,调整配重可以改变整体重心的位置。当通过调整配重使整体的重心在钢索下方时,一旦车发生倾斜,整体的重力便会拉动整体回到竖直位置,故自行车不会倾倒。青少年在了解科学知识同时也进行骑行运动、平衡等锻炼	GB 19272 – 2011

序号	类型	名称	图示	功能	执行标准代号
56	科普类	共振秋千		秋千一端为主动摆,一端为从动摆。主动摆由参与者自行前后摆动,引起悬挂支架周期性摆动,由于从动摆的振动频率与主动摆基本相同,使从动摆产生摆动,在体验中了解共振现象及产生共振的条件。锻炼协调性	GB 19272 – 2011
57	协调类	电子体能系列		综合发展各主要身体素质	GB 19272 – 2011
58		定制体能类		综合发展各主要身体素质	GB 19272 – 2011

适用于 10～12 岁青少年使用的器材（神经肌肉募集能力）

序号	类型	名称	图示	功能	执行标准代号
59	攀爬类	攀岩器		使用者利用墙面上的凸台向上攀爬会因人体的重量向下移动，周而复始，可以记录使用者攀爬的高度，并可调节攀岩墙翻滚的速度	GB 19272 – 2011
60		腾跃训练器		提高上肢、腰腹、下肢力量及协调性	GB 19272 – 2011
61		低重心训练器		提高腰腹、下肢力量及协调性	GB 19272 – 2011
62	拓展类	秋千桥训练器		锻炼学生上肢、肌肉群、肩部肌肉群、大腿、小腿肌肉群，平衡协调能力和握力	GB 19272 – 2011
63		攀爬网训练器		锻炼学生上肢支撑能力及身体协调能力	GB 19272 – 2011
64		斜拉滑下训练器		锻炼学生上肢、下肢协调运动能力，以下肢为主	GB 19272 – 2011
65		大渡桥		锻炼学生上、下肢力量和身体平衡能力	GB 19272 – 2011

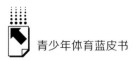

续表

序号	类型	名称	图示	功能	执行标准代号
66	拓展类	台阶训练器		锻炼青少年下肢力量和身体协调能力	GB 19272 – 2011
67		波浪式索桥		锻炼青少年上肢、肌肉群、肩部肌肉群、大腿、小腿肌肉群，平衡协调能力和握力	GB 19272 – 2011
68		大吊梯		锻炼青少年上肢、肌肉群、肩部肌肉群、大腿、小腿肌肉群，平衡协调能力和握力	GB 19272 – 2011
69		横向攀爬网		锻炼青少年上肢力量及身体协调能力	GB 19272 – 2011
70		三功能云梯		锻炼青少年上肢及身体各肌肉群力量	GB 19272 – 2011
71		螺旋过山云梯		锻炼青少年上肢支撑能力及身体协调能力	GB 19272 – 2011
72		匍匐训练器		提高四肢、躯干的协调能力，也可提高髋关节、躯干的灵活性	GB 19272 – 2011
73		平衡索桥		发展腿部力量、下肢控制能力、躯体平衡能力、协调能力，培养勇敢精神	GB 19272 – 2011
74		低位钢丝桥		发展平衡能力、应变能力和四肢协调能力，培养勇敢精神，增进风险意识	GB 19272 – 2011

序号	类型	名称	图示	功能	执行标准代号
75	拓展类	低位吊梯		发展平衡能力、应变能力和四肢协调能力,培养勇敢精神,增进风险意识	GB 19272－2011
76		S型攀爬器		全身活动,可全面提高身体各部位的力量,提高四肢协调能力和应变能力,具有较高的趣味性和挑战性	GB 19272－2011
77		过山环梯		增强全身的肌肉力量和协调能力,培养学生的动作自救能力、勇敢精神,并增进其风险意识,培养其克服困难的能力,具有较强的挑战性	GB 19272－2011
78		螺旋攀爬器		全身活动,可全面提高身体各部位的力量,提高四肢协调能力和应变能力,具有较高的趣味性和挑战性	GB 19272－2011
79		攀岩练习器		锻炼攀爬能力,提高身体协调性和灵活性	GB 19272－2011
80		匍匐/索桥练习器		提高四肢、躯干协调能力,发展腿部力量、下肢控制能力、躯体平衡能力,培养勇敢精神	GB 19272－2011

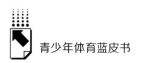

序号	类型	名称	图示	功能	执行标准代号
81	球类	足球门		提高团队协作能力	GB/T 19851.15－2007
82		移动式羽毛球网柱		羽毛球运动	GB/T 19851.13－2007
83		移动式排球网柱		排球/网球运动	GB/T 19851.13－2007
84		中小学跨栏		跨栏运动	GB/T 19851.16－2007
85		羽排两用网柱		羽毛球、排球运动	GB/T 19851.13－2007
86		小学篮球架		篮球运动	GB 19272－2011
87		趣味投篮器		多人多方位同时进行投篮	GB/T 19851.3－2007 GB 23176－2008

序号	类型	名称	图示	功能	执行标准代号
88	基础训练类	青少年多功能身体训练站		青少年多功能训练组合站的核心训练原理是交叉训练,也称混合训练。它发展的不仅是力量,而是爆发力、速度、协调性、耐力等所有完成运动所需要的条件	GB 17498.1 – 2008 GB 19272 – 2011
89		划水机		划船时每一个屈伸滑臂动作,都能使全身80%以上的肌肉得到锻炼	GB 17498.7 – 2008
90		摇摆动感单车		训练 + 娱乐,自行车式功能,摇摆功能,模拟 3D 自行车游戏功能	GB 17498.10 – 2008
91		青少年扭腰器		锻炼腰腹部灵活性	GB 19272 – 2011
92		青少年划船器		锻炼上、下肢力量和核心力量	GB 19272 – 2011
93		青少年上拉器		锻炼上肢力量和背部肌群	GB 19272 – 2011
94		青少牛举重器		锻炼上肢力量	GB 19272 – 2011
95		青少年健骑机		锻炼下肢力量	GB 19272 – 2011

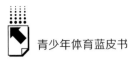
续表

序号	类型	名称	图示	功能	执行标准代号
96	基础训练类	青少年坐拉器		锻炼上肢及腰腹肌力量	GB 19272 – 2011
97		推举训练器		锻炼上肢力量	GB 19272 – 2011
98		下推训练器		锻炼上肢及腰腹肌力量	GB 19272 – 2011
99		上拉训练器		锻炼上肢及腰腹肌力量	GB 19272 – 2011
100		扩胸器		锻炼胸肌	GB 19272 – 2011
101		仰卧推举		锻炼上肢力量	GB 19272 – 2011
102		坐蹬器		锻炼下肢力量	GB 19272 – 2011
103		腿部训练器		锻炼下肢力量	GB 19272 – 2011

序号	类型	名称	图示	功能	执行标准代号
104	基础训练类	坐拉训练器		锻炼背部肌肉力量	GB 19272－2011
105		膝关节训练器		锻炼股四头肌力量,增加膝关节的稳定性,改善膝关节功能	GB 19272－2011
106		跑跳跨训练器		发展速度、弹跳、力量及下肢和髋关节的协调、灵活性	GB 19272－2011
107		柔韧性练习器		锻炼腰部肌肉柔韧性	GB 19272－2011
108		云梯		增强上肢肌肉力量,提高人体各处协调能力	GB 19272－2011
109		秋千		锻炼平衡协调能力	GB 19272－2011
110		梯桩练习器		锻炼平衡协调能力	GB 19272－2011
111		肋木、爬绳		锻炼上肢力量	GB 19272－2011

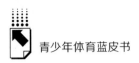
续表

序号	类型	名称	图示	功能	执行标准代号
112	基础训练类	攀爬练习器		锻炼上肢力量	GB 19272 – 2011
113		小臂/手腕肌力训练器		锻炼手臂、腕部肌肉力量	GB 19272 – 2011
114		握力练习器		锻炼手部力量	GB 19272 – 2011
115		益智算盘		有助于开发青少年的智力,提高计算能力和思考能力	GB 19272 – 2011
116		益智健身环		提高注意力	GB 19272 – 2011
117		腹肌训练器		锻炼腹部肌肉力量	GB 19272 – 2011
118		双杠		增强肩背、上肢和腹部肌肉力量,提高人体的协调性	GB/T 19851.1 – 2007
119		单杠		增强上肢及肩部肌群力量	GB/T 19851.1 – 2007

适用于 13～14 岁青少年使用的器材和开展的运动项目（速度、耐力）

序号	类型	名称	图示	功能	执行标准代号
120	场地类	平面轮滑场		悬浮拼装运动地板组成	GB 19079.5－2005
121		拆装游泳池		可满足无法建设传统游泳馆的学校师生实现游泳学习,可拆装泳池具有快速组装、持久耐用的特性	GB/T 28935－2012
122	基础训练类	健身车		可模拟自行车训练,实现有氧运动和交叉训练	GB 17498.1－2008 GB 17498.5－2008
123		背部伸展练习凳		可辅助进行背部和髋关节训练	GB 17498.1－2008 GB 17498.2－2008
124		卷腹练习器		可辅助进行卷腹训练	GB 17498.1－2008 GB 17498.2－2008
125		垂直提膝训练器		可辅助进行腹部和手臂肌群训练	GB 17498.1－2008 GB 17498.2－2008
126		室内团体功能训练站		可通过拉伸、弹床、拳击、rack 以及双拉机搭配天梯自由组合成多功能训练站。可进行敏捷、平衡、有氧以及心肺等多项体适能训练	GB 17498.1－2008
127		室外功能训练站		可连接踏板、划船、辅助俯卧撑架等多项功能站进行自重式训练。同时搭配天梯和单杠进行上肢攀爬类训练	GB 19272－2011

续表

序号	类型	名称	图示	功能	执行标准代号
128	基础训练类	单杠		增强肩背、上肢和腹部肌肉力量,提高人体的协调性	GB 19272－2011
129		双杠		增强上肢及肩部肌群力量	GB 19272－2011
130		肋木架		锻炼人体各部肌群的灵活性和柔韧性	GB 19272－2011
131		仰卧板		增强腹部、背部肌肉力量及柔韧性	GB 19272－2011
132		伸腰伸背器		锻炼腰腹肌肉,增强柔韧性,缓解疲劳	GB 19272－2011
133		腰背伸展训练器		锻炼腰腹肌肉,增强腰部柔韧性	GB 19272－2011
134		鞍马训练器		增强臂力和身体各部的协调性	GB 19272－2011
135		多功能训练器		增强臂力和身体各部的协调性;锻炼身体柔韧性	GB 19272－2011

续表

序号	类型	名称	图示	功能	执行标准代号
136	基础训练类	天梯		增强上肢肌肉力量,提高人体各处协调能力	GB 19272 – 2011
137		太空漫步机		通过有氧运动增强身体协调性和平衡能力	GB 19272 – 2011
138		臂力训练器		增强人体上肢各部肌肉力量	GB 19272 – 2011
139		扭腰器		增强肩带和腰部肌群的肌肉力量,增强自身的灵活性	GB 19272 – 2011
140		伸展器		增强骨骼、肌肉的承受力,增强自身的灵活性	GB 19272 – 2011
141		组合训练器		提高人体各部分肌肉的灵活性和柔软性,增强臂力,提高攀爬能力	GB 19272 – 2011
142		椭圆机		提高人体有氧运动能力和身体协调性	GB 19272 – 2011
143		压腿训练器		根据自身的身高选择合适的杠高,单腿伸直放在杠上,身体向前弯	GB 19272 – 2011

续表

序号	类型	名称	图示	功能	执行标准代号
144	基础训练类	钟摆扭腰器		增强腰部力量,锻炼腰部肌肉	GB 19272 – 2011
145		蹬力器		增强腿部肌肉力量及下肢的运动能力	GB 19272 – 2011
146		健身车		增强心肺功能,改善呼吸系统机能	GB 19272 – 2011
147		斜躺健身车		增强心肺功能,改善呼吸系统机能	GB 19272 – 2011
148		柔韧训练器		锻炼身体的柔韧性	GB 19272 – 2011
149		高双杠		增强上肢及肩部肌群力量	GB/T 19851.1 – 2005
150		双联单杠(中学)		增强肩背、上肢和腹部肌肉力量,提高人体的协调性	GB/T 19851.1 – 2005
151		爬绳爬杆		锻炼上肢力量	GB/T 19851.1 – 2005

续表

序号	类型	名称	图示	功能	执行标准代号
152		平梯		增强上肢肌肉力量，提高人体各处协调能力	GB/T 19851.1 – 2005
153		腹肌拉伸训练器		锻炼腹部肌肉力量	GB 19272 – 2011
154		双杠提膝训练器		锻炼腹部肌肉力量	GB 19272 – 2011
155		引体向上训练器		锻炼背部、手臂肌肉力量	GB 19272 – 2011
156	基础训练类	提重训练器		锻炼腿部肌肉力量	GB 19272 – 2011
157		臂力训练器		锻炼手臂肌肉力量	GB 19272 – 2011
158		吊环训练器		锻炼胸大肌、背阔肌、手臂肌肉力量	GB 19272 – 2011
159		组合训练器		锻炼上、下肢肌肉力量	GB 19272 – 2011

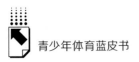
序号	类型	名称	图示	功能	执行标准代号
160	球类	足球门		提高团队协作能力	GB/T 19851.15－2007
161		移动式羽毛球柱		羽毛球运动	GB/T 19851.13－2007
162		移动式排球柱		排球运动	GB/T 19851.13－2007
163		接球器		增强反应速度	GB 19272－2011
164		运球训练器		运球练习能更好地学会运球,不仅可以摆脱防守进行攻击,而且能配合团队控制节奏	GB 19272－2011
165		射门训练器		提高足球运动员的射门力度及准确性	GB 19272－2011
166		传球训练器		提高传球能力	GB 19272－2011
167		过人训练器		提高过人能力	GB 19272－2011

序号	类型	名称	图示	功能	执行标准代号
168	球类	室外乒乓球台	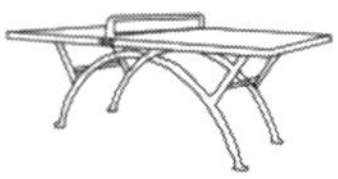	乒乓球台运动	GB 19272－2011
169		室内乒乓球台	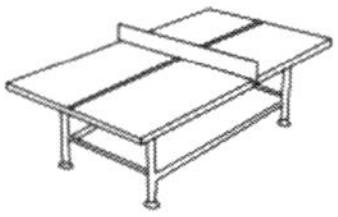	乒乓球台运动	QB/T 2700－2005
170		室外乒乓球台	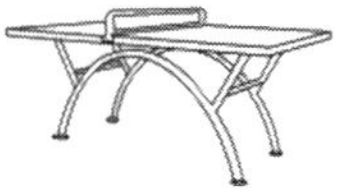	乒乓球台运动	GB 19272－2011
171		室内篮球架		篮球运动	GB 23176－2008
172		室外篮球架	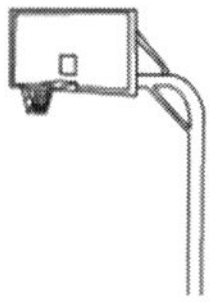	篮球运动	GB 19272－2011
173		一体式篮球架足球门		篮球运动、足球运动	GB 19272－2011 GB/T 19851.15－2007

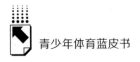

适用于 13~14 岁青少年使用的器材和开展的运动项目（综合素质）

序号	类型	名称	图示	功能	执行标准代号
174	笼式场地类器材	花样足球场		给予参与者更多的触球机会,减少了奔跑的乏味感。以游戏方式进行,去除竞争压力,在参与过程中体验足球的快乐。四面八方都有屏障,足球无论是碰到四周的边网还是头顶的上网都会被反弹回来,增加了不确定性。在直接传球和反弹传球中充满变化,狭小的空间对反应力和灵敏度有了更高的要求,更体现个人技术	GB/T 34279－2017
175		笼式多功能场地		笼式多功能场地在一个场地上可实现四种运动场地及器材:足球运动场地及折叠式足球门、篮球运动场地及独臂篮球架、羽毛球运动场地及移动式羽毛球柱、排球运动场地及移动式排球柱	GB/T 34419－2017
176		笼式足球场地		本器材为鸟巢式全封闭 5 人制笼式足球场地,可进行 5 人制足球的训练和比赛及其相关的活动等运动项目	GB/T 34279－2017

续表

序号	类型	名称	图示	功能	执行标准代号
177	项目类	软式排球运动		比赛场区为长 16 米、宽 9 米的长方形。其四周至少有 3 米宽的无障碍区。软式排球由柔软的橡胶制成,球的重量在 210 克左右,周长 66 厘米,在玩耍时,可采用排球技术和多样化击球动作	
178		软式棒垒球		参加者分成两队,在划好的本垒区域放置橡胶球座,然后由进攻方用泡沫球棒击打橡胶球,击球后进攻队员按预定垒位绕内场跑一圈回到本垒得一分,三人出局后交换攻守。约定时间或局数内,得分多者获胜	
179		软式橄榄球运动		在不犯规的前提下,每一次的进攻有 6 次机会,进攻队队员冲过底线触地即可得分,被防守队队员碰到即为失球,失球后,则开始组织下一次进攻	
180		乒乓足球		该产品是将足球与乒乓球功能结合在一起,能够增强足球运动趣味性,同时也是一种高效的足球训练方式的体育器材;足球落在桌子上的任意一点时都能够弹起,其很好的反弹力量使选手能够更好地控制球	

367

权威报告·一手数据·特色资源

皮书数据库
ANNUAL REPORT(YEARBOOK)
DATABASE

当代中国经济与社会发展高端智库平台

所获荣誉

- 2016年，入选"'十三五'国家重点电子出版物出版规划骨干工程"
- 2015年，荣获"搜索中国正能量 点赞2015""创新中国科技创新奖"
- 2013年，荣获"中国出版政府奖·网络出版物奖"提名奖
- 连续多年荣获中国数字出版博览会"数字出版·优秀品牌"奖

成为会员

通过网址www.pishu.com.cn访问皮书数据库网站或下载皮书数据库APP，进行手机号码验证或邮箱验证即可成为皮书数据库会员。

会员福利

- 使用手机号码首次注册的会员，账号自动充值100元体验金，可直接购买和查看数据库内容（仅限PC端）。
- 已注册用户购书后可免费获赠100元皮书数据库充值卡。刮开充值卡涂层获取充值密码，登录并进入"会员中心"—"在线充值"—"充值卡充值"，充值成功后即可购买和查看数据库内容（仅限PC端）。
- 会员福利最终解释权归社会科学文献出版社所有。

社会科学文献出版社 皮书系列
SOCIAL SCIENCES ACADEMIC PRESS (CHINA)

卡号：559952762966
密码：

数据库服务热线：400-008-6695
数据库服务QQ：2475522410
数据库服务邮箱：database@ssap.cn
图书销售热线：010-59367070/7028
图书服务QQ：1265056568
图书服务邮箱：duzhe@ssap.cn

基本子库
SUB DATABASE

中国社会发展数据库（下设 12 个子库）

全面整合国内外中国社会发展研究成果，汇聚独家统计数据、深度分析报告，涉及社会、人口、政治、教育、法律等 12 个领域，为了解中国社会发展动态、跟踪社会核心热点、分析社会发展趋势提供一站式资源搜索和数据分析与挖掘服务。

中国经济发展数据库（下设 12 个子库）

基于"皮书系列"中涉及中国经济发展的研究资料构建，内容涵盖宏观经济、农业经济、工业经济、产业经济等 12 个重点经济领域，为实时掌控经济运行态势、把握经济发展规律、洞察经济形势、进行经济决策提供参考和依据。

中国行业发展数据库（下设 17 个子库）

以中国国民经济行业分类为依据，覆盖金融业、旅游、医疗卫生、交通运输、能源矿产等 100 多个行业，跟踪分析国民经济相关行业市场运行状况和政策导向，汇集行业发展前沿资讯，为投资、从业及各种经济决策提供理论基础和实践指导。

中国区域发展数据库（下设 6 个子库）

对中国特定区域内的经济、社会、文化等领域现状与发展情况进行深度分析和预测，研究层级至县及县以下行政区，涉及地区、区域经济体、城市、农村等不同维度。为地方经济社会宏观态势研究、发展经验研究、案例分析提供数据服务。

中国文化传媒数据库（下设 18 个子库）

汇聚文化传媒领域专家观点、热点资讯，梳理国内外·中国文化发展相关学术研究成果、一手统计数据，涵盖文化产业、新闻传播、电影娱乐、文学艺术、群众文化等 18 个重点研究领域。为文化传媒研究提供相关数据、研究报告和综合分析服务。

世界经济与国际关系数据库（下设 6 个子库）

立足"皮书系列"世界经济、国际关系相关学术资源，整合世界经济、国际政治、世界文化与科技、全球性问题、国际组织与国际法、区域研究 6 大领域研究成果，为世界经济与国际关系研究提供全方位数据分析，为决策和形势研判提供参考。

法律声明